智·慧·爱
Sapientiae et Cordi

了 解 和 爱 , 终 将 成 就 一 切 !

玛拉的向日葵森林
The Sunflower Forest

［美］桃莉·海顿（Torey Hayden）著

缪静玫 译

图书在版编目（CIP）数据

玛拉的向日葵森林 /（美）海顿著；缪静玫译. —北京：华夏出版社，2015.1
（桃莉老师疗愈成长之旅）
书名原文：The sunflower forest
ISBN 978-7-5080-8378-0

Ⅰ. ①玛… Ⅱ. ①海… ②缪… Ⅲ. ①问题儿童－儿童教育 Ⅳ. ①G765

中国版本图书馆 CIP 数据核字(2015)第 002203 号

THE SUNFLOWER FOREST by Torey Hayden
© Torey Hayden 2008
Simplified Chinese translation copyright © 2015
by Huaxia Publishing House
Published by arrangement with Curtis Brown Ltd.
through Bardon-Chinese Media Agency
ALL RIGHTS RESERVED

版权所有，翻印必究
北京市版权局著作权合同登记号：图字 01-2014-2478 号

玛拉的向日葵森林

著　者	（美）桃莉·海顿
译　者	缪静玫
责任编辑	朱　悦　陈志姣
特约编辑	王楷威
责任印制	刘　洋
出版发行	华夏出版社
经　销	新华书店
印　刷	三河市少明印务有限公司
装　订	三河市少明印务有限公司
版　次	2015 年 1 月北京第 1 版 2015 年 4 月北京第 1 次印刷
开　本	880×1230　1/32
印　张	14.5
字　数	311 千字
定　价	45.00 元

华夏出版社　地址：北京市东直门外香河园北里 4 号　邮编：100028
网址：www.hxph.com.cn　电话：(010)64663331(转)
若发现本版图书有印装质量问题，请与我社营销中心联系调换。

推荐序

学习倾听孩子的声音

21世纪，随着互联网的飞速发展，世界愈加扁平，各种资讯以及教育理念以前所未有的强度冲击着我们。育儿的话题在当今的中国变得越来越引人关注，也越来越重要。第一代的独生子女如今已经为人父母。在仍然以传授知识、考试测评为教育主线的中国，孩子的压力越来越大，反抗也越来越大。家长们一方面渴望孩子快乐成长，另一方面又难以抗拒整个社会的潮流，站在孩子的身后，举着考试的大旗打压着孩子们。

前日参加一个活动，有一个讨论是关于"如何做高效能父母"的话题。家长们七嘴八舌，提出了一大堆的建议。我却在想，也许，我们都需要安静下来，学习倾听孩子的声音。

桃莉·海顿，被美国教育界盛誉为"爱的奇迹天使"，她的这套"桃莉老师疗愈成长之旅"都是从孩子的角度展开的，让我们这些糊涂的自以为是的大人有机会听到孩子们的声音，帮助我们贴近孩子那颗敏感的心，了解他们的需要和被爱的方式。

我非常感谢自己在芬兰的育儿经历，因为是个"外来母亲"，什么都不懂，所以必须倾听（即使如此，也常常做不到很好的倾听）。

在某种程度上，女儿教会了我很多。记得女儿12岁左右的时候，喜欢上了一个西方的摇滚歌星。这个歌星的所有造型，都让我有一种心惊肉跳的感觉。我非常担心女儿的"喜欢"，试图了解她为什么会以这样一个"不正派"的歌星为偶像。女儿却说，他在台上的打扮和表演只是一种渲泄，是他情绪或生命中的一个部分。她还批评我（和很多中国家长）以貌取人。可是，我依然不明白，这个摇滚歌星渲泄的哪一部分引起了一个12岁孩子的共鸣，当时非常担心（现在我越来越理解一个孩子成长过程中的困扰）。此后，我们也偶尔会为这件事展开讨论，直到她15岁的某一天，我们又谈起这个歌星，她跟我说了不久前发生的一件事：有一个青少年持枪伤人，而他恰是这个歌星的粉丝。这件事引起各方媒体的关注，甚至有一种声音质疑歌星的音乐对青少年的负面引导。有人采访这个歌星，问："如果你有机会对这个孩子说几句话，你会说什么？"他静默片刻，回答道："我什么也不会说，我会倾听。"女儿说："妈妈，你不觉得他是一个很有智慧的人吗？"

是的，倾听的力量超出你的想象！在这个充斥着各种声音和各种理念的噪杂世界里，"倾听"也许是我们需要学习的一个重要技能。

无论你是家长还是老师，如果你心里有爱，并愿意用对的方式支持到你所爱的孩子，不妨打开这套书，在桃莉·海顿的帮助下，走进孩子的内心世界，开始学会倾听。看看你是否能够听到他渴望长大的声音，听到他内心的无助和他的需求，他的自豪和喜悦，体会到他在生命初期学习生存技能的那份努力和不易。

如果我们能够带着深深的爱，细心地倾听，全然地信任，耐心地陪伴，也许，生命就会展现给你一个奇迹！

芬兰富尔曼儿童技能教养法中国推广第一人：李红燕

目 录

1 听妈妈讲过去的事 _ 001

2 对搬家的恐惧 _ 014

3 保罗的邀约 _ 023

4 莱丝莉的新围巾 _ 037

5 梅根的好奇心 _ 045

6 走出家门的风险 _ 059

7 睡衣派对泡汤了 _ 072

8 克劳斯 _ 085

9 主动提出搬家 _ 099

10 愤怒的爸爸 _ 104

11 克劳斯的"替身" _ 121

12 保罗的误解 _ 132

13 托比的闯入 _ 143

14 奶奶留下的十万元 _ 157

15　接妈妈回家 _ 169

16　18岁生日 _ 184

17　取钱买票 _ 199

18　瓦特曼先生报了警 _ 215

19　从未提起的往事 _ 225

20　妈妈把药吐了出来 _ 247

21　杀人犯玛拉 _ 259

22　被恐惧笼罩的姐妹 _ 275

23　看望受重伤的妈妈 _ 287

24　永别 _ 298

25　葬礼音乐 _ 309

26　对父亲的埋怨 _ 319

27　旁人的冷眼 _ 329

28　决定出门远行 _ 340

29　踏上去韦尔斯的路_351

30　妈妈曾住过的村庄_368

31　花之林的小屋_384

32　欧文记忆中的玛拉_397

33　狼之林_411

34　妈妈的谎言_421

35　重返家园_432

致谢词

我在此向所有参与本书创作的朋友们所提供的耐心和协助，献上万分谢意，尤其感谢愿意与我分享"生命之源"和相关战争经验的朋友们。同时也要感谢我的另一半肯恩、我的经纪人彼得，还有我的编辑盖尔忍受我的一切。此外还要谢谢我在北韦尔斯（North Wales）和善的朋友们：乌迪、罗丝·玛丽、卡萝、海德·韦恩、梅尔德·韦恩、戴维德和Dai-the-Hand，谢谢你们回答无数与战争、宗教、韦尔斯文、德文文法，还有牧羊细节等部分相关的问题。

谨以本书

加上我的爱和尊敬

以及令人敬畏的同情

——献给"玛拉"——

听妈妈讲过去的事

"哦,我知道。"梅根说,她的表情很着迷的样子,"不过它真的是我的最爱。再说一遍,好吗?拜托嘛!我和莱丝莉想听。"

那一年,我最想要的就是有一个男朋友。当时的我十七岁,而且从来都没有约会过,但该有的我全都有:胸部、长及肩膀的头发、月经周期、欲望。我当然有欲望。

有一次,在我还小而且对技术层面还不精通时,我最好的朋友和我假装在做爱,我们的腿张开成剪刀状,张开到我们的胯部对着胯部,身体紧紧相贴。这件事被我奶奶当场逮到,她要塞西莉回家,然后用一根木头搅拌匙打我的屁股,还要我坐在餐厅里念《圣母经》。她说,她很确定我之所以有那种兴趣是遗传自我的母亲。或许我是吧,然而,即使年纪还那么小,我就已经认为对性感到好奇并没有什么不对。

但是,在我十七岁前,除了收到一张情人卡片,还有在爱达荷州

（Idaho）沙尖镇（Sandpoint）游乐场的露天看台下被一位丹麦鹰级童军偷走了三个吻之外，我什么经验都没有。

这让我感到十分沮丧，而我那个当年九岁的妹妹梅根可是一点都帮不上忙，她总是很乐意帮忙确认我一定如自己所想的那么丑，甚至还暗示着可能有男孩子觉得我很丑。

爸爸告诉我，我需要的是耐心。"时候到了自然就会发生，随缘吧，你一定会交到男朋友的。"他说。我回答他，如果我们没有经常搬家，或许缘分早就已经来到我面前了。

所以到最后，我去找妈妈寻求安慰。我问她，她第一次谈恋爱是在什么时候。

"汉斯·克劳斯·费雪。"她跟我说。

我找到她时，她正在厨房里擦地板。她的双手和双膝都压在亚麻地毯上，头发用一条红色的印花手帕绑起来。她停了一会儿，思考问题，接着她露出牙齿微笑。她伸手到厨房料理台上拿香烟，然后再次坐在地板上，背靠着水槽旁的料理台。她双脚交叉，让膝上的烟灰缸保持平衡。

"那是我和艾儿菲姨妈住在德累斯顿（Dresden）的时候。其实我是不能和男生约会的，我才刚满十五岁，阿姨说我还不能外出。他们那个年代是很严格的，你知道的。"她点燃香烟，烟雾后的双眼在微笑。我们都知道，艾儿菲姨妈说的话对妈妈的行为，并没有什么约束的效果。

"他是面包师傅的儿子。我认识他是因为艾儿菲姨妈要我每天去拿面包。如果她让布莉姬塔去，谁知道还会不会发生这件事呢？或许我永远也不会认识他。但是，感谢布莉姬塔很懒。总之，他每天都在店后面，不断把面包拿下来。"她停了一会儿，目光仍然停留在我身上，"你猜他帅吗？"

"他帅吗，妈妈？"我问。你一定要怂恿妈妈继续讲她的故事。那是乐趣的一部分。

"他帅吗？这个嘛，我会告诉你的。他的头发和你的发色一样，不，或许稍微深一点，而且是像这样往下梳（她用手比画了一下），那个时候的男生都是梳那样的头。他的眼睛是蓝色的，嗯，或许更像蓝绿色，而且是浅色的，一种浅浅的蓝绿色，就像旧玻璃会有的那种颜色。他的嘴唇相当薄，很薄，通常我并不喜欢男人嘴唇薄薄的，但配上汉斯，它们让他变得相当……我该怎么说呢？

"傲慢，就是这两个字。他会站在后面的房间，把面包拿下来，而我心里则想着'玛拉，你一定要让那个男孩成为你的男朋友'。你可以想象，我只要看着他，就知道他对我来说有多重要。"

她露出牙齿微笑着看我："我那时非常爱他。我每天去拿面包，在等待的时候，我脑子里都在幻想自己亲吻着那纤细的唇。"

"你吻了吗？"

"这个嘛，一开始要让他注意到我是很困难的。我只是一个女孩，而爱上汉斯的女孩很多。"

"不过你确实让他爱上你了，不是吗？"我问。

她还是那副露出牙齿微笑的表情。她用一只手把几股长发固定在印花大手帕下，还是没说话。妈妈不需要说话，她只是露出牙齿微笑。

"你做了什么？有那么多别的女孩子，你是怎么让他注意到你的？"

"我开始穿着我的德国女青年联盟制服去拿面包。每一天都穿,即使没有开会也一样。他是青年运动团体的领导人。"她停了一会儿,思考并研究香烟的尾端,然后再次露出微笑,"有时我会在店的后面看见他,他会穿上他的制服。他穿那件制服时看起来很帅,而且走路时有点神气,所以我看得出来制服让他感觉到自己很重要。因此,我心想:'玛拉,如果他知道你是女青年联盟的优良成员,他一定会喜欢你的。'"

"他有喜欢你吗?"

她对我眨眨眼。

"那么艾儿菲姨妈怎么说呢?她不反对你在不该和男生约会的时候去约会吗?"

"这个嘛,她是有点反对。其实一开始她很反对,但我告诉她汉斯的家世很好,还说他是个好男孩,功课很好,而且有一次我在面包店里听他父亲告诉舒华兹太太,汉斯可能会被选进阿道夫·希特勒学校。他说那件事快拍板定案了。"她说。

"所以,当阿姨听见这件事之后,她就说周五晚上我可以和他一起去跳舞,不过布莉姬塔要跟着一起去,"她大笑,"以防我发生有关亲吻那双薄唇的事。那个时候他们相当严格,不像现在。"

"但是你是怎么让他爱上你的,那才是我想知道的部分嘛。你是怎么让他开口邀你出去的啊?"

妈妈拿着香烟,先是盯着香烟看,最后将香烟在烟灰缸里弄灭。周遭的地板仍是湿的,我们坐在刷子、桶和地板破布后面,背靠着厨房的橱柜。

"我做了一件相当下流的事。"妈妈说。她的声音很低，而且带有阴谋的意味。

"什么事？"

"嗯，有一次他走到店前面和我讲话时，我说自己实际上是大公的孙女。"

我大笑："真的吗？"

"我告诉他，我祖父是大公，因为安全的关系，我被送到德累斯顿和艾儿菲姨妈一起生活，但事实上她并不是我的亲阿姨，只是我家人付钱请来照顾我的一位奶妈。"

我可以想象到妈妈以如此戏剧性的方法做出这种事，而且觉得很有趣。可怜的汉斯，他一定不知道自己跳入了什么样的陷阱。

"你为什么要这样做啊？"

她耸耸肩，咯咯地笑："我不知道。这只是我做过的某件事，我想确定他喜欢我。"

"可是那是谎言呀，妈妈。"我说，心里仍然觉得想发笑。

她又耸耸肩，噘着嘴，摆出沉思的表情："不，也不尽然啦，反正只是个故事嘛，我又不是故意讲来害人的，只是没有足够有趣的真实事情可以告诉他。"

"所以，你告诉他，你的祖父是大公？"

"这个嘛，你一定要了解，我当时非常想跟他交往，我只是希望事情能顺利进行。我想，如果他相信，那么他就一定会想和我一起跳舞，而且一旦他认识了我，那么我和什么人有没有关系就不重要了。"她转头过来看我，以眼神表示不需要认真以对，"我当时只有十五岁。每个人十五岁时都会有一点疯狂,相信我。"

"他发现真相了吗?"

她耸耸肩,跪下来继续擦地板:"我不知道,到耶拿(Jena)之后就再也没见过他了。"

我正在做梦。那个梦和史都华大道上的那间房子有关,在梅根出生前,我们住在那里。我住在楼上的小阁楼房间里,爸爸帮我把这间小阁楼房间改装成卧房。我站在小窗子前,看着下面的街道,但原本种在史都华大道两旁的榆树变成了向日葵。街道上没有人,但阳光让一切闪闪发亮,非常漂亮。

然而,即使它看来似乎像是史都华大道上的那栋房子,但我知道事实上它并不是。它是我很小的时候,我们在底特律(Detroit)曾经住过一阵子的公寓。虽然楼上的卧房属于史都华大道,可是我知道那楼梯向下通往底特律的公寓。

在梦里,我可以听见妈妈在哭泣。她当时坐在楼梯下面阴暗小储藏室里的一个硬纸板盒子上,但我仍然在楼上史都华大道的房子里。

"莱丝莉,你起床了吗?"

我猛然醒来。

梅根正站在我的卧室门口。她只穿了内裤和一件前面写着"NASA Johnson Space Center Houston"(休斯敦美国航空航天局约翰逊太空中心)的超大T恤。她靠在门框上,双脚交叉:"爸爸说你必须立刻起床,他今天早上得去上班,所以他不在时,你一定要下楼来陪妈妈。"

"几点了?"

"差不多九点了。爸爸说他午餐后会回来。"

她转身,没关门就走了。

我闭上眼睛。我依然记得那个梦,而且因为突然被叫醒,以至于它还紧抓着我,而且梦境相当真实,甚至当它逐渐消失时也是如此。

等我穿好衣服来到厨房时,爸爸已经去上班了。梅根还在吃早餐,她把椅子往后推,两只脚藏在宽大的T恤下面。妈妈正在收拾盘子,把它们放进水槽里。收音机的声音开得好大,现在正播着《周六晨间以物易物商店》。妈妈很迷这个节目,她会慢慢欣赏所有她梦想得到的交易。

我伸手拿了一片吐司放进烤面包机里。吐司是全麦的,上面全是嘎吱嘎吱作响的小麦种子,虽然把它做成烤吐司很棒,但吃的时候会一团乱,因为上面的小麦种子会掉得到处都是。

梅根正在挑小麦种子,藏在T恤下的双脚把衣服撑出一个球形,她小心翼翼地把种子放在T恤上,再用舌尖一一舔掉。

"老实说,梅根,你吃东西时真像只猪。"我说。

梅根拿起另一颗小麦种子,转头看我,确定我在看之后,就用舌尖舔掉它。

"妈妈,你看她,梅根把她的吐司搞得非常恶心。"

妈妈从水槽那里转过身来。她看了梅根一会儿,摇摇头。"你把面包屑搞得到处都是。"她说,"坐好,把你的脚放在该放的地方。"

我走到橱柜拿棉花糖米香棒:"梅根,妈妈说把你的脚放下来。"

"所以呢?你又不是我妈。"

"可是她是,所以,快照着做。"

"哼，看你有没有办法让我放下来啊？"

我生气地坐了下来。

梅根继续挑吐司上的小麦种子时，我伸出手抓住她其中一只脚，然后猛然地把它拉到地板上。

妈妈没理我们。她背对着我们，继续洗碗。她一手拿着钢丝球，一手拿着旧的铸铁长柄平底锅，拼命地刷。她偶尔会暂停，把窗台上烟灰缸里燃烧的香烟放在嘴唇上，还一度把收音机的音量调高。不过她始终没有转过身来。

梅根伸手要拿另一片吐司时，我的手紧抓着她的手腕。

"放开！"梅根说，声音相当大，"别一天到晚对我发号施令，莱丝莉！"

"你吃吐司的方式很恶心，而且你是故意的。好了，你不可以再吃了。你这个故意搞得乱七八糟的捣蛋鬼。"

"不用你管我！"

"妈妈，你叫梅根不要再弄了啦！"

"莱丝莉，放开我的手！"她站起来想挣脱，结果椅子往后倒，弄出很大的声响。

妈妈转过身来。

没有人作声。

我们两个人都看着她。她拿起香烟，很小心地把它放进烟灰缸里弄灭。厨房里尽管还有"周六晨间以物易物商店"的喧闹声，但我仍可以听见香烟碰到烟灰缸玻璃时发出的声音。

妈妈很不耐烦地举起一只手拂开脸上的头发："你们两个到底是怎

么回事？你们是姐妹，怎么可以老是吵架？"

我们没有回答，回答也是于事无补。

"我真不懂你们，"妈妈说，"你们为什么不快乐？你们拥有那么好的人生，有欧麦利和我，我们爱你们。我们给你们一切，可是你们好像还是不快乐？"

"我们快乐啊。"梅根说。

"我们只是闹着玩的啦，妈妈。"我赶紧说，"我们不是故意要听起来像在吵架，我们只是在玩，对不对？"

"我真不懂你们。"妈妈摇头。

"我们很快乐，妈妈。"梅根又说了一遍，她的声音里带着轻微的绝望，"看到了吗？我在微笑，我和莱丝莉真的很快乐。别哭了，好吗？"

但是已经太迟了。妈妈把脸埋在双手里，接下来，她从厨房跑出去。我们留在那里没动，听着她凌乱的脚步声踏在楼梯上，直到收音机的声音盖住脚步声为止。

梅根也开始哭了。被翻倒的椅子还在她身后的地板上。她看着我，让眼泪流下脸颊。

"好了，梅根，你想再吃一点早餐吗？来点烤松饼好不好？我知道你喜欢烤松饼。别哭了，好吗？我帮你弄一点松饼好不好？"

她擦擦眼睛，摇摇头，接着她把椅子扶正，也离开了厨房。

我爸称这种事为"发作"，妈妈的发作。妈妈发作时，爸爸会半耸着肩，然后面带微笑，仿佛那只是她一个反复无常的小怪癖，就像别人在泄露秘密之后，会朝自己身后撒盐一样。

然而我讨厌这种情节。小时候，我以为那样是正常的，我以为每个孩子的母亲都这样；直到十岁或十一岁时，我才发现别人的母亲不会这样。

我一个人在厨房里，把水槽里几个剩下来的盘子洗好，清理桌子，将梅根的面包屑擦掉，最后把已经泡得软软的麦片倒掉。

不久之后，梅根回到厨房，她想用一把宽齿梳整理发尾。"帮我好不好？"她拿出梳子说，"我没办法把所有的结梳开。"

我妹妹有一头漂亮的头发。她的头发就像爸爸的头发，颜色深得几近黑色，但也像妈妈的头发，非常直。你可以用你的手指头梳它，它会轻柔地、波浪般溜过指尖，像水一样；然而，梅根的头发最棒的部分是它的长度，它几乎长到可以让她坐在上面。

她的头发太多，经常会散掉，因为它全部的重量让她无法使用小女孩用的发夹或头饰带。梅根总是带有一副未被驯服的表情，尽管如此，人们有时候还是会停下脚步，转身再看她一眼，因为她十分醒目。我在梅根这个年纪时，始终不被允许留那么长的头发，不过我也不曾拥有像梅根那样又黑又直的头发。

"莱丝莉，爸一定会杀了你，因为你让妈妈发作。"我在梳梅根的头发时，她说。

"我？是你的错！你这只小猪。爸爸会杀了我们两个。"

她没搭腔。她离开我身边，拿走我手中的梳子，走到桌子那里。她坐上桌子，然后把长发拉到身前，梳发尾打结的部分。

"梅根，不要在桌子上梳头发。"

她没答话。

"你听见我说的话了吗?那样很不卫生,换别的地方!"

她还是没反应。不过她放下梳子,改用手指头去梳,并看着头发。"莱丝莉?"她问话时没有抬头,"妈妈为什么会那么做?"

"做什么?"

"就是那样。我的意思是,我们只是在开开玩笑,仅此而已。为什么她总是无法了解呢?"

我耸耸肩。

"她为什么一直认为我们不快乐?为什么对她来说,我们每一分钟都百分之百地快乐是那么的重要?"

"这只是其中一件事而已,梅根。"

"什么其中一件事?"

我耸耸肩。

十点四十五分,妈妈再度下楼来。梅根和我还坐在厨房里。她走到桌子那里拿她的香烟。

"你要一杯咖啡吗?"我问。我已经站起来了。

她点点头。她走到水槽那里,身子往前,透过水槽上方的窗子望着外面。她一只手靠在嘴唇上,香烟不离嘴地抽着。

"没有花。"她说。

"是啊。"我回答,"不过春天来时会有很多花,记得爸爸种的那些新的花吗?"

梅根抢走我手上的茶壶,想帮妈妈倒咖啡。她小心地从罐子里舀了一勺细咖啡粉,然后将滚水倒进去搅拌:"妈妈,你的咖啡好了。"

她挤进妈妈和水槽之间,想要妈妈低头看她,还端起那杯冒着热气的咖啡:"妈妈,你喜欢的咖啡好了。"但妈妈仍两眼盯着她上面的窗子看。

我妹和我妈,她们看起来并不像。梅根又瘦又轻盈,肤色很深,像是从童话故事里跑出来的精灵。妈妈又高又白,五官明显且突出,而她的头发是淡得像海砂般的金色。她唯一遗传给梅根的是那双蓝色的眼睛,它们非常蓝,就像蓝色的条纹格子布一样。

妈妈离开窗前,梅根跟着移动。

"我开始不喜欢这里了,"妈妈说,"太冷了。我不喜欢寒冷。"

她坐下来,同时终于接过梅根泡的那杯咖啡。

"那么,意思是我们又要搬家了吗?"梅根轻声问。

"我不喜欢这里。"妈妈回答。

"我喜欢。"梅根说,她的声音还是很轻柔,又带着点犹豫。妈妈一边喝咖啡,一边透过咖啡杯的上方看着她。"我认为这里很好,妈妈。我在这里交到了朋友,像凯蒂和崔西。"

妈妈放下杯子:"这里没有花。"

"可是妈妈,现在是一月啊!"

我妈叹了一口气,把咖啡杯放在桌上,凝视着杯子:"可是这里没有花。"

"一月份,任何地方都没有花的,妈妈。"梅根说。

沉默了一会儿,妈妈开口说:"列别尼(Lebeny,位于匈牙利西部)就有,在外公的温室里。"她说,"那里一直都有花。"

梅根的脸突然亮了起来。她走近妈妈身边,跪了下来,将双臂放在妈妈的脖子上。梅根用一只手把妈妈的脸从咖啡杯的方向移开,那样妈妈就必须看着她。

"告诉我和莱丝莉,有关列别尼的事,好吗?那次你和艾烈克偷偷溜进外公的温室,拿外公的山茶花来装饰头发,然后去参加舞会。你知道,那次你们不该熬夜的,因为那是一场大人的派对。他们演奏《蓝色多瑙河》时,你和艾烈克在楼上的走廊上跳舞,而且还闻到所有美丽女士们身上的香水。跟我们讲那个故事,好吗?"

妈妈的脸变得很柔和,疲惫、没精神的样子也全不见了。她低头微笑地看着跪在椅子旁的梅根:"你们知道那个故事,亲爱的。我已经跟你们讲过一百遍了。"

"哦,我知道。"梅根说,她的表情很着迷的样子,"不过它真的是我的最爱。再说一遍,好吗?拜托嘛!我和莱丝莉想听。"

妈妈摸着梅根的脸时,还在微笑。那微笑让她变得好漂亮。

对搬家的恐惧

> 我从他的声音听出来,如果妈妈和我之间,关于搬家的事需要摊牌,我其实没有机会赢的。

妈妈生在匈牙利一个上流社会家族里,生在附庸风雅的旧奥匈帝国遗迹当中。她的父亲在大战时曾经和兴登堡(von Hindenburg)一起作战,战后不久就从军中退伍,回去管理位于匈牙利西北方的家产。他的童养媳(他在1914年认识并结婚的那位)是萨克森(Saxonia)梅森(Meissen)最老的家族之一的小女儿。

除了妈妈之外,家里还有三个孩子。她对大哥米哈里只有模糊的记忆,因为他在她两岁之前就离家,远赴德国求学;不过,她挚爱的弟弟艾烈克只比她小十三个月,他们一直是童年的好玩伴。

妈妈在讲和艾烈克有关的事情时都相当生动,我甚至有种他就是我兄弟的错觉。妈妈的妹妹乔安娜在她八岁那年,因为猩红热而过世。

虽然妈妈不曾多说,但我猜想,四个孩子当中,外公最疼爱的就是她。妈妈非常漂亮，有着当时欧洲非常重视的金发，以及纯洁的容貌。她在所有的照片里都被打扮得像个小公主，穿着丝绒、丝绸和蕾丝做成的衣服，而且那头长长的金发总是被很仔细地卷起来。

即使那些照片的气氛严肃，她的嘴上也会带着浅浅的微笑。我们只有一张妈妈全家福的照片，照片当中，她和其他孩子分开站，紧紧靠着外公的手臂。如果你仔细看，还可以看见他的手搭在她的肩膀上，同时手指头深情地摸着她的头发。

外公一直要她穿得漂漂亮亮的。妈妈这辈子大都是讲双语，因为外婆只跟她说德语，而外公说匈牙利语；不过在她六岁时，外公从米兰请了一位家庭教师，让她学意大利语。除此之外，她还上舞蹈和声乐课，同时还学习弹钢琴和风琴。当她想要一匹小马时，外公就请了一位维也纳来的马术教师，还买了一匹白马给她。

妈妈就像她的哥哥米哈里一样，是位很有天赋的学生，因此外公决定让她拥有最佳优势。他和外婆都相信德国教育，因此，当妈妈十二岁时，就被送去和外婆在德累斯顿的姐妹——也就是艾儿菲姨妈一起住。她在那里就读一所私立的女子学校，同时准备上大学。

但妈妈不喜欢离开家。她说，有一整年的时间她都很想家，许多个晚上都是哭着睡着，最后，艾儿菲姨妈把她的床移到走廊，那样她才不会吵到和她同房的女儿布莉姬塔。可是这次，外公并没有对她的恳求做出让步，所以她只好继续留在德累斯顿。慢慢地，她终于习惯在那个城市里的生活，习惯坚持桌上一定要摆一块蕾丝桌布的艾儿菲姨妈，还有习惯睡觉会打呼的布莉姬塔。

妈妈在耶拿上大学的第一年，战争爆发了。她当年十六岁，在动乱中断大学生活之前，她继续念书，直到那年秋天。她本来应该被送回匈牙利的，因为希特勒驱逐每一位有外国出生证明的人，但她被视为德裔人，所以可以留下来。不久之后，她和其他几位曾经是德国女青年联盟成员的女孩子，来到德国北部的一间青年旅舍。

妈妈并没有和我们讲很多与这几年有关的故事。我想她那时候应该相当害怕吧。那间旅舍离汉堡（Hamburg）不远，而妈妈经常说她总是躲在橱柜里，捂着耳朵等待联军的飞机飞过。

她讲那些事情时，我们听到的故事背景总是宽广、平坦的乡间，夏天潮湿，而冬天十分寒冷。有时候，我们还会听到她在战时遇见的其他女人的事。她那时在一间农场工作，而最让我着迷的故事人物之一，正是来自于此。

洁德薇佳是位来自华沙的已婚波兰妇女，但我总是搞不清楚她是如何到农场的。从妈妈讲那件事的方式来看，洁德薇佳听起来总是常被环境吓到的样子。让妈妈感到有趣的是，洁德薇佳是个都市家庭主妇，但这时却得在外面从事农务，她对此不以为然，反而在意的是她被迫和社会地位比较差的人有亲密接触，因为她认为其他妇女的社会地位都比她差。

妈妈有模仿人的天分，她曾模仿洁德薇佳走路的样子、她的龅牙和带有鼻音的口音给我们看和听。妈妈会在房间里四处走动，还模仿波兰语用鼻音嘲笑我们，将脸扭成一副骄傲自大的兔子模样，直到她憋不住开始笑起来。接着，她会一屁股坐进一张椅子上，抱着肚子大笑不止；当然，梅根和我也会跟着笑到眼泪都忍不住流了出来。

到了1945年，英军带着巧克力和香烟来时，妈妈得了斑疹伤寒，病得好重，所以她不太记得他们。不过，她确实记得巧克力条，而且在她卧房的抽屉里还留着战后她拿到的第一个巧克力的包装纸。

当妈妈躺在医院里养病时，遇见了爸爸。他当时是美国士兵，去探望病房里的另一个人。躺在床上的妈妈因为刚治好斑疹伤寒，身体还十分虚弱，头发也因为营养失调而掉了一半，手臂上还有一道伤口，绷带从手腕包到手肘。

当爸爸走过一排排病床之间的走道时，妈妈正试着用受伤的那只手喝汤，但她不仅把汤匙弄掉了，连托盘和碗也都掉了，汤洒了一地。爸爸弯下身，拿起那个滚动的碗。他说，当他站起来，把碗还给她时，他立刻就爱上她了，爱上她的绷带、秃头、汤还有全部。

事情是否真的是那样，很难说。我爸一直都很浪漫。

1946年的年初，他们在维也纳结婚。妈妈的心愿之一就是等她身体强壮点儿时，回匈牙利寻找她的家人。战争期间，她和全家人都失去联系。从1945年年底到1946年年初的整个冬天，她和爸爸的足迹踏过了所有被战争蹂躏的德国乡村地区、奥地利（Austria）、西捷克斯洛伐克（western Czechoslovakia）和匈牙利西北部。

妈妈的家人全都在战争中失去性命，她的哥哥米哈里在战争爆发时已经有了妻子和孩子。米哈里于1936年被征召进入德意志国防军（Wehrmacht），然后在法国军事演习时丧生。外婆则于1940年因为心脏衰竭过世。

留在家中协助外公经营家产，而没有像和他同年的大部分男孩一样加入军队的艾烈克，在1942年遭到德军射杀。几乎发疯的外公，孤单地前往德累斯顿艾儿菲姨妈家寻找妈妈的消息，但他和艾儿菲姨妈也在1945年盟军的轰炸当中身亡，而妈妈也始终没找到布莉姬塔。

1946年9月，爸爸再度被派往位于英国南部的基地。来年退役后，他和妈妈留在英国，最后搬到韦尔斯，接下来的十年，大半都生活在山坡上的一间小屋里。

妈妈曾告诉梅根和我，有关他们那段生活的美丽故事。他们住的那间小屋一直都没有人住，而雇用爸爸的农夫说，如果他们把它修好就可以免费住在那里，因为他很同情妈妈，她那时身体仍然很不好，而他认为山上的空气能帮助她尽快恢复健康。

小屋位于山坡上，连一条到那里的马路都没有。他们必须走上一条陡峭的小径，穿过一座森林，再经过一座桥之后才能抵达。刻在门的石板上的是小屋的韦尔斯名字，意思是"花之林"。妈妈说，他们第一次到那里时，小屋后面的庭院全都开满了向日葵。妈妈把这视为一个好兆头，因为在韦尔斯常下雨，向日葵通常长得不太好，但在花之林，它们开得十分茂盛。

爸爸和妈妈在那里一直住到20世纪50年代末期。后来有个冬天很冷，紧接着又是一个潮湿的夏天，向日葵没有开花，于是他们搬家了。

星期六的晚上，爸爸用完晚餐后，上楼到他的书房。用过晚餐后，他喜欢在那里听收音机，虽然偶尔也会看书或写信，但通常他什么事都不做，只是把躺椅向后推，转到音乐电台听音乐。

"爸？"我说，稍微把门打开，"我可以和你谈谈吗？"

他原本把躺椅完全往后靠，闭着眼睛。听见我这么问他，他张开了眼："当然可以，莱丝莉，快进来。"

我小心地把门关上，走过去坐在椅子旁的脚凳上。我用一只手指触摸躺椅的把手，感觉着衬垫里粗糙不平的线状物。

"爸，我们要搬家吗？"

他再次闭上眼睛。收音机里传来的声音相当大，是古典音乐。老实说，我并不认为爸爸听得懂这种音乐。妈妈听得懂，她知道曲目、作曲者、音乐的类型和演出者；但爸爸不懂，而且也不特别关心。他喜欢听，因为那是个几乎没有广告的电台。

他没回答我的问题。

"我听妈妈开始提起这件事，"我说，"她正在考虑。"

"她没跟我说。"

"她也没跟我说，不过我还是感觉到了。"

他没动，只是继续闭上眼。

"所以呢？我们要搬吗？"我问。

"你妈妈需要比较温暖的气候，莱丝莉。"他最后这么说，再次张开眼睛，"这里对她来说太冷了。"

"我们以前也到过比较温暖的地方，可是她也都不喜欢。面对现实吧，爸，事实上没有一个她会一直喜欢的地方。"

我可以看见他眼中的瞳孔扩大。它们变大了一会儿，然后又缩小。

"你妈妈什么也没跟我说，"他说，"所以别光想一些不确定的事。"

我再次用手指头感觉躺椅把手的衬垫。

"还有，我不喜欢听你这么说。寒冷确实会让她觉得很困扰，你也知道，那样会让她的背更加恶化。所以，那不是她的错。"

"她的背？她吃药了，爸。"

他仍然看着我："嗯，但是到比较温暖的地方，她就不需要忍受寒冷之苦。"

"不是冷的关系，"我回答，"是花的关系。"

他把躺椅调回坐姿："什么？"

"我说，是花的关系，才不是冷或她的背，或任何其他事的关系呢，是那愚蠢的花的关系。她想前往某个有花的地方，即使是在一月。"

爸爸什么都没说。即使有音乐在播放，但书房内一下子变得好安静。

我仔细观察他，爸爸称不上是英俊的男人，他有爱尔兰的血统，身材虽不高但却很结实，还有一头浓密的黑色鬈发，虽然两耳旁的毛发已变得灰白了。他的脸给人一种好像太过劳累的感觉，尤其是在眼睛四周，仿佛他这辈子都没好好睡过一觉似的，但那还是一张会让人感到愉快的脸。

他的气色相当好，两颊像圣诞老人一样红通通的，而且他老是打赌梅根和我没办法看他看五分钟而不笑。没错，我们两个都做不到。这么随和的爸爸配上外表相当令人敬畏的妈妈，确实有种出乎意料的感觉。

"这样并不公平，"我说，"我们一在某个地方定下来，你们就想起身离开。而且坦白说，爸，我现在哪里都不想去。我快要毕业了，而且想在这里毕业，我在这里有朋友，我认识这里的孩子。"

我转头看着他："我真正想的是参加我的毕业舞会。我希望有人会和我出去约会，像班上的其他女孩一样。我不想成为唯一没有被邀请的人，唯一没有地方可以去的人。如果我们现在搬家，就会发生那样的事。"

爸爸露出温柔的微笑,伸出一只手来抚摸我:"我知道有时候,这样对你们来说很辛苦。"

我从他的声音听出来,如果妈妈和我之间,关于搬家的事需要摊牌,我其实没有机会赢的。我叹了一口气,接着又叹了一口气,沉重的一口气:"我觉得我得等到一百万岁才会有第一次约会,那时候我已经变成一个没有牙齿的老太婆,而且在初吻时,对方还会把我的假牙都吸出来。"

他露出牙齿微笑。

"这一点都不好笑,爸。"

"我知道,亲爱的。"他说,但还是咯咯地笑。

"好,如果妈妈决定要搬——"

"莱丝莉,关于搬家的事,她什么都没提,你是在制造不存在的问题。"

"如果妈妈决定要搬家,我想留下来和布莉雅娜在一起。我已经跟她谈过了,我跟她说我们可能会搬家,她说她会问她妈,看看我能不能和他们一起住到学年结束,只到六月。"我执意继续说。

"你不该和别人谈家里的事,莱丝莉,这是我们的私事,你不该跟陌生人讲的。"

"爸,布莉雅娜不是陌生人,她是我的好朋友。再说,我并没有讲得很仔细,我只是试探她的意思。"

"寒冷会让你妈妈很困扰,"爸爸的态度变冷漠了,"如果她想搬,那么我们就应该要搬,毕竟我们欠她那么多。"

我什么都没说。我低下头，用双手撑着头，两眼盯着地板。收音机里传来的音乐是拉赫玛尼诺夫（Rachmaninoff，1873—1943，俄国浪漫主义作曲家暨钢琴家）的作品，这是一首协奏曲，但我不记得是哪一首。

"爸？"

"嗯？"

"你觉得我丑还是怎样？我的意思是，跟我讲实话。"

他张大眼睛："你当然不丑，莱丝莉。你问的什么问题啊？"

"我只是纳闷。"我一边听着协奏曲剩下的部分，一边研究地毯上的图案。

"你看，"他的声音很柔，"你还有很多时间，别太心急。事情会有圆满的结果。"

我抬起头："你第一次和女孩子约会的时候，是几岁啊？"

"比你现在还要大。我当时在部队里。"

"你在那之前都没有约会过吗？你在家的时候？"

"你奶奶会杀了我，在农场里约会？"他露出牙齿微笑，"不过，我还是知道女孩子是什么。"

"哦。"

"所以，懂了吗？"他把手放在我的头上，"大自然会照顾一切的，别担心，你会交到男朋友的。"

3

保罗的邀约

> 我笑得像只露出牙齿微笑的猫,我把铅笔往空中丢,然后试着接住它,监视走廊的老师用奇怪的眼神看了我一眼。

爸爸的生长背景里没有欧洲贵族的过时遗风,没有私人教师,也没有有花园派对和小提琴音乐陪伴的夏日午后。他是一个爱尔兰移民的儿子,成长在伊利诺伊广大平原的一座养猪农场上。

爸爸家总共有七个孩子,他排行老四。他们家并不穷,不像大萧条时期许多农村家庭那么穷,也不像爷爷四岁时和曾祖父母搭着客轮统舱抵达艾丽斯岛(Ellis Island)时那么穷,但只是经济上刚刚好,还过得去。

在他的回忆里,我最喜欢的一个,是他在学校跟人打架,因为另一个男孩说他的外套是女生的外套。那确实是女生的外套,是奶奶将他姐姐凯瑟琳穿不下的衣服修改后给他穿的。爸爸在讲到这件事时,总是会以露出牙齿微笑作为结束。他会说，没错，那是女生的外套，但他当然不让杰基·巴恩斯那么说。

在他们的生活中，唯一的依靠是宗教信仰。爷爷和奶奶都是虔诚的天主教徒，因此他们所有的孩子至少都上过几年教会办的学校，即使在大萧条的艰苦时期也一样。爸爸的一位妹妹后来还加入修女教团帮助穷人，至今仍住在哥伦比亚，而他的弟弟则在麻省一所大学里教授神学。

爸爸十三岁时，爷爷在一次农场发生的意外中过世。一辆翻倒的牵引机将他压成重伤，两位住附近的邻居把他拖出来并将他带回家。当时爸爸一个人在菜园里锄草，一边还要照顾当时大约两岁的小婴儿，而那两个男人来了，带着他垂死的父亲。

爸爸不会讲故事，和妈妈不一样，他不会将一件小事讲成一出令人神魂颠倒的戏剧，不过他在讲这件事时，你感觉得到自己仿佛看见了那个穿着破旧工作服、满是灰尘并光着脚丫子的瘦小孩子，你也看到了那个小婴儿，还有他身旁只有一只眼睛的泰迪熊。

奶奶到邻居家去了，所以只有爸爸一个小孩子和一个小婴儿，还有受伤的爷爷在一起，而且他不知道该怎么办。每次他讲到这件事，你就能感觉到一股深深的恐惧。

因此，我从来没看过爷爷，我们甚至连一张他的照片也没有。爸爸说，有次有位路过的旅行摄影师停下来，自愿帮他们照相，于是奶奶要孩子们梳洗，并穿上他们最好的衣服。但是当摄影师带着洗好的照片回来时，他要求比最初约定好还要多的钱，因为奶奶当初并没有说孩子有那么多位。爷爷则坚持对方说话要算话，因此最后摄影师一毛钱都拿不到,只好收拾行李、照片和所有的东西离开。

然而,对欧麦利奶奶我可是很熟。我很小的时候,每年夏天我们都会到伊利诺伊去探望她。她住在芝加哥北部一间小房子里,离派蒂叔叔和葛瑞倩婶婶的房子不远,而且我也记得我睡的那间凉快、闻起来有湿气的阁楼房间。之后,我进小学时,每年七月我都会到那里和她一起过暑假。

她是个娇小的妇女,有着一头白发,她把它梳成辫子圆髻,而且把头发拉得好紧。她的手总是让我想起鸟的脚。我在身高和骨架上很像妈妈,我十岁时,个头就比欧麦利奶奶要高了。

小学时,我总是很期待去探望她,但事实上,我最喜欢的是和爸爸一起往返芝加哥的旅程,对我而言,这趟旅程是个很棒的冒险。我们总是两个人一起去,只有他和我,妈妈则留在家里照顾梅根。

整个七月,都充满着爸爸和我坐在巴士后面的回忆(妈妈拒绝坐在巴士后面,因为她会晕车),我们会一起分享可乐和糖果条,看见路旁的牧场有白马时还会一起许愿,我们在冒着蒸汽、灯光昏暗的巴士站餐厅里吃东西,睡在下垂床垫和窗帘已经脱线的汽车旅馆里,或是在令人昏昏欲睡、有柴油味道的黑暗里打瞌睡。

对探望奶奶这件事,我倒是没有那么期待,虽然那里有很多好玩的地方。在梅根出生之后,当我发现我可以去,而梅根因为太小,奶奶无法照顾她所以不能去时,我有种胜利的感觉。此外,我的堂兄妹们就住在离奶奶家一条街的地方,这让我每年夏天都有熟悉的玩伴,特别是在我们经常搬家后,我更渴望拥有朋友。

奶奶对我总是偏宠一点,我去看她时,她会送我小礼物,还会每晚给我一点点零用钱。最棒的是，只要我提出要求，她就会帮我做奶油松饼当早餐，这是妈妈绝对不会做的事，因为她拒绝接受用甜的东西来做一顿饭。

不过，去探望奶奶时也有不那么快乐的事。从爸爸和我抵达的那一刻起，我总是会察觉到微微的拘束感，那种即使你年纪很小也会立刻察觉的紧张状况，而且那种紧张会一直存在。不管奶奶为我保留的小惊喜和早餐有多让人快乐，去探望她时总是让我有点焦虑，而且得时时保持警觉。

我从很小的时候，就知道主要的问题在哪里。欧麦利奶奶是虔诚的天主教徒，但妈妈不仅不是天主教徒，甚至也称不上是基督徒，所以我和妹妹都没有受洗、接受过坚信礼，也没有去过教堂。这件事可吓坏奶奶了。

当然，欧麦利奶奶尽她最大的努力想矫正她认为难以想象的情况，所以等爸爸离开后，奶奶会打电话给神父，叫他过来看我。她会买适合上教堂礼拜的衣服、漆皮皮鞋和儿童圣经故事书给我，还强迫我去做弥撒、上教义课和假日圣经学校。

吃饭时，她会考我和耶稣有关的事，而洗碗时，她会要我背诵圣经诗句，甚至在我九岁那年的夏天，她答应如果我回家后保证爸爸、我和梅根一起受洗，她就会给我五百块。

通常在七月底探亲结束时，爸爸和奶奶最后都会来一场可怕的争执。爸爸来接我回家时的第一句话总是和教会有关，那些问题真的让人很难回答。如果我说谎，并说我待在那里时没和教会有所接触，我就是没说实话；但是如果我说出实话，他就会对奶奶大吼大叫，因为他曾明确禁止她送我去上圣经学校或教义课。然而奶奶才不管他。

然后，他们会进展到他告诉她，我是他的孩子，而且如果她不喜欢他的规矩，那么我就不可以再来了；而她则告诉他，她不想让自己的孙女被烧死在地狱里。不久之后，他们就会因和妈妈有关的事争吵。

奶奶知道妈妈对宗教信仰的看法，她不可能不知道的。如果你认识妈妈，你也会知道她的看法。妈妈在战争当中看到的事，以及她看到笃信宗教的人们的反应方式，让她非常反对宗教信仰。

她说很多人都知道，包括外国政府、居高位的人，甚至许多一般人，他们都知道在德国被容许发生的各种可怕苦难，但是他们仍然在晚上回家，吃晚餐，祈祷，然后上床睡觉。当他们周日在教会时，还是认为自己是良好的基督徒，认为自己生活在基督教国家里。

可是那是什么样的教义？当犹太人在奥斯威辛（Auschwitz，位于波兰）时，教宗在哪里？修女和神父还有牧师，以及所有在立法机关和世界议会里的良好、正直的基督徒，那些可以帮忙、可以透过法律让更多难民避难的人，那些可以提供更多逃亡路线的人，或者更重要的是，那些可以阻止这一切发生的人在哪里？

妈妈总认为悲剧是可以被阻止的，如果大家都试着去做的话。基督徒、教会、教宗和所有的人，他们可以形成巨大的力量，没有一个领导人可以忽视这股力量，就连希特勒也不能。但他们没有。她说，即使不是故意的，但他们还是选择了不伸出援手，所以，她觉得自己不需要这种让那么多人那么轻易地不去管那些苦难经历的教义。

奶奶无法容忍妈妈的这种想法。我不认为妈妈个人的无神论有那么严重，而且妈妈的不朽灵魂会变成什么，对奶奶来说一点都不重要。

即使奶奶从来不说，但我怀疑她认为地狱适合妈妈。对她来说，真正无法忍受的是妈妈将爸爸带离教会，而和他一起被带离的，还有梅根和我。

尽管爸爸威胁不让我去，但我每年七月还是会去奶奶家，直到我十三岁时她过世为止。我对爸爸年轻时候的了解，都是来自那些夏天里发生的事。

我认为爸爸这样一个安静又平凡的男孩，如果不是身体不好，或许在这个大家庭的混乱中不会被注意到。他在襁褓时期就患有轻微的小儿麻痹症，之后，猩红热让他有"胸部虚弱"的症状，因此常常生病，而且通常都病得很严重。

爸爸的童年有大半时间都在长期的隔离和静养当中，也因为如此，他成为一个害羞、内向的男孩，不过不是书呆子。他的哥哥柯林才是书呆子，爸爸只是专注于自己的事情上。

奶奶说她从来不为此担心，有着虔诚宗教信仰的他们，对命运采取随缘的态度，并认为爸爸会成为神职人员，因为他是家中第二个男孩子，而那是他应该做的事。所以当奶奶知道他并不想要一辆车、派对和高级生活时感到很欣慰，因为派蒂、奇普和米克就想要。

当然，爸爸并没有成为神职人员，也没有做到奶奶对她所有儿子的另一个热切期望：完成大学教育。爸爸高中毕业时，第二次世界大战已经开始，而且就像那个时代的许多年轻人一样，投入战争之中。奶奶虽然没有明说，但她暗示过，爸爸是在欧洲时遇见妈妈的，因此奶奶把爸爸没有完成的任何事，全都归咎于他娶了妈妈。

爸爸加入军队后被派往英国，而他娶妈妈时只有二十一岁，她还比他年长两岁。之后，他就再也没有时间、金钱或精力继续接受更高的教育，而且坦白说，我并不认为爸爸特别介意这件事。

真正让他感到困扰的，是他所从事的工作由于缺乏技术性，很容易被其他人取代。因为频繁搬家和缺乏真正的训练，爸爸一直都在屈就，接一些容易到手和容易离开、没有前途的工作。这些工作支付的薪水永远都不够，而且通常需要耗费体力，一等他年纪变大，就不容易找到这类的工作。

当我们从之前在内布拉斯加（Nebraska）的家搬到堪萨斯（Kansas）时，他有两个多月都没有工作，最后才在休森汽车修理厂找到一个小小的空缺职位。没有人要一个年纪已经五十岁，而且没有任何专业技术的劳工。

我知道他并不喜欢他的工作。虽然他从没说过，但是你能感觉得到。他会慢吞吞地喝着早上的咖啡，晚上则会带着一双黑手和脏衣服回家，甚至在亲吻妈妈时还会道歉，虽然妈妈从来都没有抱怨过。

揭开秘密的关键是书房，爸爸在我们曾经住过的每间房子里，总是坚持要有一间属于他的书房，即使那表示梅根和我得共享一间卧房也一样。他告诉我，有天他会有一份工作，是能从办公室带数据回来，在他的书桌上处理的那种。所以他需要一间书房——某个安静到能远离电视的吵闹声、梅根和我，还有妈妈的唱片的房间，这样他才能整理资料。

到目前为止，他还没找到类似的工作，但每天用完晚餐后，他就会上楼，在书桌后面坐一会儿，等待。

在爸爸做梦的同时，妈妈则采取行动。因为妈妈的关系，我们生活得像吉普赛人。她追求快乐，不论我们在什么地方，妈妈都认为内在的平和在下一个山头上等着她。没有一个地方适合她长期居住，偶尔她想要凉爽一点，偶尔她想要温暖一点；偶尔她想住在乡间，偶尔她想住在小镇上。妈妈一直都在寻找，却始终没有找到真正心之所属的地方。

每次搬家都有固定的程序。首先，妈妈会变得焦躁不安，在房子里来回踱步、在花园里拔东西和移植东西、翻阅梅根或我的课本，以及编造有关她想象中的地方一定有什么样的惊人故事。

一开始，梅根和我被迷住了，我们坐在厨房的椅子上吃下午茶点心，听那些迷人的故事，但随之而来的是妈妈会开始沮丧。任何梅根或我做的小事都会让她难过，而且发作的次数会愈来愈频繁。

她的焦虑会逐渐增加，害怕离开房子和庭院，因为她开始认为小区里的人不再喜欢她了，然后爸爸和我就得负责所有杂货的采买和跑腿。当这些事开始出现时，我就知道我们将前往某个新的地方，只是时间早晚的问题而已。

我讨厌搬家，讨厌在搬家后随之而来的可怕消沉。每天早上起床时，我知道除了妈妈、爸爸和梅根之外，外面全都是陌生人。我讨厌令人沮丧的重新开始、尝试交新朋友，甚至是要尝试找新的打工机会。

然而，我的感觉似乎从来不被重视。当妈妈深陷这种状态时，她没有剩余的精力去关心别人的感觉，而爸爸只关心如何缓解她的不舒服。他从未质疑过这个过程。

如果妈妈想搬家，我们就搬家；如果妈妈认为我们在亚基玛（Yakima，位于华盛顿州）或北普拉特（North Platte，位于内布拉斯加州）或是很远的地方会比较快乐，爸爸会全盘接受，他会放下一切，通知他的工作单位，卖掉任何东西来筹钱，然后收拾行李，前往妈妈认为这次她会感到平静的任何地方。而且，他会期待梅根和我乐意做出同样的奉献，我们甚至不准在妈妈面前质疑搬家这件事，因为他认为，当你是家庭的一份子时，这只是你该做的某件事。

星期三上完微积分课出来时，我的辅导员已经在等我了。哈里克小姐靠在走廊另一边的置物柜上，在我走出教室时点点头，那意思是她要找我。我们没有讲半句话，就一起走回她的办公室。

包含六位男士和哈里克小姐在内的辅导员，他们的办公室都集中在学校新大楼里。每个人拥有一个小隔间，可容纳一张书桌、一张书桌椅和另一张椅子，而且还有空间可以把门关上。

在哈里克小姐的小隔间里，有一大幅镶框的画挂在书桌上方，画上写着："犯错的人通常是事情没有做完的人。"我去了三次才终于弄懂那些让人看不懂的字到底是在写什么。

哈里克小姐坐在书桌后方，从字典旁的大书架上拿出一个上面写着我名字的档案夹。有一会儿，她迅速翻阅里面的内容，偶尔停下来专心看，这让我很难相信她之前已经看过很多遍了。

"最近好吗？"她问我。

我耸耸肩："好。"

"你有在想吗？像我之前要你想的？关于你想到哪里上大学的事。"

"有。"我说。

"你决定了吗？"

我再次耸耸肩。

"莱丝莉,我不喜欢要一直提醒你这件事,但时间就快到了。你得拿张申请表,不能永远拖下去。"

我点点头。

接下来有一阵子我们都没有讲话。她低头看着档案,我坐在她对面,可以看到她在看什么。我已经知道档案夹里有什么东西:我的智商分数、成绩单,还有以前化学老师写的一张便条,上面说他认为我的成绩未达应有的水平。

"莱丝莉,你在语言方面的表现很优秀,你修了德语、法语,还有两年的西班牙语。在家还讲匈牙利语吗?"

"有时候。"我说。

"有一些大有前途的职业机会,适合懂得数种语言的人。你想过从事类似那样的工作吗?你很优秀,而且那是个很有前途的领域。"

我点点头。

哈里克小姐叹了一口气。我并不是故意装得很难搞,虽然我看得出来她认为我很难搞。应该这样说:她觉得我不是很乐意合作。

"你知道,"她说,"我在试着帮你,莱丝莉。我知道你认为我只是在找你麻烦,但我不是。我是担心你一直拖着这件事,以至于太迟了。你是那么聪明,潜力无限,我只是不愿看到你浪费它。"

我盯着我的双手,肚子则痛到让我想立刻离开。

又是一段冗长、让人不自在的沉默。她看着我,而我因为无法让自己看她的脸,于是开始研究起她的衣服。她的年纪稍长,可能近六十岁了,却穿得相当时髦,轻柔的羊毛裙和看起来像丝一样的短上衣，都是柔和的大地色。如果她是别人，我会想问她是在哪里买到这些衣服的，因为它们不像是在我们镇上可以买到的衣服。

当沉默变得太过沉重时，我不耐烦地耸耸肩。我不知道要跟她说什么，甚至不知道自己有什么问题。为什么看申请表和做一些有关申请的事会那么困难？还有为何我那么不喜欢来这里？来这里让我觉得肚子不舒服。

"有什么事吗？"她问，"我的意思是，你最近好吗？上课还好吗？你有遇到什么困难吗？"

我摇摇头。

"家里一切都还好吗？"

我点点头。

她看着我好长一段时间，最后打开书桌的抽屉，拿出一沓通行证。"如果你需要和任何人谈谈，"她说，"我就在这里。"

"我现在得去上历史课。"当我看见她在那张表格的空白处上犹豫时，我说，"204 教室，是彼得森先生的课。"

"你听到我的话了吧？那是我们之所以在这里的原因，莱丝莉。当事情不好处理时，我会提供协助。我真的很关心你，你知道吧？"

我站起来，伸手去拿通行证。当她放下笔时，我抢走那叠表格，然后就离开了。

我的朋友克莱儿要在下周五晚上举办一场派对，她母亲会帮她暂时移开家庭娱乐室里的家具，并请来一个乐团现场演奏。那是个地方的乐团，由我们高中的三个男孩，还有来自古德兰德城（Goodland），名叫青蛙纽顿的人所组成的,他负责打鼓。青蛙是布莉雅娜亲戚的朋友,而布莉雅娜说,她认为他比动物园里的猴子更怪。她提到他时总是称他为无花果纽顿,我心里觉得这至少比青蛙听起来要好一点。

克莱儿的派对在我那群朋友当中,算是大型的社交活动。我们基本上并没有什么大型的社交活动,和我同年级的女孩中,没有一个称得上是倾国倾城的大美女。克莱儿仍然有许多她母亲所说的"婴儿肥";布莉雅娜戴眼镜和牙套,还有一头像孤女安妮(Little Orphan Annie)的头发。当然,我也不算大美女。

克莱儿要我们全都得携伴参加,但她也说,她哥哥和他的朋友们也会来——那是"至少会有些男孩"的得体说法。

星期三用完午餐后,我去置物柜拿下一堂课要用的书。我一个人站着,在置物柜里翻来翻去,找着德语词汇笔记本。

"今天上历史课时你在哪里?"

我抬起头。

他的名字叫保罗·克鲁格。我和他并不是很熟,因为我们唯一一起上的课就是历史课,而且他坐在教室的另一边。我知道大家都认为他是物理学神童,除此之外,他是个普通的男孩,有着棕色的波浪头发和笨重的体型,像摔跤选手的体型。

"我在辅导员的办公室。哈里克小姐一直在烦恼有关我申请大学的事。"

他换了另一只手拿书,背靠在置物柜旁的柜子上:"她是你的辅导员?真是太糟了。我的辅导员是派里曼先生,他就没那么糟。"

"是啊,因为我的姓开头是欧(O)。"

"我的姓开头是克（K）。"

"是啊。"

一阵沉默。我们两个人都看着别的地方。

"那些姓以S为开头的人真幸运，因为他们的辅导员是肯特先生。他真的很好，我朋友鲍伯的辅导员就是他。"

"是啊，他们很幸运。"

"是啊。"他同意。

"是啊。"

又是一阵沉默。

"那么，你想上哪所大学？"他问我，"有学校接受你的申请了吗？"

我耸耸肩。

"我想上俄亥俄州立大学，那里有很棒的统计系，那是我要主修的科目。"他再次换了另一只手拿书，"我老爸说统计方面有很多工作，而且你知道，我们大都会照老爸的话去做。"

我面带微笑，点点头。我已经找到词汇笔记本了，所以把置物柜的门关上。走廊上的钟告诉我，我只剩下两分钟的时间赶去上德语课，而且我不想迟到，因为迟到的话会被泰南先生登记。

保罗正在研究他左手的手指甲。"我想问你一件事……我本来想在历史课上问的。"他说，仍然看着他的手，"但是你不在。"

"对，我不在。"

"不在。"

他仍然对他的指甲很有兴趣。

"嗯，我是柯特的朋友，他是克莱儿的哥哥啦。关于星期五晚上这件事……"他转过头来看我，"你要去吗？"

"你的意思是克莱儿的派对？"我问。

他点点头。

我耸耸肩："我应该会去吧。"

"想和我一起去吗？"

我的下巴掉了下来。

"我的意思是，假设你没有约好和其他人一起去的话。你有约了吗？"

"有，我的意思是，没有，我没有……我的意思是好，我和你一起去，如果你希望的话。"我露出牙齿微笑，"我会去。"

"真是太好了！"他举起书，"我得去上英语课了。下课后再跟你聊，好吗？"

我点点头。

他带着微笑，转身朝走廊走去。

我站在置物柜旁，脸上带着愚蠢的微笑，看着他消失，惊讶让我着了魔。

事情就是这样。

我笑得像只露出牙齿微笑的猫，我把铅笔往空中丢，然后试着接住它，监视走廊的老师用奇怪的眼神看了我一眼。我对她发出嘘声，然后抓着书，跑着去上德语课。

莱丝莉的新围巾

围巾还在我的肩上,我走到床边坐下来。妈妈继续靠在门上,双手放在口袋里。

回到家后,我走进厨房里帮自己准备一份点心。梅根正坐在桌子旁,在苏打饼干上抹奶油。我把面包拿下来,走去拿花生酱。

"没有花生酱了。"梅根说。

"今天早上明明还有啊。"

"嗯,可是我已经吃掉了。"

我皱着眉,转过身:"你知道我放学回家后,都会吃一份花生酱蜂蜜三明治,一直以来都是如此。打从你出生之前就是这样,你这个小家伙,那是我的花生酱。"

"已经不是了!"她咯咯地笑,"拿去。你想要吃点饼干吗?"

"苹果也没了吗?你也把它们吃完了?"

"没有,不过剩下的全是从赖利太太的树上掉下来,有虫子的老苹果。"

我坐下来，从梅根手上接过饼干。我专心地从包装纸里把一片饼干抽出来，没把它弄破："妈妈呢？"

"在她的卧房里。"梅根正专心地把奶油涂满饼干的边缘。

"她还好吗？"

梅根耸耸肩："应该还好吧，她还穿着浴袍，而且看起来好像还没梳过头发。不过她不久之前出来时，还对我说了'嗨'，所以我觉得她没事。"梅根停了一会儿，抬起头来，"但是，你知道她在做什么吗？"

"做什么？"

梅根皱起鼻子："她把所有的照片都拿出来。外公、外婆和艾烈克的照片。"

我叹了一口气。

"莱丝莉，我真的很想做某件事，就是当她没在看照片时，把那些旧照片全都拿去烧掉。"

"这么讲真差劲，梅根。妈妈的家人都死于战争，所以她很想念他们。如果我们全都出事了，你会希望你的孩子把我们的照片全都烧了吗？"

她拿出另一片饼干："这个嘛，我不希望。不过，如果那样会让我想起我的孩子还真实地活在眼前，我就会让他们那样做。"

"她记得我们，梅根，别那么自私。"

梅根没有回话。

"嘿，你想听好消息吗？"我说，希望能让她分散注意力，"你知道克莱儿星期五的派对吗？"

"知道啊，怎么了？"

"嗯，我有伴了。"

她的眼睛一下子睁得好大："真的？和谁啊？"

"学校的人。你不认识，他叫保罗·克鲁格，和我上同一堂历史课。"

"我可以见他吗？他来接你时，你会介绍我吗？"

我把包装纸卷起，起身把饼干收起来："这个嘛，他并没有要过来家里接我。"

梅根的眉头皱了起来。

"我让他到疗养院接我。"

"疗养院？可是你放学才五点半，克莱儿的派对不会五点半就马上开始，对吧？"

"不会。"我回答，"不过，我想我可以看书看到派对开始。"我有需要时，摩顿太太会让我进教研室里读书。

梅根仍旧一脸疑惑。

"对他来说，那里也比较近。他住在塞德街，那样他就不需要大老远来这里接我了。"

梅根一手拿着刀子，另一只手的一根手指把刀子上的奶油刮下来，然后放进嘴里："塞德街也不是真的那么远，为什么不让他来这里接你？那样我们就能看到他了。"

我还没开口解释，就看到她的脸上突然出现理解的神情。她两眼盯着刀子，最后把刀子放进嘴里，舔掉最后的奶油。"也对，"她小声说，"我想在别的地方和他碰面，可能是个比较好的主意。"

这就是梅根乖巧的地方。虽然年纪小,但她并不笨。

爸爸回家时,看见妈妈还穿着浴袍,于是拉着她上楼到卧房。稍后,妈妈出来时已经穿好衣服,头发用一条橡皮筋绑好——爸爸帮她梳头发时只会这么绑。

她做了猪排、炸薯条和青豆当晚餐,而且我们在吃饭时,她开始和爸爸讲起贝克曼太太的笑话。贝克曼太太住在对街,她的生活似乎就是站在客厅的网状窗帘后面,看着街上的每个人在做什么。饭吃到一半,妈妈突然激动地站了起来,摇摇摆摆地在餐厅里来回走着,正是贝克曼太太走路的样子,还精准地模仿出贝克曼太太猜疑、目光锐利的表情。我们全都笑翻了,梅根还因为笑得太厉害,被牛奶呛到了。

饭后,我们坐在桌边吃冰淇淋时,我把保罗的事告诉大家,或者应该说,是梅根告诉大家的。不过既然有人起头了,我也很愿意详细说明。

妈妈忧心忡忡:"这个男孩,是你在学校里认识的?"

"他和我上同一堂历史课。"

"他是好学生吗?"她问。她正在搅碗里的冰淇淋,冰冷会让她的牙齿不舒服,所以总是把冰淇淋搅成奶昔的浓度再吃。

"是啊,他是好学生,在物理方面特别优秀,他的物理学还拿到优等的成绩。去年秋天,他在科学博览会上得了奖,那是连我们的物理老师华勒斯先生都不了解的新发明。"

"所以,他会上大学吗?"

"会,他想到俄亥俄州立大学读统计学,他爸说那是现在很好找工作的科系。"

妈妈拿起她的汤匙,将冰淇淋吸掉:"他姓什么?"

"克鲁格。"

妈妈皱着眉头问:"他是德国人吗?"

"不,他是美国人。"

她点点头,往爸爸那边瞄了一眼,然后又转回来面对我:"很好,你可以和他一起出去。"

"谢谢你,妈妈。"我说,低头看着我的碗,获得准许让我松了好大一口气。

星期四放学回家时,我发现妈妈并不在家里,这倒是很令人惊讶,因为过去几个星期,妈妈渐渐变得担心离开家。等爸爸五点半下班回到家时,他也和我一样惊讶。他问我妈妈上哪去了。看得出来他很担心,但是我们都不知道妈妈的行踪,只能等待。

就在我开始担心妈妈已经忘了要做晚餐时,她回来了。我正站在一张椅子上,在食物柜里仔细翻找那种盒装通心面和干酪时,门突然开了,妈妈出现了。

"哈哈!"她开心地对我说。冬天的空气让她的脸颊和鼻子变红,她摇摇头发,雪花从发上掉下来。她放下一袋杂货,走到我身边:"快下来,我买了东西给你。"她的声音相当兴奋,双唇拉成一道微笑,牙齿全露出来了,"快来,快和我到楼上,我拿给你看!"

她就这样穿着外套穿过厨房,接着上楼。我跳下椅子,快步跟着她。

"是什么东西?"我问。她在我前面走上楼,不肯说。

然后,我坐在我的床上,而妈妈手中拿着牛皮纸包裹,在我身旁坐下。她将那个包裹放在我的大腿上,但在我打开它之前,她就伸手过来将胶带剪断,把包装打开。里面是一条围巾,是又深又浓艳的土耳其蓝。

"哦,妈妈,好漂亮!"

她轻轻地把它拿起来,披在我的肩上:"这是送给你约会用的,你和那个男孩彼得约会的时候。"

"是保罗。"

"哦,是保罗。"她微笑,"看到它有多轻柔了吗?是百分之百的羊毛哦,而且是危地马拉制造的,摸摸看,是不是很轻柔?"

我摸着那条围巾,然后站起来,将它披在身上,站在镜子前仔细欣赏。好华丽啊,虽然不是穿牛仔裤参加派对时可以搭配的东西,不过它实在很漂亮。

"记得我跟你说过有关汉斯的事吧?就是那个面包师傅的儿子?"妈妈问。

我点点头。

"和他第一次去跳舞的那个晚上,我穿了一件白色洋装。前面的领子是像这样,像这样。"她比画了一下,"很像小女孩的洋装,而且我不喜欢它。必须穿它让我感到很尴尬,但是因为战争的关系,物资很缺乏。"她面带微笑,"所以你知道艾儿菲姨妈做了什么事吗?"

"什么事?"

"她看我站在玄关的镜子前烦恼着,于是把她的围巾借给我。她那条白色的围巾是以钩针编织而成的。我告诉过你,对吧?总之,她把它借给我，好让我那个晚上能披着，我好感动。我原本以为，她还在因为我那么想和汉斯约会而生气，但她说：'这样会让你变得很漂亮，因为你现在是女人了。'"

妈妈从床上站起来，站在我后面，抚摸我肩上那条围巾的轻柔材质："她了解，那对我来说意义何等重大，我希望你也会这么看待我送你的围巾。"

我看着她在镜中的影像。她微笑着，双手放在我的肩上："这个颜色很适合你。我看到它时，就觉得这个颜色会让我的莱丝莉变得很漂亮。这会让保罗知道他有多幸运能带你去跳舞。"

"谢谢你，妈妈，它真的好棒。谢谢你想到我。"

她继续站在那里好一会儿。现在，她嘴上的微笑已经被一个沉思的表情所取代。她仔细研究我在镜中的脸，头还偏向一边。"保罗，"她问，"他是处男吗？"

"妈！"我吃惊地转过身来直视她的眼睛，妈妈就是会问出这种让人尴尬的问题，"妈，我怎么会知道？我才刚认识他耶，我几乎不了解他。哎呀，你问的什么问题啊？"

她开心地微笑起来，轻轻关上我房间的门，然后靠在门上。"我要告诉你一些有关男人的事。"她说，"我希望你知道和处男在一起时，温柔有多么重要，你一定要对他好。"

"天啊，我只是要和他约会，没有要做其他的事啦。"

"男人和女人很不一样。"她轻拍自己的胸，"在这里，很不一样。他们没有那么坚强，男人谈恋爱时会容易受伤。因为他们会付出比较多，但女人不会，女人总是会保留一点点给自己。女人在那方面比较复杂，但男人不是，他们只是爱。你看，他们很容易受到伤害。"

围巾还在我的肩上，我走到床边坐下来。妈妈继续靠在门上，双手放在口袋里。她仍然带着微微的笑，眼睛里露出些许梦幻的感觉。

"欧麦利，他那时还是个处男。"她说。她叫爸爸欧麦利。他的名字是柯文，但我从未听过妈妈那样叫他。

"他那时还只是个孩子，有一张娃娃脸。"她露出牙齿微笑，"而我也没什么好炫耀的，我的斑疹伤寒刚好起来，瘦得像根牙签似的，头发还只有这么长。"她用手比画了一下。

"但是欧麦利认为我很漂亮，生怕我拒绝他。男人有许多恐惧，所以你对男人要很温柔，因为如果你让他爱你太多，然后伤了他，他会永远无法忘掉那伤痛的。女人会忘掉，但男人不会，所以他们会害怕。如果你伤了他，他会永远无法再付出那么多的爱。也因为这样，所以你对他拥有控制权。你一定要记住这一点。"

"妈妈，"我说，"我只是要和保罗约会而已。"

她点点头，离开门边："我知道，不过我还想告诉你这个，你一定要记住，一定要知道自己做的事。你要以爱一个男人的方式将他捆在你身边，如果他是个处男，那么他会永远都多爱你一点，即使在两人分手了之后。所以，你一定要好好对待他。"

"妈妈，不是只有他没经验，我也没有呢。"

她咯咯地笑，伸出手摸我："我只是希望有个好男孩能让你快乐，像欧麦利让我快乐一样。"

梅根的好奇心

> 老师不应该跟你们这些孩子说这些事的,你们还太小,她是在吓你们。

星期五晚上大约八点半,保罗到疗养院接我。他开了他母亲的车,一辆有狗狗小便味道的红色小福特。保罗知道那辆车有臭味,所以在我一只脚刚踏进车里时就开口道歉,并解释他们家有两只拉不拉多猎犬,会在他母亲开车时坐在后座。

他说它们的名字叫福特南和梅森,是以伦敦一家我从未听过的高级商店来命名的。我开玩笑地说,还好她没有用市中心的巴南虎克药局帮它们命名,我不希望保罗对臭味感到不太自在。

他认为我的评语很好笑,大笑了起来。我很讶异和他聊天竟然那么轻松。通常,我在人群里感到不自在时,会容易变得很沉默,这也是我在这个晚上很担心发生的一件事。

我们是最后几对抵达克莱儿派对的人,乐团已经在演奏了,大部分的人都在跳舞,小小的房间因为身体的热度而满溢着压迫感。

那个晚上大部分的时间,保罗和我都坐在折叠椅上喝可乐。他说自己并不是特别喜欢跳舞,而我告诉他没关系,因为我也不是很喜欢——虽然这并不完全是真的,但反正我说了。

音乐声好大,要继续谈话是很难的一件事,所以我们只是坐着喝东西。我看着青蛙纽顿打鼓,他并不像布莉雅娜形容的那样古怪,他的发型相当特别,但除此之外,他看起来还算是好看,身材也不错。

十一点多时,保罗提议离开派对。音乐声使我的心脏一直怦怦跳着,而且因为必须大声说话而让喉咙有点哑,于是我点了点头。

来到外面,我吓了一跳。经过那些噪音和潮湿、让人出汗的热度洗礼之后,一月的冷让我瞬间无法呼吸。我抖得好厉害,试着把外套的拉链拉上。

"你想不想去兜风或其他什么?"保罗问,他帮我打开车门。

我瞄了一下手表。我应该在午夜之前回家的,保罗也知道,而现在已经十一点十五分了。我把手表给他看:"一下子应该可以吧。"

我们开到通往快速道路的那条街。保罗转向西方之后加快速度。"老实说,我不是很喜欢参加派对。"保罗一边开车一边说,"但是克莱儿的哥哥说我一定要去,我本来以为没关系,但真的不大适合我,我几乎不参加派对的。"

我没回答。我在想,是否克莱儿的哥哥也叫他来邀请我?

我靠着椅子,闭上眼睛。保罗已经把暖气开到最大,车子里变得相当暖和,同时也弥漫着一股很重的狗味道。

在黑暗中沿着快速道路快速前进,让人有种很棒的感觉。有个片刻，我让自己悄悄进入梦乡，想象这个温暖、朦胧的宁静就是我未来的人生，保罗是我的丈夫，我们正穿越乡间，快速前往某个西部的秘密目的地。我并没有想嫁给保罗或是想结婚，只是在当下，那种幸福的感觉让我希望自己可以保存它。我想永远延长那个黑暗、漂泊放纵的刹那。

"你的话不多。"保罗说，打破了一车的沉默。

"我没什么事好说的。"我回答。

他微笑看着我："你想停下来一下吗？我知道有个地方，在阶梯小溪那边，我哥和我以前会去那里捉老鼠。"

"好恶心！"

他大笑："没有听起来那么糟啦，那里很漂亮，四周有水，还有小柳树，我曾在那里看到过一只鹿。"

我心想，那件事要发生了，他要在那里吻我。我突然警觉到我们已经离任何地方都很远，而且我并不是很确定自己身在何处。他已经走了许多乡间小路，开车来到看不到半盏灯的平原之上。

我们接近小溪时，保罗把车停在路边。他关掉引擎，坐了一会儿，而我则等着他俯身过来。我用舌头舔了舔牙齿，设法弄掉任何马铃薯屑，并想着嘴巴里是否还有可乐的味道。我小心瞄着旁边，看看接下来会发生什么事。

但什么事都没有发生。

保罗把钥匙拔出来，打开他那边的车门："来吧，我带你下去看盖瑞、亚伦和我捉老鼠的地方。"

好极了。

外面的气温一定不到十五度,我把外套拉到鼻子下方,跟着他沿着小溪的溪床走。一月里,小溪是干的,连一滴水都没有。

"我以前会假装自己是天行者路克,"他突然走到我前面说,"他是《星球大战》里面的男主角。你看,这里是死星(Death Star),而亚伦和我会假装我们正开着战机,试着去撞会让死星爆炸的地方,我们假装老鼠洞就是我们的目标。"

我心想,这就是约会吗?

月亮从东边升起,它挂在地平线上,不是那么圆,但像一间房子一样大。我们的头顶上有好多星星在寒冷的夜里发着光,而我们走过大草原的草地时,草地因为凝霜而发出细碎的爆裂声。

在接近一丛无叶的柳树时,保罗停了下来,他笨拙地将手臂绕在我的肩上,那使我的围巾被拉紧了。他暂停有关老鼠和《星球大战》的故事。

"是不是很美?"他问,"我认为这里是全世界最美的地方,能拥有自己的山、海和城市,而且随时都能拥有。"

我从小溪溪床往外看,好平坦,每一个方向都是,只要是目光所及,地平线就和我们的脚下大地一样平。我看不到灯光,除了旁边的四五棵柳树之外,没有其他的树;除了天空、星星和黑暗之外,一无所有。我突然发现,有人真的很爱堪萨斯真是件新奇的事。

我发抖着:"但是我好冷。"

他的脸亮了起来。"哈哈,我已经想到了,看到这个了吗?"他拿出火柴,"我们可以收集树枝,生个火堆。你看,我还带了苹果,可以把它们放在火上面烤。"他露出一种特别的表情,让我想起梅根很想要做某件事时，却很怕被人笑时的表情。

"我应该在午夜之前回去的。"我说。差十分钟就十二点了，我们看着对方，然后彼此都知道，我不会在午夜之前回去。

保罗顺利地在溪床的干石头上弄了个小火堆，显然他之前经常做这种事。我把双手放进外套口袋，下巴埋在围巾里，看着他砍柳枝，剥掉柳枝的皮，然后把苹果插上去，再把它们放在火堆上。

我从不知道苹果可以这么处理，它们的味道很好，散发出像是秋天和旧谷仓的气味。苹果烤好时，外皮已经黑了，而且很容易破，但里面却还冒着蒸汽。味道很棒，吃起来还会发出声音。我们蹲在小火堆旁，安静地吃着。

保罗透过烟盯着我看，那使我想起这个晚上和我原先所期待的有多不一样。我原本期待的是个约会，那种会来接你参加派对，挑逗你，然后送你回家的约会；那种我星期一可以跟布莉雅娜分享的约会。我非常期盼，但现在得到的只是比亲密交谈再多一点而已。

"我以前从没带谁来过这里。"保罗一边筑起防护墙以保护火堆，一边说，"不过，我坐在历史课教室里看着你，整整一个学期，你似乎和其他女孩不一样。"

"哦？"我觉得很开心，"怎么说？"

他耸耸肩，伸出一只手臂圈住我。我们在空的水道上走了一会儿，谁都没有再开口。我们在月光下走了大约五百公尺，直到碰到一股细小的水流流过厚厚的冰层之下。

保罗用他的鞋子把冰弄得嘎吱作响，然后我们顺着水流，一直走到水流再次消失处，那里通往农场马路下的阴沟。他停了一会儿，弯下身子看着水流，接着我们转身往回走。

保罗再度把火生起来，他丢了细小的干树枝在火堆上，火花溅到空中，他往后站，看着它们。

我心想，如果他真的来挑逗我，我根本不会抗拒。他的深情一吻会让事情变得更美好，而且他有张性感的嘴，丰满的嘴唇。我在想，自己敢不敢主动出击？

保罗把头往后仰，抬头凝视着天空。火光在他的喉咙处投射出奇怪的阴影。"每当晚上来这里看着星星时，我经常觉得很困惑。我的意思是，和天上所有的东西比起来，我感觉自己好渺小。我心想，我只是个小人物，而且虽然世界上有好几十亿人，但地球只是颗小星球，宇宙中有无数这样的星球。"他转头看我，"你有这么想过吗？"

"有时候。"

我们继续保持沉默，火堆发出细碎的爆裂声。

"不过，"他说，目光焦点再度回到星星上面，"我们每个人仍然拥有梦想。"

我们待到很晚，保罗和我聊了好久，直到火堆变成余烬，寒冷紧紧地包围着我们。我以前从没碰过像保罗这样的人，认为这些光秃秃的平原很漂亮，思考像星星这类的事情。

到开车回家，暖气和狗狗的恶臭味突然一阵袭来时，已经是早上三点多了。

"那里面装了什么东西？"接近我们家那条街时，他问，"我看你带着它上车。"他指着一个棕色的杂货袋。

"是我妈给我的礼物。"我说，打开袋子给他看。

他抚摸它:"摸起来好轻柔哦。"

我点点头,把那条土耳其蓝的围巾拿出来,将它放在我的牛仔裤上。

回家的路上,我变得很害怕,心想爸爸可能一整晚都在等我。我想到他会有多担心,因为我那么晚都还没回家,但我现在觉得好疲倦,不认为这时候的自己能够应付任何人的愤怒。所以当我到家,看到除了门廊的灯之外,所有的灯都暗了时,松了好大一口气。

我尽可能不弄出声音地进到房子里,然后蹑手蹑脚上楼。我的眼睛已经很习惯黑暗了,没开任何灯就脱下衣服,准备上床睡觉。冬天的夜晚里,在外面待了那么久的时间后,房间的温暖给人一种很不自然的感觉。

我小心翼翼地把那条土耳其蓝围巾拿出来,将它垂在椅子上,这样妈妈早上进来时,会认为我戴过它了。接着我走到窗子那里,拉开窗帘。月亮高挂着,它已经变小了,现在投射出冰冷、无生气的亮光。

风从街上吹起垃圾,在窗子下面形成嘈杂的旋涡。我专心地看着,仍然迷失在晚上如梦似幻的不可思议之中。虽然很累,但因为某个难以理解的原因,我并不想睡。

这时门开了,我吓了一大跳。那只是很小的声音,但我的心几乎跳到嘴里,我跳了起来,头还差一点就撞到窗框的上方。

是梅根。

她很轻但从容不迫地关上门,接着她转身看着我,但并没有走过来。

"你怎么还没睡?"我小声说。

"我听到你回家了。"

我们盯着站在房间两端的彼此。因为已经放下窗帘,室内变得太暗,所以我无法清楚看到她的表情。

"你为什么没在床上睡觉?"她问。

"你为什么也没在床上睡觉?"我问。

她还是没回话。梅根伸出手,把头发往后拨了一下。

"有事吗?"我问,"你为什么没睡?"

她继续把她的头发往身后拨。

"来我这里。"我说。

她脚步迟疑地走过来,然后在我刚好可以伸手摸到她的地方停了下来。

"你是做噩梦了,还是发生了什么事?"

她摇摇头:"没有。我尿床了。"

"哦,梅根,别担心。你需要我帮忙换床单吗?"

"不用了,我已经换好了。"她抓抓鼻子。她的长头发很难控制,像是第二件衣服,然后她又抬起头,"我只是坐在那里,然后听到你进来。"

"嗯,那么你最好回去睡,现在已经很晚了。"

她没出声,过了一会儿才说:"我可以和你一起睡吗?"

"你怕做噩梦?"

她耸耸肩:"没有,我只是有点寂寞。"

"好像以前一样啊。"我们都躺上床之后,梅根小声地说。她把被子拉到鼻子上,声音因此变得低沉而模糊。

我闭上眼睛。

"记得我小时候怎么进来,然后和你一起睡吗?我们住在亚基玛的时候,你还记得吗,莱丝莉?我老是想进来。"

"是啊,我还记得。"

"是因为那些梦的关系,我做的那些噩梦。你还记得吗?而且我还把每个人都吵醒了,你记得吗?"

"记得,我当然记得。"

梅根换了个姿势。我们没办法像以前那样适合一起挤在我的单人床里,我几乎都快掉到床下去了,而梅根当然也已经长大了。我躺着时,脸颊靠着她的头顶。

"我告诉过你,我那时候是怎么想的吗?"她问。

"好像没有。"

"嗯,你知道妈妈在那场战争中发生什么事吧?她没办法回家找她的家人。"

"我知道。"我说。

"嗯,小时候在亚基玛的学校里,我以为他们也要那样对我。你记得何丽汉太太总是在放学后把我留下来,因为我的作业一直写错吗?我以为自己会像妈妈一样,很快地就不能回家了。"

"绝对不会发生那种事的,我保证,"我说,"你应该告诉我们你有那种感觉,因为我们会向你保证,不会发生那种事的。"

"可是它发生在妈妈身上啊,莱丝莉,而且就在学校里。她告诉我们那件事,说她在那里而且没办法回家。"

"没错,但是不一样。那个时候是战争期间,而且她是在念大学,不是小学。再说,那是在很久以前的德国,不是美国,所以那种事不会发生在你身上的。"

"嗯,我现在知道了,所以我才说当时我是那么认为的。别忘了,我那时候还很小啊。"

"也对。"

"我的意思是,他们确实把妈妈留在那里,不让她回家;所以我认为他们可能也会那样对我,尤其当何丽汉太太要我放学后留下来,一直到我把作业都写对,才准我回家。我会那样想不是没有原因的。"

我用双手抱着梅根。

"我最害怕的是失去你们。"她说,"他们把我留在那里,我觉得自己永远再也看不到你、妈妈或爸爸。虽然那是发生在妈妈身上的事,但是我想,如果同样的事发生在我身上,我一定会死掉,即使是现在。所以,我一直做这个噩梦,一而再、再而三地重复着。"

"今天晚上也是吗?"我问。

"没有,我只是尿床而已。我起来换好床单,然后坐在那里,我觉得很孤单。"

接下来我们都没说话。时间真的很晚了。

"你玩得愉快吗?"梅根突然问。

"你是说今天晚上吗?我玩得很愉快。"

"他还可以吗?"

"还可以。"

"他吻你了吗?"

"嗯。"

"你喜欢吗?"

"梅根,当你回家而你的妹妹问起这种事时,多少会让人有点尴尬。"

梅根又换了个姿势:"我不懂,为什么?"

我没回答她。四周好黑,而梅根变得好安静,我以为她终于睡着了,我自己也很想睡了。

"莱丝莉?"

"嗯?"

"我可以问你吗?"

"我好累,梅根。我想睡了。"

"可是我可以先问你吗?在你睡着之前?"

"好吧,反正你一定会问。"

"嗯,你知道那场战争吗?"

"嗯……嗯。"

"我们现在正教到那场战争,老师还告诉我们一些纳粹对人们做的坏事,对犹太人。你知道吗?她有照片,照片在一本书里。"

"嗯。"

"你看过那些照片吗,莱丝莉?"

"是什么书?"

"嗯,我不记得书名了。但你看过那些照片吗?他们对付犹太人的照片?"

"有。"我说,"我看过。"

梅根又沉默了，而我再度清醒过来。

"那是真的吗？他们真的对犹太人做那种事？"

"我想他们是真的做了。"我说。

"妈妈从来都没有让那场战争听起来像是很糟糕的样子。她把它弄得像是，嗯……我也不知道该怎么说。她的故事都是有关洁德薇佳的故事，有关她有多蠢之类的事。"

我点点头。

"嗯……"她沉默了一会儿。她吐气时，我的手臂可以感觉到她的呼吸。"嗯，莱丝莉，你认为他们对妈妈做过那种事，像那些照片里的事吗？"

"是那件事让你不安吗？你是在担心这个吗？"

"他们到底有没有，莱丝莉？"

"梅根，妈妈不是犹太人，不是吗？那些照片里都是犹太人。"

"但是战争开始时，她为什么从来都没回过家？"

"我不知道，也许她在工作还是什么的吧？但那和犹太人的事不一样，这点我很确定。他们喜欢妈妈，他们认为妈妈真的很漂亮，因为她肤色白又是金发碧眼。她不是跟我们说过吗？说纳粹很喜欢金发碧眼的人——雅利安人，那是他们取的名字。他们喜欢的人是雅利安人，而妈妈就是。"

"可是妈妈在战争时过得很辛苦，她身上的那些小疤痕，就是战争时受伤留下来的，爸爸也说过。"

"这个嘛，谁知道？当时是很辛苦没错，人很容易就陷入麻烦之中，而且妈妈独特的想法，让她不管走到哪里都会惹上麻烦。"

梅根没有答话。

"但是犹太人发生的事不同,纳粹讨厌犹太人,所以计划把他们全杀掉。"

"那么妈妈待的那个地方是什么样子?"

"我不知道。"

"那么,你怎么能说她和犹太人的遭遇不一样?也许事情就是那样。"

我叹了口气:"我现在很累了,没办法讨论这件事,梅根。已经半夜了,天啊,事实上是早上了。我想睡觉……"

但梅根依然扭来扭去的,她早过了让人想抱的孩提阶段,相反地,她现在可是长手长脚,肩膀还挤到我的胸部。

"但妈妈那时是什么样子?莱丝莉,我一定要知道。"

"可是我也不知道啊,忘了吧,那是在你或我出生之前很久的事情了。"

"如果那是很久以前的事,为什么还会困扰妈妈呢?"

"梅根,快睡。"

"可是我一定要知道嘛。我一直看着那本书里的照片,闭上眼后,看到的还是那些照片。有张照片里,一个小男孩双手放在头上,而他们正准备射杀他。我一直在脑子里看到他,我一直看到他看着照片外面的样子,他的年纪比我还小一点。"

"别再想了,因为事情已经结束了,而且妈妈的情况和犹太人不一样。我只知道那么多,再说,如果是像发生在犹太人身上那样,妈妈一定会告诉我们的,但她没有啊,对不对?所以别再担心了,也别再想了,好吗?"

梅根叹了一口气:"你的口气听起来真像爸爸。"

接着又是一阵沉默。但这次换我不想睡了。我躺在床上,两眼盯着墙壁。

"莱丝莉?"

"又怎么了?"

"你了解妈妈吗?"

"我当然了解她,梅根。"

"我不是在开玩笑,你真的了解妈妈吗?她的那些作风?因为战争,所以她才变成这样,对不对?"

"梅根,我讲真的,别再担心了。如果你现在不马上闭嘴,我就要把你踢回你房间了。"

"好嘛,我不是在担心,只是在想而已。"

"好,那么就别再想了。"

她又叹了一口气。接着她扭动身子,让自己的姿势舒服一点,然后再次叹了一口气,很沉重的感觉。

"老师不应该跟你们这些孩子说这些事的,你们还太小,她是在吓你们。我想这样不太好,明天早上我会跟爸爸提这件事。"

梅根没有回答。

"所以忘了吧,我们早上再来处理,好吗?"

她又扭了扭身体,然后终于放松下来,吐了长长一口气,接着闭上眼睛。"其实没有关系。"她平静地说,"反正我已经知道了。"

走出家门的风险

要在大学里生活,然后依照所接受的训练,从事相关工作的是你,不是我。

梅根和我都很晚才起来。我起床时已经超过十点了,梅根则还在睡。我的脖子因为一整夜没能轻松移动而感到疼痛,而且一转头就痛得半死,所以我小心翼翼地坐起来,然后试着爬过我妹妹身上而不吵醒她。我静静地穿衣、梳头发,完全没吵醒她。

爸爸和妈妈正坐在厨房里喝咖啡。在爸爸不需要上班的日子,他们会一起享受漫长而悠闲的早餐时光,通常他们会在餐桌旁耗上三个小时,聊天、吃东西、看报纸、讨论世界大事、听收音机,并喝妈妈用一个特别的水壶泡的香浓黑咖啡。

我下楼时,看得出来他们用餐有一阵子了,但从放在餐桌上的东西看来,显然他们还要很久才会全部吃完。

我小心翼翼地瞄了爸爸一眼,看看他是否不高兴我太晚回来。但他在跟我打过招呼后，就回头去喝他的咖啡，看报纸。妈妈正在浏览征人广告，然后她抬起头。

"你玩得愉快吗？"

"嗯，很愉快。"

她点了一根烟，背靠着椅子："你喜欢他吗？"

"嗯，算吧。"我打开冰箱，把蛋拿出来，同时微笑看着她，"我很喜欢他。他很不一样。"

我拿了一个碗，打了几个蛋在里面，然后把蛋打散。妈妈坐在椅子上转身看我，她的头发是松散的，显然稍早洗了头而且还没有把头发往后绑。她像梅根一样，有一头非常直的头发，长过她的肩膀，并且反射出灯光的光辉。她把香烟放进烟灰缸里，拉出一股头发，用她的指头绞着。

"你知道吗？保罗很喜欢那条土耳其蓝围巾呢。他说它好轻柔，还觉得它很漂亮。"

妈妈很开心，面带微笑看着我。

"而且他们家还养狗呢，是两只拉不拉多猎犬，叫福南特和梅森。他妈妈去买东西时，就让它们坐在车子的后座。"

妈妈大笑起来，她好喜欢狗。我们曾经养过一只笨重的狗，是大麦町和纽芬兰猎犬的混种。妈妈帮它取了"比菲"这个名字，很不像这种狗的名字，它应该叫做布鲁特斯（Brutus，罗马政治家，暗杀恺撒的人之一）或杀手，或者至少是路宝（Rover，古时候有海盗之意）之类的。不过尽管它的外表很凶，但却很温驯而且脾气很好。

梅根以前会骑在它身上，而我则会帮它戴上洋娃娃的帽子，或在它的尾巴上绑纱线，让它看起来比较像我那时候一直想要的小马。不过，比菲真正的支持者一直是妈妈。

我说话时，一直注意着爸爸。我担心，如果妈妈和我之间的对话停下来，他会突然问我为何在外面待到那么晚才回家。因此我尽可能地拖延对话的时间，愈讲愈快，而且说明之详细，远超过我所真正了解的福南特和梅森。

可是爸爸什么都没说，只是坐着看报纸，喝咖啡，还有吃妈妈起身为他做的一片烤吐司。我无法看穿报纸后面的动作，最后终于放弃，开始吃我的早餐。

他知道我很晚才回家。

这是我第一次单独和男生约会，所以在前一晚，爸爸便约我坐下来好好谈一谈。爸爸和妈妈不一样，完全不担心保罗是不是处男，反而在我的鞋子里贴了一枚硬币，说如果我有需要，可以打电话请他来接我。

我和男生约会这件事对他来说很重要，所以他不会没注意到我晚回来了。再说，他很少在午夜之前上床的。

不过爸爸却什么都没说，我看得出来他在听我和妈妈的对话，但他一直没有放下正在看的运动版。妈妈救了我，这些和狗有关的谈话让她很开心，她开始回想比菲。我们谈了一些和它有关的回忆，妈妈大声笑着，还比手画脚地讲故事。我怀疑爸爸是舍不得生我的气，免得破坏了妈妈的好心情。

这个星期六的天气很恶劣，早上下起冻雨，雨滴打在地面之前就已呈现半结冰状态。大约中午过后，冻雨停了，天空的云层又低又厚。

我们住在华盛顿州时，雪花莲和番红花会在一月下旬才出现，而我总是会和妈妈分享看到它们时非常轻松的心情，即使天气常常还是很差。可是在这里，没有东西可象征冬天会结束，我只能看到窗外枯死的草、光秃秃的树和铅灰色的天空。

用过早餐后，爸爸在房子里四处翻找，想收集所有报税需要用到的东西，这让他的情绪变得很恶劣。我在洗碗时，他猛然把厨房里专门放杂物的抽屉拉出来，绷着脸在一堆乱七八糟的东西里翻找。

他找不到需要的收据，所以大声喊着，妈妈马上跑过来。因为某种原因，爸爸总是认为，要是他在房子里找不到任何东西，都是妈妈的错。在妈妈的协助下，他还是找不到他要的，于是生气地把杂物抽屉重重放在料理台上，让抽屉里的东西散落一地。我用抹布把料理台擦干净，但不知道是否该把那些东西收起来，还是就别管它了。

妈妈的情绪和爸爸一样差，她穿着一件褪色的牛仔裤，还有一件我的长袖圆领旧运动衫，不安地在屋子里游荡着，双手还放在后面的口袋里。她想帮爸爸找到每样东西，但帮不上什么忙，主要是因为报税让爸爸变得脾气很差，任何人都无法讨好他。

因此，妈妈跟爸爸保持一段距离，他不耐烦地咆哮起来，说她总是把东西放在奇怪的地方。接着我听见她轻声嘀咕着，意思是她没有把东西放在奇怪的地方，如果他能把它们归档在他的桌子里，像她之前要求的那样，现在就不会找不到了……但这时爸爸早就走到别的地方去了。然后，她坐在餐桌旁，看我努力写大学申请表，直到爸爸又大声叫她。

我认为"无聊"是妈妈主要的敌人。她在我们家里一直无法找到让她保持忙碌的事，尤其现在梅根和我都不是小婴儿了。如果她有一份工作或类似的东西，对她应该会挺有帮助的。

我跟爸爸提过好多次，可是因为他在上班，所以我不认为他会像我一样，知道妈妈的日子过得有多么空虚。事实上，他断然反对妈妈去上班。他总是说，妈妈会做出什么反应太让人不可预期了，以她的情绪和强硬的意见还有特质，根本无法期待别人能忍受她。

我妈妈有许多爸爸所谓的"特质"。如果你没有非要留给谁好印象，这些特质当中，其实有许多还挺惹人喜爱的。

例如，妈妈会和散热器说话。如果有机会，她还会对大部分没有生命的物品说话。在她心里，每样东西都有可能活着。"你真的那么肯定吗？"我们笑她时，她会对我们说，"石头知道你是活的吗？嗯，那么你怎么确定石头不是活的，所以就不去感觉它？你怎么知道？这是有可能的！"在她心中，石头的确是有可能有生命的，因此，有礼貌地对待每样东西变得理所当然。

我们家永远砰砰作响的散热器，是妈妈在寒冬早晨里四十五分钟的谈话对象，而这时，爸爸、梅根和我都还睡眼惺忪，蹒跚而行。"你的肚子里有空气吗？"我们坐着吃果酱和吐司时，她会很有礼貌地询问散热器。

然而，她有些特质就不是那么有魅力了，例如她对食物有病态的迷恋。淀粉类的东西，像马铃薯、面或米是她的最爱，而且我们经常会撞见她在厨房里吃一碗白的通心面，或是一盘剩下的冷马铃薯。

此外，妈妈什么都吃，包括肉上的油脂、马铃薯皮、煮蔬菜剩下的汤汁。她在洗盘子之前会刮盘子，把我们吃剩的任何东西都吃掉，最后再用一块面包把剩下的一点残屑擦干净。这件事最令人痛苦的部分是，她无法不去管掉在地上的东西，反而会马上吃下去，不管上面沾到了多少灰尘或污垢。

梅根和我一直都认为这种行为令人非常难堪，而且我们在要求她别去吃，她却叫我们"浪费的小笨蛋"时，常会忍不住发出一阵狂怒的尖叫。但即使这样，还是没办法让她戒掉这个坏习惯，每次只要有东西掉下去，她照样这么做，所以我们被迫保持地板干净到可以把掉下去的东西拿起来吃，而且虔诚祈祷到餐厅里吃饭时，任何东西在掉到地上之前，上帝都会出面干预。

妈妈其他的特质，则完全令人无法忍受。或许她最无可救药的习惯和她说话的方式有关。妈妈会四种语言，而且在日常对话里会使用其中三种；然而在这所有语言里，她从未学到一个委婉的词汇，因此，得体和圆滑当然不属于妈妈的风格。她总是想到什么就说什么，以生动且多种语言的方式冒犯每一个人。

比起其他习惯，这个习惯让爸爸非常生气。"有时候，你在讲话之前为什么不能想一想？"他会大声对她说，"你怎么能说出那样的话？"

不过，妈妈并不怎么想控制她的舌头。"我只是实话实说。"妈妈会说，"错的人是你，你总是没说实话，我只是把我想的讲出来而已，只不过是诚实地说出来。"或者其他时候，尤其当她的语言同时带有一点讽刺性的意味时，她会面无表情地看着他，"那有什么关系？"她会问，"不过是话嘛，大便就是大便，性交就是性交，不论你怎么称呼它们。"

然后爸爸会解释为何不能那样称呼它们，至少在交际场合里不能这么说。妈妈会不耐烦地点头并耸肩，但我知道不管怎么样，她都不在乎。下一次他们在超市排队结账时，妈妈会把猪肉罐头和豆子或任何东西放在输送带上，然后若无其事地提到，她认为切肉的那个人是个浑球，而爸爸会惊恐到脸色发白，等他们一上车，就会开始大声争吵。

爸爸解释说，这些正是他不希望妈妈外出工作的原因。他说，她最后会被羞辱，或是别人以卑鄙的方式对待或取笑她，要不就是让自己惹上麻烦。

尽管如此，我还是不怎么同意。虽然妈妈很会做一些令人相当难堪的事，而我就和任何人一样坏，想把她和我希望留下深刻印象的人分开，但我仍然会想，如果她有更多事可以忙，或许她就不会有那么多剩余的时间，想出做一些奇怪行为的好理由。

我不确定妈妈是否能感觉到，她等于是被爸爸关在屋子里。对她而言，不论置身何处，所有的东西都很有趣，而她会用几乎是令人震惊的体力来做再平凡不过的工作。她喜欢听各种不同的留声机唱片，而且常会匆匆记下她记得的调子，然后告诉梅根或我，她在比较一个曲子和另一个曲子时所发现的一些细微差异。

妈妈每天早上都会熟读报纸，比爸爸或我都还要了解这个世界的情况，而且她会重复阅读社论，剪下文章，再写一些简短、激烈且切入重点的信给国会议员或总统。她总是会要我帮忙校对信件，以确定没有文法上的错误，所以我知道那些信写得真的很好，是深思熟虑后写出来的。

她还很喜欢阅读，会阅读我们帮她从图书馆带回家的任何东西，从谋杀案到有关家庭财务的书一概来者不拒。她会浏览梅根和我的课本，甚至有时我会发现章节后面的问题有用铅笔写的答案。她还会和隔壁的赖利太太交换杂志看，在每个发薪日，都会要爸爸在超市帮她买一本书。

其实，妈妈和家里以外的人的接触受到限制，有一部分是因为我们经常搬家，很难遇见人，还有一部分是因为她有陌生环境恐惧症。当然，毫无疑问地，部分则是因为爸爸喜欢把她留在家里。她常和赖利太太一起喝咖啡，当她有活力时，会到市中心去，而且我知道她认识某些商家，因为她总会带回一些地方消息。

除此之外，她唯一长年有联络的，是一位来自柏林，现在住在纽约的德国犹太人荷尔·魏利。她从没见过他，但在读过他在一本杂志里发表的文章后，妈妈就开始和他通信。这么些年来，他们的友谊已经相当稳固。

妈妈从她称为在战争期间的"启蒙"事件，培养出对犹太人强烈的同情；然而我知道，她对自己在视雅利安人为优秀人种的年代，被生为雅利安人，而且从未质疑过希特勒的统治方式，直到被迫质疑这件事，仍然怀有很深的罪恶感。

她会花上好几个小时写要寄给荷尔的信。她会先草拟一遍，修改，再写一遍，然后用打字机打出来，借此努力整理夸张的情绪和不安的人生观。她偶尔会让我读那些信，好确认她所表达的是否够清楚；但是她是用德文写信给他的，那些德文句子比她用英文写的要复杂多了，所以我常无法完全了解。不过，那个时候我非常清楚地了解到，我们都低估妈妈了。

因此我为她感到难过,在我看来,她花那么多时间坐在家里,看小说和肥皂剧似乎是不对的,那会让任何人变得消沉起来。但有一次我正在和爸爸谈这件事,我告诉他我不认为让她留在家里是对的时,无意间被妈妈听到了。事后她把我带到一旁,告诉我别管这件事。她说没关系,她不介意。我想,她的意思是她不希望我伤害到爸爸。

现在,妈妈似乎感到很无聊,想帮爸爸收集他报税需要的东西。最后,她晃进起居室,打开留声机。她有一套老歌的唱片,是住在韦尔斯时买的。唱片里的音乐是韦尔斯人特有的音乐,而且妈妈对复杂的和声相当着迷。

"你想听《云雀飞翔》(The Lark Ascending)吗?"过了一会儿后,妈妈大声对我说。我还待在厨房里。

"好啊。"我大声回答。

那是艾烈克最喜欢的曲子。妈妈经常跟我说她和艾烈克坐在露台里拉小提琴的事,而我仿佛看见了列别尼附近的那栋房子、花园,以及花园里宽敞的草地在椴树四周弯曲延展的样子。我想象中的白色露台,是那种有华丽维多利亚浮雕的露台。露台后面有一个磨坊池塘,在午后的阳光下光亮透明,鸭子在浅水处漂游时会呱呱叫,而在这一切之上飞扬的,是《云雀飞翔》那怪异、严肃的美声。

那张唱片她放了两次,还特地把音量转大声一点,以确定我听得见。我正努力在餐桌上填写大学申请表,最后只好把双手放在耳朵上,才能专心了解申请表上写了些什么。

爸爸从书房下楼来。妈妈把唱针拿起,他则走进厨房把铅笔削尖,然后她跟着他走到门口。

"欧麦利，和我一起跳舞。"当爸爸站在削铅笔机旁时，妈妈这么说。她走过来，把手臂绕在他的腰上。

"现在不行，玛拉。让我先把这个做完。"

她把脸颊贴到爸爸的背上，她的头发还是松松的，披散在肩膀上。她看着我，对我微笑，因为妈妈知道，当她要求爸爸时几乎都可以如愿。他站在削铅笔机前，感觉铅笔的笔尖是否削得锐利。

"现在和我跳舞嘛，欧麦利。"她说，"我很想跳舞呢。"

爸爸终于微笑起来。其实他很喜欢跳舞，每逢星期五六的晚上，他都会放唱片，然后把起居室里的沙发和咖啡桌推到后面，带着妈妈迅速移动，仿佛那是星尘舞厅似的。

梅根和我在上学之前就会跳舞了。或许我最喜欢爸爸的记忆，是来自我们住在史都华大道的时候。妈妈当时怀着梅根，害喜得相当严重，所以几乎无法近到靠着爸爸，把双臂放在他身上；此外，她很容易感到疲倦，而且背一下子就痛了起来。因此，爸爸会整晚都放华尔兹，因为华尔兹的步调是慢慢的、慢慢的。

当他们休息时，爸爸会把我抱上他的大腿，让我看唱片套册的封面，上面有维也纳森林的照片。他告诉我，他和妈妈曾经到过维也纳的森林，就在那棵树后面。他们在野餐时吃面包和干酪，但没有香肠，因为那时候想进口肉类还是很难。

他们是在离维也纳森林不远处结婚的。然后，当他再度开始播放音乐时，他会向我深深一鞠躬，问我是否愿意当他的舞伴。我当时只有八岁，而且还不怎么会跳华尔兹，他让我站在他的脚上，然后带着我在起居室里四处移动。

那个晚上的情景我一直记得很清楚，我记得他衬衫的颜色和格子图案，我记得他低头看我的样子，他的微笑，还有他的双眼。当他抱着我贴着他的肚子时，我记得他温暖的男人味。我感觉自己像个公主似的，踏在爸爸的脚上，不可思议地在房间里跳舞。

"爸？"我站在书房门口喊他。我想看看他是否还在忙报税的事，因为如果他还在忙，我就不想打扰他。他的桌上堆满了文件：税单、收据，及各种用途的纸条，但爸爸在这堆东西上又放了一本打开的杂志。

我进入书房时，他抬起头来。时间差不多是傍晚了，在这样天气阴沉的日子里，谁也不会注意到何时已经入夜，直到晚上真正来临。他开了桌灯，黄色的灯光照着他的双手和桌上杂乱的纸张，房间其他部分则是深邃的蓝色。

"我必须和你谈谈，"我说，"是有关明年上大学的事，我必须送出这些申请表。"

他把椅子往后摇，双手放在头后面。

"这是有截止期限的。辅导员一直在催我，因为我已经拖很久了。"

"拖什么东西？"爸爸问。

"拖延决定要去哪里。"

"你想去哪里？"他问。

我把申请表放在桌上，然后将手塞进口袋里，看着他。

"你可能会想帮我做决定，"我说，"像保罗的爸爸，他认为保罗应该上俄亥俄州立大学，因为那里有很棒的统计系。他爸认为念统计的话，会有很多工作机会。"

爸爸伸手去拿申请表："你算出念这些学校要花多少钱了吗？"

"嗯，算出来了，就在最后面。我一开始就先弄这个，花了好多时间。你看，我算出了学费、住宿费和伙食费；如果我用奶奶给我的那笔储蓄债券，再加上我打工赚的钱……嗯，反正你看看就是了，我全都算好了。"

他仔细研究我计算出来的结果。

"我可以上福特海斯（Fort Hays）州立大学，或是堪萨斯州立大学（Kansas University）。如果我拿到不错的奖学金，我或许可以试试哥伦比亚（Columbia）。我知道那里很贵，但如果我拿到一笔很大的奖学金就没问题……那是一所很好的学校，哈里克小姐是这么说的。"我停了一会儿，"你觉得怎么样，爸？"

他没说话，只是看。我站在他的书桌前，双手仍然插在口袋里。我看着他，不知道什么原因，感觉很紧张，这份紧张带来一阵起鸡皮疙瘩的感觉，尤其是在手、脚还有肚子下方，感觉更明显。

我非常希望爸爸能协助我，告诉我他希望我上哪所学校，还有他认为我该做什么，就像保罗的爸爸那样，那是我拖延那么久的主要原因。在我告诉他我有兴趣念的学校前，我一直在等他先表示点什么。我知道他关心我做的事，所以不懂为何他让我自己做那么多决定。

"如果你上的学校离家里很近，"他说，"那会很好。万一我们需要你，或你需要我们的时候，会很方便。"

"福特海斯吗？那是最近的，如果我们没搬家的话。我们要搬家吗？"

"我不知道。没有人跟我说过这件事。"

"那我该申请那所学校吗?"

他再次翻了翻不同的申请表,查看我在最后面写上的数字,接着他抬起头来,越过灯,将它们交还给我。"我相信你会做得很好,莱丝莉。你比任何人都更了解自己想做什么。"

"但是保罗的爸爸帮他做了许多决定。"

"你觉得那样好吗?"爸爸问我,"要在大学里生活,然后依照所接受的训练,从事相关工作的是你,不是我。你有冷静的头脑,最了解自己有兴趣的是什么,所以你自己做决定就好了。"

"即使我选择念哥伦比亚大学也一样?"

他露出痛苦的表情。"那好远。"但接着他面露微笑,"你很幸运。你拥有像你妈一样聪明的头脑,你可以选择念任何一所大学,我会以你为荣的。"

我盯着这些文件看:"我可以跟你拿申请费吗?"

他点点头:"让我知道要准备多少钱,我会写一张支票给你。"

睡衣派对泡汤了

> 梅根仍然一副快要哭出来的样子。她用一只脚踢着桌脚,杯子里的牛奶洒了一些出来。

我申请了堪萨斯市的堪萨斯大学,告诉他们我想读语言系。谁知道?或许那真的适合我,反正这样一来就不用再去哈里克小姐的办公室了。

二月二十七日,他们寄了一封接受入学的信函给我。我拿给爸爸看,他在隔天下班后从超市的面包坊带了一盒巧克力泡芙回家,我们开了一个家庭派对。

没人提起搬家的事,所以我断定我们不会搬了。二月时,妈妈继续不安地在屋子里晃,她的陌生环境恐惧症突然恶化了,甚至拒绝到隔壁见赖利太太,虽然只是一小会儿的时间,但她始终没提到任何有关搬家的事。

有天下午放学回家时,我在花店那里停了一下,买了一盆风信子送给她。在冬天里，那只是一丁点光辉，但那是我现在所能做到最好的事。外面的地还是棕色的，而且还不能开始耕种。

梅根去上了编织课。她的双手并不是很协调，因此妈妈花了差不多整整三个星期的时间耐心地教她。梅根一学会，就不停地编织，结果织出了一个十二公分宽、大约一公尺长的东西，因为她不晓得该在哪里结束，它看起来像是给蛇用的毛毯。

我原本以为，当梅根把它拿给妈妈看时，她会忍不住放声大笑；不过她并没有笑，相反地，她说每一针都织得很好，还说她一直都想拥有一条编织皮带。我不认为那是梅根原本想编织出来的东西，但妈妈的评语让她好开心，所以她立刻又织起另一条。

我大部分的时间都逃到保罗家。他把阁楼改成自己的房间，那样就有空间放他全部的研究工程。保罗为了自己能够在上面享受安静和自由而活，而我则为了可以和保罗在一起的时刻而活。有时当他在修补一项工程时，我会坐在他的床上看着他；其他时候我们则躺着，抱着彼此，在床上伸展手脚，或是聊天。我们谈自己，谈学校和我们的课，谈未来，谈生活，谈梦想。

我们的关系进展缓慢。我怀疑如果保罗的家人知道我和他在一起，而他的研究工程进度不理想时，他们大概会笑我们吧？事实上，我一直很清楚他母亲的感觉，她非常放心有我在他身边。

我想她原本已经对保罗会跟女孩子约会一事感到绝望，以为他只会带着他的沙鼠还有望远镜，以及许多全是观察天文细节的笔记本，开心地把自己关在阁楼里。所以有时我会在他们面前跟保罗讲一些事，暗示我们的进展比实际上更快。

我不希望他们知道我们的关系如此单纯，因为我觉得保罗会被嘲笑。她母亲喜欢用令人感到愉快、温厚的方式取笑他，因为他很容易就脸红，这会让每个人都大笑起来，但保罗其实并不喜欢她那么做。不过我必须承认，她真的很有趣，而且她的取笑比妈妈的取笑要厚道多了。

我发现自己渴望这段关系进展得更快一点，但想在保罗家跟他亲密是很困难的，即使在楼上的阁楼，并且把门关上，也没有多少隐私性可言。他弟弟亚伦比梅根所想的还要糟糕，如果我们在阁楼里，亚伦会不断在门外来回走动，弄出声响，即使保罗和我在做的不过是家庭作业，而不是接吻也一样。有次我们去溜冰时，亚伦偷偷调换了保温瓶，当保罗打开保温瓶要倒出巧克力时，倒出来的却是一堆保险套。

我们能找到唯一安静的地方，就是到那条小溪边，也就是我们第一次约会时保罗带我去的地方。亚伦没有驾照，因此我们在那里很安全，而且其他人也不会笨到在二月里去那样的地方野餐。我们经常出去，一个星期一次或两次，不过仍然没跑回本垒，只是互相爱抚和搂着脖子亲吻。

我对此有点担心。我虽然喜欢我们之间缓慢、悠闲自在的友谊，而且害怕如果给他压力，我会失去这段友谊；但同时，我也准备好，想面对更进一步的关系。

我不知道该怎么做。我和布莉雅娜谈过这件事，看她认为我是否该说什么或做什么。我问她是否觉得保罗有什么心事，因为布莉雅娜有四个哥哥，我认为她比我了解男生。

我甚至有点想把这件事告诉妈妈，但最后还是没说。并不是因为妈妈不会了解，正好相反，很多事情她似乎能完全了解，但保罗是我的男朋友，我还是保持沉默比较好。

所以大部分的时间里，保罗和我只是躺在棕色大草原的草地上，抱着彼此，看着鸟儿在广阔的天空里转来转去。

我很快就喜欢上了保罗的家人，他们总是吵吵闹闹、精力充沛而且活泼外向，正好和我的家人相反。保罗的两个兄弟中，哥哥盖瑞已经结婚，住在花园市（Garden City）；弟弟亚伦刚满十五岁。满脸粉刺和细毛的亚伦，知道自己对女孩子来说是上帝的礼物，每次我见到他，他不是在洗头发就是在吹头发，还喜欢用立体音响把全家弄得震耳欲聋。对我而言，亚伦是从电视喜剧里跳出来的孩子：大胆、无礼，而且有一箩筐的笑话。

除了保罗之外，这一家人中我最喜欢的成员是他的母亲。一月底，我第一次来访时，她用手臂环抱着我，要我叫她波，而不是什么克鲁格太太之类的。这让我感觉到，如果我是保罗的朋友，我就是她的朋友。

她的个子很高，五官相当平凡，没有像妈妈的脸那么引人注目的古典骨架，但是个很有魅力的女人。即使在二月里，她也有晒成棕褐色的皮肤。因为控制饮食、上舞蹈课，再加上每天游泳，所以她拥有修长又苗条的身材。她每个月会去做头发两次并做修剪，以保持短而时髦的发型；她还喜欢穿着有设计师名字的牛仔裤，并在高领毛衣外再套上牛津布料的衬衫，不像妈妈总是穿着她的旧灯芯绒裤和爸爸的衬衫及毛线衣。

有时候我星期六过去而她不忙时，她会带我到主卧房的浴室里，教我如何化妆。她会把我的头发绑成一束马尾，然后用肥皂在镜子上画出我的脸型。"看着颊骨。"她总是这么说，然后教我如何化妆会最好看。或者，她会拿出棉花球、修指甲棒还有小小罐的角质层去除剂，先帮我修指甲，再擦上淡淡、轻柔的彩色指甲油。

有时候她还会让我进到她的卧房里，拿她的衣服给我看。"这件短上衣是比尔·布拉斯的（Bill Blass，美国著名的服装品牌）；这件则是拉尔夫·劳伦（Ralph Lauren，美国著名的服装设计师，自创同名品牌）设计的套头上衣，看到他的色彩运用得多好了吗？摸摸看这个，是真丝的。"

波会到真正奇特的地方去购物。她曾去过纽约，在萨克斯第五大道百货公司里（Saks Fifth Avenue）购物，也曾到过比弗利山庄（Beverly Hills）的罗迪欧大道（Rodeo Drive）买东西，还曾和雪莉·麦克雷恩（Shirley Maclaine，美国著名的电影女星）在同一家商店里挑选饰品。

我会站在她的卧房里，专心聆听着。

我的骨头像妈妈的骨头，是乡下人的大骨架；我的头发则像爸爸的头发一样，无法控制。当我化上眼妆时，眼妆会莫名变得脏脏的，而腮红使我看起来像发烧了一般。有一次，我在化完妆之后回到家，妈妈就站在那里，双臂交叠在胸前，并摇摇头，但当我问哪里不对劲时，她突然大笑出来。

随着到克鲁格家的次数增多，我变得愈来愈爱波。她似乎相信，只要我愿意，我就能进入她的世界。她仿佛从来不曾失去信心，认为我真的是只披着麻雀衣服的孔雀。

相反地，我从来都不了解保罗的父亲。他常常不在家，他是一名律师，而且正在考虑参加州议会的竞选，因此花很多时间在古德城或托皮卡（Topeka），或在堪萨斯市为人辩白。我在那里时，他在家的少数几次通常都是待在书房里。克鲁格先生和爸爸不一样，他是真的有东西要处理。

当然，我在克鲁格家时，大部分的时间都还是和保罗在一起。通常我们会把门关上，在他的房间里做他的工程研究。他会耐心、详细地解释那些研究给我听，有些东西最后我确实了解了，大部分则听不懂，但那并没有太大的影响。

我发现和他一起研究那些工程，看它们如何被做出来是件很有趣的事。他可以轻松地将想要做的东西概念化，然后设计它；光是身为这个过程的旁观者，我就很兴奋了。整个一月和二月，我们大都在研究可以拿克里安照相术（Kirlian auras）来拍什么新玩意，然后找了各种不同的东西来尝试，包括钱和手套，甚至还有马桶的坐垫。

但保罗真正喜欢的是天文学，而且他的梦想是建造一个比他目前的望远镜还要大的望远镜。所以，我们花很多时间一起翻阅卖磨平透镜、镜子还有各种我不懂的小东西的商品目录，为创造"我们的望远镜"而做准备。事实上，他已经拥有的那个望远镜已经让我印象深刻。我从没在别人家里看过功能那么强的望远镜，而且它一定花了很多钱。

有许多个晚上，我们都透过它观看星空，我学会如何找出前犬星和仙女座，还有奇妙的米拉（Mira），并帮保罗保管他的观察笔记本。有时候，我们会把他父亲的照相机附在望远镜上，有次我还照了月亮的照片。后来，我们计划把它们做成海报，有些可以挂在他房间，有些则挂在我房间。

但是在我家,生活依然没有什么变化。

"爸,"有天晚上我们吃晚餐时,梅根问,"我可以开一场睡衣派对吗?"

爸爸抬起头:"可以啊,问题是你办得起来吗?"

梅根开始抱怨:"我真的能开一场睡衣派对?我今天突然想到这件事。但我想,或许到我生日时,我们已经搬家了,那样我就没有认识的小朋友可以邀请了。所以,可以在我还有朋友时开一场睡衣派对吗?"

"就我所了解,我们并没有要搬家。"爸爸回答她。

"才怪,我们可能会,只是你永远都不知道是什么时候。再说,我的生日是在暑假,到时候小朋友早就度假去了,所以可以现在开派对吗?我们可以把它当成我的生日,就当是提前过了,然后等生日时,我不会再要求任何东西了。"

"什么是睡衣派对?"妈妈问。

"哦,妈,是小朋友带着睡袋过来,睡在你的地板上,还有一起吃东西之类的,真的很好玩。"梅根显然在她的脑子里已经都计划好了。

"这个嘛,梅根,"我爸爸说,"我看得出来为什么你想做这件事,但我认为现在办并不是很好的主意。"

"为什么?"

"嗯,第一,对你妈来说,那会带来很多麻烦。"

"啊,不会啦,只是一个小派对,只是一个小小的派对。或许只有我和凯蒂,还有崔西和苏珊……可能还有洁西卡、梅莉萨。我可不能忘了梅莉萨,因为十一月时我去参加了她的生日派对。不过就这样而已,就只有她们。

"而且我已经仔细考虑过了。她们带睡袋来,我们可以在客厅里睡,还有我们可以自己准备晚餐,像热狗什么的,不会很麻烦的,而且我自己就会做热狗呢。然后我们就只是看电视和睡觉,根本就不会带来麻烦的,爸。"

从爸爸抬起下巴的姿势来看,我知道他已经决定反对这件事。

梅根仔细研究他的脸。

"不行,梅根。"他说,"恐怕不行,或许等下次吧,等我们搬到比较大的房子的时候。"

"可是我们永远不会搬到比较大的房子。"

"我们当然会,也许我们会搬到一间有康乐室的房子,那时你就可以玩游戏和举办你想开的派对。"

"到那时候,我可能已经大到不想开睡衣派对了。"

"你当然会想。"

梅根沉默了一会儿,她的下唇噘到上唇上:"我现在就想开派对,不想等到什么很久以后。爸,不是改天。"

"我知道你很想,小猫咪。"

梅根把双肘放在桌上,用两个拳头撑着脸,她看了看爸爸:"不公平,我永远都不能做任何事。凯蒂上星期刚办过睡衣派对,她已经办过三次了。"

"是啊,而且你每一次不是都去参加了吗,梅根?"爸说。

"那不一样。"梅根的声音已经变成抱怨了。当她开始那样说话时,爸爸的眉毛就会皱在一起,"嗯,不一样,爸。有时候我也想做这些事,我只是想和大家一样。"

"但你又不是大家,对吧?"

"对。"梅根小声说,我看得出来她就要哭了,在她身旁的妈妈正忙着做马铃薯泥。

"那么,"爸说,"事情就这样决定了。只要我们一搬到新家,梅根就能办一场派对,我会把这件事记在日记簿里,这样我才会记得,只要一安顿好,我们就马上开派对。"他看着她,"但是现在,小姐,快把你的手放下来,开始吃饭。"

梅根仍然一副快要哭出来的样子。她用一只脚踢着桌脚,杯子里的牛奶洒了一些出来。妈妈转过身去,从炉子上拿起咖啡壶,问爸爸还要不要。

"你知道吗?"梅根说,她的声音又低又嘶哑,"我真的不是很喜欢待在这个家。事实上,我很讨厌这个家。"

爸爸正在吃东西,他的头连抬都没抬起来:"你可以离开了,现在回房间去,梅根。"

梅根只是坐着,踢着桌脚。

他挑起一边的眉毛,看着她。最后梅根丢下她的餐巾,起身离开。

我为梅根感到难过。我完全了解她的感受,再说,从她的声音里很容易就可以听出来,她已经把睡衣派对都计划好了。你可以看得出来,她很可能上星期就在凯蒂的派对上对自己说:"在我的派对里,我们会有热狗;在我的派对里,我们会看《快乐时光》(Happy Days);我的派对里会有比这里更多的女孩。"梅根的脑子里总是梦想多于理智。

洗好碗后,我到房间找她。她躺在床上,两眼盯着天花板。

"听我说,关于你没办法开睡衣派对的事,我也觉得很难过,梅根。"

"走开。"她说。

"我知道你的感受,以前我也想举办过。"

"不公平。"她说,"他是故意不让我办的。"

"他不是故意那样的,梅根。他认为自己在做对的事。"

她看着我:"是因为妈妈的关系,对不对?他只是不想打扰妈妈,可是我没听到她提出任何反对,我没听到她抱怨。"

"梅根,这不是他的错。我们只是必须接受这样的决定。"

"好,那么是谁的错?"她问,然后转身趴着。她说那句话的当下,自己就知道答案了。她轻轻地用脚踢着床,没再开口,我则摸着灯的开关旁的壁纸。

"你知道吗,莱丝莉?"她终于开口了。

"知道什么?"

"我讨厌妈妈。"

"才怪,你并不讨厌妈妈。"

"我是真的讨厌她,有时候我真的讨厌她。你知道还有什么吗?老实说,我真的不是很喜欢待在这个家。"

三月终于到了。

"莱丝莉,快醒醒。"

"干什么啦?"我疲惫地转过身,看见梅根靠在我的床上,时间还不到六点三十分。

"你醒了吗？起来，快点啦，我有东西要给你看！"

"走开啦，梅根。"

"快起来啦，到我房间来！"她用力推了我一把。

我一脸怒气地下了床，跟着她回到她的房间。她跑过去，在床上跳着。

"快看这里，莱丝莉！"

"最好是好事，不然说真的，我会杀了你。"

"你看！"她把窗帘往后拉。

天还没有全亮。三月初的世界，大半都还弥漫着冬天的灰。我从梅根的窗子，可以看到赖利家后院那棵光秃秃的大梧桐、街道，以及其他房子的屋顶，还有屋顶以外单调、带黄色的一大片平原。天刚亮时，天空清澈且没有一片云，但此时的天空大部分都还没出现什么颜色。

"我什么都没看到，你这只小猪，到底把我拉来这里做什么？"

"下面，看窗子下的草地里！"

在我们家和赖利家之间的一小片草地上，我清楚地看见长在草坪里的番红花。白色和黄色的番红花构成了几个字母，是 M-E-G-A-N（梅根）。

"你看，你看到了吗？有人把我的名字放在草坪上的花里，你看到了吗？我一直没注意到，直到我起床往外看，才发现它们就在那里！"

我把鼻子贴在玻璃上，想看得更清楚点。那些字母在草地里非常醒目，玻璃因为我的呼吸而起了一片雾。

"就像魔法，对吧？"梅根说。她是那种相信魔法的人，虽然她不承认，但我知道她仍希望世上有仙女、小精灵还有圣诞老人。

我试着看我的窗子下那块草坪有没有花。当我看到那里有番红花时，我指给梅根看，她马上冲下床，冲到我的房间去。

组成我名字的字母，并没有像组成梅根名字的字母那么清楚，它们看起来像 L-E-S-L-E，而我的名字是 Lesley，结果 Y 像是不见了，变成一丛没有规则的花，但还是看得出来那是我的名字。

"你猜是谁做的？"梅根问，她正试图打开窗子，想把头探出去。

"我不知道。"

"我打赌是妈妈，我打赌是她做的。"在关了整个漫长冬天之后，窗子变得很难打开，梅根只好把脸和手掌平贴在玻璃上，"或者可能真的是魔法。就像是魔法，对不对？我在这之前都没看到它，然后它突然出现在那里，就像凭空冒出来一样，草地里竟然有我们的名字耶。"

"我想不是魔法吧。"我说，"我们从来没去过房子的那一边，它可能已经在那里好多年了。"

"可是我会看啊，我常看我的窗子外面，莱丝莉，就像现在。而它就在那里，今天早上才突然出现。"

这个发现让梅根很兴奋，兴奋得快飞上天去。她飞奔跳上爸和妈的床，我根本来不及阻止。当她爬上床挤在他们之间时，他们都还在睡，然后爸爸醒了，还一边打着哈欠，妈妈则疲倦地翻过身，亲吻梅根的额头。她在他们之间扭来扭去，像花栗鼠一样吱吱叫。妈妈看我站在门口，示意我上床和大家挤在一起。

妈妈用她的手臂抱着我们。梅根在她和爸爸之间，而我在妈妈的另外一边。她用强壮的臂膀将我们紧紧搂住,我的鼻子里满是她温暖、熟悉的味道。那是一种混合抱窝母鸡的香味、婴儿粉、不新鲜的香烟味和睡意的味道。

"是你种的花吗,妈妈?"我问。

她点点头,然后露出微笑,一副很困的样子。

"就像真的魔法一样。"我听见梅根说。她的声音变得好轻柔,而且听起来也快睡着了。我把头靠在妈妈的胸部,她的左手在我的脸上。她的皮肤几乎是热的,而我可以感觉到她的结婚戒指以微微不同的温度靠着我的脸颊。

"是魔法,亲爱的。"妈妈对梅根说。

有一会儿大家都没有说话。

"我爱你,妈妈。"梅根小声说。

这时爸爸一个翻身,让整张床都在摇。他睡到更上方。"这张床上有好多可怕的女人唠叨声。"他说话时眼睛都没张开,"今天可是星期天,剩下的日……"

妈妈把一根手指头放在嘴唇上,对我眨眨眼。大家都没有再开口。我躺了一会儿,还是相当清醒。

我可以听见妈妈的心跳声。我躺着听,听着听着,最后我闭上眼睛,再度进入梦乡。

克劳斯

> 梅根,我真的不知道。我从没听过这里有人叫克劳斯,所以别再为这件事哭了,好吗?

在我很小的时候,我们曾在西德州住过一阵子,我不太记得那时候的事了。当时我大约只有三岁,根本不记得任何有关那房子的事,然而我确实记得房子后面没有庭院,土地从后面的门廊一路延伸到一座山坡下面,接着再延伸到沼泽地,最后消失在无止境的平原里。

我记得自己常坐在门廊上,看着外面的风景,心想我能不能看得更远。我想象平原延伸到大海,而另一边则是西班牙的马德里(Madrid)。为何是西班牙马德里,我也不知道;而在我那个年纪,我是怎么知道有那样一个地方,我也不清楚,但这是对那间西德州房子,我唯一清楚的两件事之一。我记得的另一件事,则是向日葵。

那座山丘下的沼泽地上长满了向日葵。它们可能是野生的,在夏天的大雨过后涌进沼泽地,不过也有可能是有人栽种的,我不记得了。

我只记得自己还是坐在门廊上，看着下面那片向日葵花海。

从山丘上看，它们好漂亮。大大金色的头一整天都会追着太阳，那让它们似乎好像有时候看着我，有时候看着别的地方。有时候，小朋友们会去那里玩耍。从我坐的地方可以看见他们小得像昆虫一样，消失在花朵里，而小朋友们在花丛里奔跑时，那些巨大的头也会一直点头和摇晃着，笑声会乘着风传到山丘上来。

我很想也到那里去，向日葵不断向我招手，表示欢迎。当然，我去的那天并没有得到允许。我记得自己悄悄溜下山坡粗糙的大草原，让身体保持放低的姿势，不让妈妈看见，以防万一她瞄向窗外。然后我跑过沼泽地，跑进花朵的阴影里。我最担心的就是会被抓到。

当我跑到向日葵之间时，发现它们好大，真的可以称得上是一座森林，不像从山顶上看到的那么小，很不一样。花朵高过我的头，而且在我明白发生什么事之前，我已经深陷在高高的花茎之中。每走一步，这绿色和金色的荒野就悄悄地在我身后合上。很快地我就迷路了，被困住了。

我放声尖叫。

我歇斯底里地拼命捶打向日葵，害怕地哭着，只想出去。那些花向各个方向绵延而去，我没办法逃出来。我受到不小的惊吓，只能不停地拍打和尖叫，害怕自己被花丛吞没了。

最后是妈妈找到我。她从山顶上的房子里听见我吓坏的哭声，她马上冲到向日葵里，将它们拨到一边，把它们推倒，它们甚至比她还要高。

她在匆忙滑下山坡来找我时滑倒了，刮破了膝盖。我记得自己疯狂地抓住她，还尝到血混合着眼泪的味道。她将我的手拉开，把我抱到她的肩膀上，那样我的头就比花还高，然后她把我带出去。

我记得最清楚的部分是最后一刻。那时我在妈妈的肩膀上，回头看着那座森林在我们后面关闭起来，花在德州的太阳下闪闪发光，无辜又无情。

然而，对我母亲而言，向日葵有着完全不同的含义，它们几乎是神秘的代名词。战后，他们在韦尔斯小屋的后花园里种的就是野生的向日葵。从妈妈谈到那件事的模样，很容易就看得出来，由于这些向日葵意外地出现在她面前，因此她视之为神秘的征兆。它们是她复活的象征，而且她知道自己已经努力熬过在地狱的那段日子。

妈妈很喜欢跟我们讲她在韦尔斯那些年的点点滴滴，那些是她所讲的故事当中最棒的故事。她以叙事诗的方式编列，几乎是在讲述神话一般，再以丰富感情的描述来装饰。

我最喜欢这些故事了，不只是因为她讲得那么生动，同时也因为它们是唯一和她战后生活相关的故事，和她在列别尼还有童年时候的故事一样美妙。它们让我放心，知道她仍然拥有快乐，战争并没有夺去她所有的欢笑。

小屋的译名是"花之林"，位于北韦尔斯的一座山坡上。妈妈常告诉我们，她和爸爸得在一条又小又陡的小径爬上快一公里，才能到达小屋。花之林在我心中有一个相当浪漫的影像，我可以看到窄小、曲折的小径穿过阳光洒下的森林，森林里有雪花莲和蓝钟花，还有小巨人和小鹿班比住在那里；而且空地上还有像白雪公主住的小屋，还有妈妈的冬青树篱、迎春花，以及精巧的拱门，这些全都通往重新粉刷过的花之林。

那些是她的向日葵年代。

在堪萨斯，向日葵的种植早已变得商业化。如果你在夏末沿着西堪萨斯的乡村小路走，你会碰到一片又一片的花田，一片金色、不断点头的大海。打从我们搬到堪萨斯开始，每隔几个星期就会开车去观赏向日葵花田从三月栽种到中秋收成的进度，这已变成我们家的习惯了。

尽管那次童年的经验，有时候仍会在噩梦里回头找我，但我还是喜欢去看向日葵，即使我一直没办法像军人一样笔直地走在花间小径上，就像妈妈和梅根一样。对妈妈而言，观察向日葵的收成是给这一年打分数最令人愉快的方式。对她来说，向日葵是堪萨斯唯一的特色。

到了三月中，脚底下的土地开始恢复弹性，而且出现新生的味道。有几个星期的时间，太阳变得异常炽热。

星期六下午，尽管天气如此炎热，我仍在房间里读书。在下周一，我们有个微积分考试，而我会头一个承认微积分不是我最拿手的科目。这次的考试并不好过关，布劳德太太上周五就宣布，她打算出十道题目，而我们必须解出其中八道题才及格。因此我疯狂地复习旧作业，以确定自己知道如何解题。

妈妈来开我房间的门。"我想散散步。"她说。

这完全出乎我意料，因为打从一月底开始，她就没有踏出庭院过。我转身看见她站在门口，穿着旧灯芯绒裤和一件格子衬衫，还套了一件爸爸的套头毛衣，头发则用纱丝带往后绑。她微笑着看着我，她知道自己让我吃了一惊。

"他们就要开始种向日葵了，"她说，"我想走出去看看。"

"妈，那得走很久。大部分的花田至少有好几公里远，甚至更远。如果你能等到爸爸回家，我想他会开车带你去的。"

她继续站在门口，带着浅浅的微笑，一副觉得很有趣的表情："和我一起去吧，宝贝。我们可以走那么远的，天气那么好，我很想动动我的脚。"

"我们甚至不确定，他们是否把花种在和去年一样的花田里，我们应该等爸爸的。"

"我的脚都长蜘蛛网了，一起去啦，我想走走路。"

我转头看着我的书好一会儿："可是星期一早上要考微积分，而且我觉得我可能过不了。不是我不用功，是因为我不了解怎么做这些题目，这里面有一半的题目，我都看不出它们究竟要我解出什么，所以我真的没办法陪你去。"

她还是站在那里，沉默但坚持，要拒绝妈妈真的很难。

"或许爸爸明天可以开车载我们大家一起去。"我说，"我们可以顺便去野餐，我们就这么做，好不好？"

妈妈的脸上还是带着那抹浅浅的微笑。在我看来，这个时候的她看起来很年轻，虽然她身上穿着那些旧衣服。她的脸看起来仿佛不会老，让人很难猜到她的年龄。

"让梅根陪你去，怎么样？"妈妈显然不愿放弃这个主意，于是我提出建议。梅根正在楼下厨房里忙着，我知道，因为我读书时一直都听见她的声音，梅根从来就不是所谓安静的小孩。"我打赌梅根会想和你一起去的，你要不要问问她？"

妈妈开始考虑了,她静静等了一段时间,观察我是否会改变心意。最后,在确定我不会改变心意之后,她转身离开。

我可以听见她们在楼下准备东西的声音,她们正整理着野餐用的水果和果汁。妈妈用匈牙利语讲话,她的声音圆润且有起伏;梅根则非常兴奋,她尖声、快乐的音节传到楼上来。

我从窗子里看见她们一起离开。她们带着小背包,妈妈穿着爸爸又大又笨重的棕色毛衣,她大步地走在街上,朝着目的地迈进,就像欧丁神手下的瓦尔基莉(Odin's Valkyrie:Odin 为北欧神话里的一个神,掌管艺术、文化、战争和死者,而 Valkyrie 为其十二名婢女之一)。梅根像个小小的黑色幻影,在妈妈身旁轻快地跟着移动。

"你妈妈上哪去了?"爸爸下班回来时这么问我。

"她和梅根去看农夫种向日葵。"我回答。他已经上楼来,一只手还拿着一袋杂货。他穿着蓝色工作服,还戴了帽子。他把那个袋子放在我的床上,接着脱掉帽子,用手指梳理头发。他的头发竖了起来。

"妈妈想找我去,"我说,"但我星期一有考试,得认真读书。"

"那趟路很远的。"他说。

"我也这么跟她说,我说如果她愿意等到你回来,也许你会开车载她去,但你知道妈妈的个性,她想马上就去。"

爸爸走到窗子那里,将窗帘往后拉。"她已经好久没出去了。"他说,我猜大半是讲给他自己听,而不是讲给我听的,接着他转向我这边,"她有说要到哪里去吗?"

"没有。"

即使他没讲,我也知道他在想什么。他在想我应该要问清楚,对让妈妈和梅根出去闲晃,却连她们打算去哪里都不知道这件事,我得负责。我这时才想到,妈妈可能连自己要去哪里都不知道。

那就是妈妈的问题,就像她拆开冰箱那次。因为冰箱坏了,妈妈便下定决心去做她要做的事,不在乎自己是否真的知道该怎么做。采取行动所获得的乐趣对她来说就够了,即使她的处理能力远远落后于高昂的意愿之后。

突然间,单纯的星期六下午散步,似乎变得充满各种可能发生的灾难。

"或许我该开车去找她们。"爸爸若有所思地说。

"你不用这么做,"我说,"如果她们迷路了,她们可以打电话回来,梅根知道该怎么做。"

"她们有带钱吗?"

我又明白自己并没有问过这件事:"嗯,她们可以到一家农舍,借用他们的电话。"

"她们去了多久了?"

"大概一点左右出去的。"

爸爸叹了一口气:"她整个冬天都没有出门。她应该等我的。"他让窗帘回到原位,走到床边把那袋杂货拿起来,"我会等她们到五点,如果到时她们没有回来,我会开车去找她们。"

其实没有担心的必要,四点三十分时,挡风雪的外层门"砰"的一声开了。我听见妈妈呼唤爸爸的声音,等我下楼时,我发现他们正拥抱着并亲吻彼此。这是个很单纯,但却相当长,并且以雄蜂的声音效果为结束的吻。

爸爸对妈妈没跟他讲就出门的这件事只字未提。相反地,他告诉她,修车厂的休森先生因为叫他星期六下午上班,所以付了两倍的加班费,而且他买了牛排给我们当晚餐。

如果我留在楼下,显然就得帮忙做晚餐,于是我打算回到房间继续念书。我刚才下楼时,梅根很大声地经过我身边走上楼,所以在回房间的路上,我停在她的房门前,房门是关着的。

"梅根,我可以进去吗?"我问,没等回答就打开门,"怎么样?你和妈妈有看到已经种好的向日葵吗?"

梅根在哭,她坐在床边,将她的填充虎猫塞在嘴巴上,不让声音出来。

"怎么了?"我惊讶地问。

"没什么。"她说,满脸怒气。我走过去,坐在她旁边,这个动作让她马上丢下虎猫,站了起来。她走到对面的窗子前,然后伸手从窗架上拿了一条橡皮筋,抓起头发,用橡皮筋绑起来。我继续坐在床上。

"梅根?"

她努力阻止泪水,我耐心等待着。

"莱丝莉,克劳斯是谁?"她转身看着我。

"克劳斯?他是谁?"

她的眼睛再度泛满泪光:"那是我要问你的,笨蛋。"

我们默默地盯着彼此,鼻涕往下流到她的上唇。

"梅根,你在讲什么?"

"你知道我跟妈妈一起出去吧?我们走小溪边的这条路,就在你和我去年捉萤火虫的田地旁，记得吗？总之，那里有个小男孩，他在矮树丛下玩耍。"

梅根停了一会儿。她走到床边，再次拿起那只虎猫。她两只手各拿着它一只前脚地把它拿在身前，盯着它看。"突然间，"她焦虑地对那只猫说，"妈妈看着那个孩子，然后用很兴奋的声音对我说：'克劳斯在那里！'你可以听得出来，她超级兴奋的。"

梅根从那只填充动物的头上看着我："我的意思是，真的，她真的超级兴奋的，莱丝莉。她大叫着：'克劳斯，克劳斯，过来这里！'那个小孩抬起头看着她，然后带着一脸害怕的表情跑进矮树丛里，而妈妈则跟在他后面大喊：'克劳斯！克劳斯！'"

"他长什么样子？你认识他吗？"

泪水又涌上来了，梅根停了一会儿好压下泪水。她把虎猫压在自己胸上，坐在我身旁："他只是一个小孩，我不认识他。他很小，可能才五岁吧，他穿着工作裤，还有那种有棉绒内衬的棕色外套。而且，他有很白的头发。"

"那么妈妈后来怎么做呢，"我问，"在他跑掉之后？"

"我们当时正走在马路上，所以她在马路上跑了一小段，而我则在后面追着她。然后她转身告诉我：'他可能听不懂德语吧。'所以，接下来她改用英语叫他：'克劳斯，回来这里！'但那个小男孩已经跑到篱笆的另一边了，而且还继续在跑。妈妈走到篱笆那里时停了下来，可是她一直大声叫他回来。"

我耸耸肩："要是我，我不会担心这件事的，梅根。不用那么难过啦，或许妈妈只是联想到某件事而已。"

"可是，她一直跟我说：'他一定不会讲德语，他们一定是在这里抚养他长大的。'"

"听着，别担心了。你知道，有时候妈妈是什么样子。"

"可是谁是克劳斯？"

"我不知道，老妹。"

"妈妈是在哪里认识他的？"

"就像我说的，可能根本就没什么事。她可能只是联想到什么，或是想起以前认识的人，在德国或是某个地方的人。乖，别难过啦。"

"你不在场，不知道那是什么样子。"

"不管我在不在场都一样，我不会担心的。"

"但克劳斯到底是谁呢？"

"梅根，我真的不知道。我从没听过这里有人叫克劳斯，所以别再为这件事哭了，好吗？可能什么事也没有。"

"可是，你知道她说什么吗？她跟他说：'克劳斯，回来这里，我是妈妈。回来，是我，我是妈妈啊！'"

梅根还是很难过，我没办法劝她别难过，而她也没办法忘记那件事，所以她继续待在房间里。当爸爸上楼去看她为什么不来吃晚餐时，她说肚子不舒服。

她穿上睡衣，爬上床，盖好被子，窝在床上。我没去烦她，也没把发生的事告诉爸爸。如果那是妈妈的幻想之一，我们其实也没办法做什么，而且我也看不出让爸爸难过有什么意义。再说，我也猜不出以前究竟发生过什么事。

从晚餐到睡觉前，我都仔细地观察妈妈，同时心存疑惑。她那么做真的很奇怪，即使以妈妈平日的行为来看，还是很奇怪。我纳闷着，她心里到底在想什么？

如果真有什么，那就是当天晚上，妈妈比过去几个月还要活泼。风吹在她的皮肤上，使她的两颊浮现一种健康、红润的气色。她已经把头上的丝带拿掉了，浓密的金色头发披散在肩上，当她移动时，头发闪烁着美丽的光泽。她和爸爸玩了起来，他在擦碗时，用毛巾轻轻弹她，而她则像个女学生一样发出尖叫声。过一会儿后，他们手牵着手上楼，留我自己一个人看电视。

妈妈正在踱步，我慢慢地清楚地听见那个声音，直到完全清醒，才知道那不是梦的一部分。我转身去看闹钟，现在才四点十四分。我把枕头盖在头上，试着挡住那个声音。

妈妈一直有睡眠困扰，她的失眠症是有周期性的，有时候她会七八个月都没有问题，然后在某天晚上醒来后，就没办法再入睡了。她说这是因为背的关系。她的背会痛，会因为疼痛而没办法睡着，然后她会去找医生开处方，有时候是开背疼痛的处方，有时候是失眠症的处方，但没有一样东西是长久有效的。如果她处于失眠期间，不论有没有吃药，她都会醒来。

"妈妈，怎么了？"我站在楼梯下方。她站在客厅的窗子旁，穿着棉质长睡袍，看起来像黑暗中的鬼魂，唯一的光来自香烟鲜明的尾端。

"你睡不着吗？"我问。

她摇摇头。

"怎么了？"

一开始她没回答。然后她慢慢抬起一只手,摸着她的背:"老毛病,亲爱的,我今天不应该走那么远的,我走太多路了。就是这样。"

"要我帮你揉一揉吗?还是上楼到我房间躺一下?我记得家里还有一些外用酒精。"

她摇摇头。

我看着她在黎明前的寒风中发抖,睡觉时弄乱的头发披散在睡袍上,她的肩膀本来就很宽,柔软的睡袍更加突显出这一点。我注意到她又变瘦了。战时长期的腹泻让她的消化系统受到严重的破坏,直到现在她仍然饱受严重的腹泻之苦,因此她始终无法胖起来,即使胃口大得惊人。当她真的胖了,而且是在正常的体重标准值之内,她看起来还是太瘦。由于皮肤松弛,使她总是看起来太瘦。

"我帮你泡一杯热牛奶好吗,妈?"

她没回答。

"还是一杯茶?像是印度茶?我自己可以来一杯,我帮你也准备一杯好吗?"

"不用了,谢谢。"她说。她继续背对着我,看向窗外。我怀疑她能看到什么,因为从玻璃另一端照过来的灯光让人什么都看不到。但她在看,且全神贯注。

我注意到她光着脚:"妈妈,过来坐着吧,你那里太冷了。天啊,我好冷。"

然而,她的眼睛继续专注在黑暗中的某个点上。

"妈妈,怎么了?"我用德语问她。使用德语会让她感觉最自在,我相信,甚至比用匈牙利语都还要自在。德语是她和外婆的语言,是儿歌和童谣的语言,而且是母亲说给小女儿听的私密话语。我们家从未选定一种主要语言,妈妈总是在德语、匈牙利语和英语之间来回转换,即使是一小段对话,也经常如此。但我知道,德语让她感到最自在。

她仍然盯着玻璃看。她举起一只手,用缓慢且带着沉思的手势抓她的脸,然后把手放下,收在背后。我看见玻璃倒影中的她把双眼眯起来,好像是看见外面有某样东西,额头也因为专注而皱了起来。

"我看到他了。"她说,声音非常小。

"谁,妈妈?"我问。

她没说话。

"谁啊,妈妈?是克劳斯吗?"

她突然转身看着我。

"我知道他的事,梅根告诉我今天下午的事了。"

她叹了口气,再次转身背对着我,我看到她也在发抖。

"妈妈,快离开窗子,那里对你来说太冷了。快点,过来穿上大衣吧。"

她没动。

我把大衣披在肩上,走过去试着将它交给她,但是她不拿,所以我又自己披着。我的肚子开始觉得不舒服,我想,或许梅根真的不舒服,而我也不舒服了。我几乎希望自己是真的不舒服,这样妈妈就得照顾我了。

"我看到他了。"她小声说,她的呼吸让玻璃变模糊了,"我找到他了。那些笨蛋,他们没办法把他藏起来还想不让我知道。"

"什么,妈妈?"

"他。"她说,轻轻对着窗子点点头,"那些浑蛋家伙,他们以为我永远找不到他。那个愚蠢的下流胚。他们以为自己赢了,但他们永远没有赢过我,我现在找到他了。"

"谁啊,妈妈?"

"我的儿子。"

主动提出搬家

> 你想太多了。我想除了你之外,其他人并没想过要搬家的事,至少你妈从没提过。

"爸,"我说,"我必须和你谈一谈。"

他一只手拿着铲子,另一只手拿着一个纸箱。和星期六一样,这个星期天的天气又暖和又晴朗,充满着春天的味道。爸爸起床时,妈妈还睡在客厅的沙发上,所以他就自己做了早餐,然后穿上园艺服,走到后院的花园里。

我起床时,妈妈仍然还在睡。我没吃早餐,虽然肚子不痛了,但并不觉得饿,反而跟着爸爸来到花园里。

"什么事?"他一边问,一边把铲子伸进潮湿的土里,然后把满满一铲子的土翻过来。

"嗯,我在想……"我停下来,看着他。他以缓慢、几乎是有节奏的动作铲起花床,当铲到最后时,他停下动作,靠在铲子的把手上。

"什么事？"他问。

"嗯，你知道妈妈在一月时，曾表现得像是她想搬家吗？"

"嗯？"

"我想了一下，或许我们应该要搬，而且或许是立刻就搬。"

"我还以为你决定要和朋友们一起毕业了，莱丝莉。"

"嗯，也不是这样。我的意思是，现在那件事对我来说并不是那么重要，毕业就是毕业，不是吗？在任何地方都可以毕业，毕业没有什么特别的。"

爸爸若有所思地靠着铲子前后摇晃，一只虫在翻过来的土上扭动着，他弯下身，推了一点土在它上面。

"我想换个地方住，"我说，"而且我认为那样对妈妈也好。"

"你妈妈在这里很好。"他边说边看着那只虫被埋的地方，然后再次摇晃铲子，"我们不需要为她中断什么事情，而且她在这里很快乐。"

"真的，我不介意离开这里到某个温暖的地方。妈妈的背又开始不舒服了，她昨晚因为不舒服而睡不着。我在想，如果我们搬到比较暖和的地方，或许她的背就不会有那么多问题了。"

"现在是三月，莱丝莉。对每个人来说，这里很快就会变暖和了。"

"也是……我只是在想，或许搬家会比较好。"

"我还以为你喜欢这里呢。"爸爸回答，转头看着我。他穿着一件红格子棉绒布衬衫，我注意到有两颗扣子不见了，取而代之的是一个安全别针，"你的朋友全在这里，还有保罗，不是吗？我以为你和保罗是……"他没讲完这句话。

"嗯……我只是想告诉你，对我而言，这些根本不重要。你们不需要因为我的关系而留在这里,我想我宁愿搬家。"

他仔细看着我的脸:"发生什么事让你突然改变心意?你和保罗吵架了吗?"他的声音当中,有一种我没有预期到的温柔。

"不,没那回事。我只是认为,没有必要只是因为我的关系而留在这里。"

"你想太多了。我想除了你之外,其他人并没想过要搬家的事,至少你妈从没提过。"

"嗯,我只是觉得,这或许是个不错的点子。"

我看得出来,爸认为是我一定发生了什么事。他认为我一定是和某人意见不合而想离开,虽然这并不是我原本的打算,但至少他并不认为是妈妈发生了什么事。

不过,梅根可精明了,我找到她时,她正带着她的溜冰鞋坐在前面的人行道上。

"你今天早上觉得怎么样?"我问。

她耸耸肩,继续调整溜冰鞋。这双溜冰鞋原本是卡罗琳姑姑某个孩子的旧鞋,只要精通穿上它们的技巧,并让它们能够转动,就足以让梅根有资格拿到一张工程学文凭。

"你还好吗?你的肚子没事吧?"

她把鞋子扣得更紧,它们挤压到她运动鞋的两边。"我的肚子没怎么样,"她刻薄地说,"你知道的。"

我的拇指勾着牛仔裤的腰带。

"我们一定要问问她,莱丝莉。"

"不,我不想问。"

"可是我们一定得问清楚。我听见你们两个昨晚都没睡。我知道她没睡，而且我跟你赌一百万我知道为什么，所以不用骗我了。"她小心地站起来，把溜冰鞋的钥匙放进她的口袋里，然后往后一步，溜下人行道。我跟着她。

"不，我们不需要问她，梅根。妈妈在想什么是她的事。"

"莱丝莉，你是聋了还是怎么了？你没听见我昨晚跟你说的话吗？妈妈以为那个小孩是我们当中的一个。"

"不对，"我回答，"她并不是这么想的，她认为他是她的儿子。"

梅根的眼睛张得大大的："哇，那样更糟，她并没有儿子啊！"

在那之后，我们两个都没再说话。梅根一个人溜得很慢而且很专心，我同样专心地跟随着溜冰鞋碰到水泥的韵律，数着我的步伐。

我们走到街角，转上百利街，然后到第三街，两个人依然没有说话。当我们到达位于第三街和榆树街的公园时，梅根停下脚步。她溜进草地里停了下来，然后用脚尖取得平衡，再从口袋里拿出溜冰鞋钥匙，坐在草地上。

"妈妈究竟发生了什么事？"梅根问。她的声音相当冷静，又在调整溜冰鞋："我的意思是，在战争期间，那个时候她发生了什么事？"

"我不知道。"

"你问过吗？"

我耸耸肩："她跟我们讲过很多事，梅根。"

梅根的脸颊靠着膝盖，我坐在她旁边的草地上。"我想知道发生了什么事，"她说，"不光只是那些好玩的事，不光是和老洁德薇佳有关的事，我不要妈妈把牙齿突出来，模仿老洁德薇佳可笑的声音逗我笑，我还想知道其他事。

"我想知道妈妈屁股和脚上的伤痕是怎么弄来的，她在战争期间怎么会病得那么重，她是怎么挨饿的。我不像你所想的那么笨，莱丝莉，我看过那些照片，而我希望妈妈说出实际上发生的事，那对我很重要，因为我永远都忘不了，而且她也忘不了。所以我要她告诉我，这样总比我一直都在猜要来得好。"

"梅根，你不可以问她那种事。"

"为什么不可以？"

"就是别问，我说真的。"

梅根用恼怒的眼神看着我："只要我想知道，我就会问。"

"要是你问了，我会让你后悔的。"

她没回应我，我从她的表情看得出来，她并没有打算让步。

"你还不够大。"我说，"他们会那样跟你说，我曾经问过爸一次，他就是这样回答的，他说我还太小了，无法了解。"

"那是什么时候的事？"梅根问。

"我大概你这个年纪的时候。"

"那么现在呢？现在你大到可以了解了吧？"

我耸耸肩："我现在并不确定我想知道。我可以看得出来它对妈妈的影响，再说，那都是过去的事了，梅根。事情结束了，战争在1945年就结束了，那是很多年以前的事。知道那些事并没有什么意义，真的。"

梅根叹了口气，伸手拉紧她的鞋带，然后不耐烦地起身开始溜冰。

10

愤怒的爸爸

> 妈妈还在哭,她蜷缩在书房的躺椅里,双膝紧靠着,头埋进膝盖里,疲惫地啜泣着。

星期一放学回到家时,我看见梅根正坐在厨房里。她把课本堆在桌上,穿着袜子的脚伸到对面的椅子上。她旁边已经有一个苹果核,而她正在啃第二颗苹果,还一边发出嘎吱作响的声音,一边专心地看着放在她大腿上的一本书。

"嘿,莱丝莉,过来看这个。"我出现时,她喊住我。我走到她身边。

那是一本有关第三帝国(Third Reich,纳粹政权的正式名称)的书,是一本大人看的书,是给比梅根大很多的人看的书。

"你从哪里弄来的?"我问。

"图书馆。我放学后去找的,我问那里的管理员,他们有没有和第二次世界大战相关的书,她就帮我找到这些。你看到了吗?"她指着桌上的几本书,"我打算看完这些书,我想了解到底发生了哪些事。"

"那些书对你来说太难了,你甚至无法了解它们在说什么。"

"不会啊,我看得懂。而且这些书是图书馆那位小姐拿给我的。"

"你做了什么?告诉她你是天才儿童吗?梅根,那些书是给大人看的。"

"不一定。你看,这是一本有关小孩的书,你看到了吗?"她从那堆书中抽出一本薄薄的平装书,"有孩子们在儿童集中营里写的诗和类似的东西。看到后面写什么了吗?图书馆那位小姐指给我看:有一万五千名儿童进入这座集中营,但只有一百人活着离开。"

突然一阵沉默,我和她都盯着书。"这很可能发生在我们身上。"她平静地说,没有抬起眼睛。

"梅根,你不该看这种东西的,那很恐怖。"

"不过却是事实。"她说,然后抬起头,"事情发生过,千真万确,而且可能发生在我们身上。这本书说,如果我们被生下来,他们可能把我们带走,就像这些孩子一样,然后把我们关在一个营区里。"

"他们不会把我们带走,那些是犹太儿童,所以才会被带走,因为他们是犹太人。"

"但我们还是有可能是这些孩子当中的一个,如果我们是在那时候出生的。他们是像我们一样大的孩子,你看,看这个小孩写字的方式,他写的 G 和我写的一样。"

"梅根,听我说。事情并没有发生在我们身上,那些是犹太儿童,但我们不是。我们以前不是,将来也不是,所以事情永远不会发生在我们身上。"

"才怪,有可能。"

"梅根,不会的。把你的耳朵清干净,听我说,我们不是犹太人,所以事情不会发生在我们身上。你就别那么愚蠢,一直坚持着。你这种想法和妈妈一样糟糕。"

她的五官皱了起来:"你干吗一直说那句'事情不会发生在我们身上;我们不是犹太人'?你干吗一直说那句话?你以为事情只会发生在别人身上吗,莱丝莉?他们都是真正的人啊,而且因为我们也是人,所以事情可能也会发生在我们身上,愚蠢的人是你。"

"你不应该看那种东西的,那让你容易生气。"我回答,"再说,你懂什么?你太小了,根本无法了解事情背后真正的原因,你什么都不懂,你只是个小婴儿。"

梅根的眉头皱得更紧了。

我放下我的书,走到柜子那里拿抹三明治要用的花生酱和蜂蜜。"梅根,我要说的是,我们没有立场讨论那件事,因为我们不知道发生了什么,那是我的重点,我们就是不知道,所以去读有关发生在犹太人身上的事,把事情归咎到战争中的每个人身上是很愚蠢的。"我转身看着她,"而且如果你问我,我会说你不应该看那些垃圾书。"

"没有人问你。"

"首先,梅根,你要做的就是停止伤害妈妈。她会走进来,然后看到那些书,那会让她想起所有确实发生在她身上不好的事,再然后,她会不开心起来。"

"她已经想起来了,莱丝莉。"

"其次,当我说你太小时,我是认真的。那些书的内容很恐怖,一旦你看了就会忘不了。它们是有害的，因为那是真正发生过的邪恶事情，非常糟糕，我希望人们连想都不要去想。"

梅根还是眼露怒气。

"总之，你想知道你最后会怎么样吗？"

她没有回答。

"就是做噩梦，我了解你，你这个自以为是的家伙。"

"我才不会！"

"然后你就会尿床。"

那句话让她把嘴巴给闭上了，我不应该说的，甚至在脱口而出时，我也马上后悔起来，这句话太恶毒了。但不这样，她会一直说个不停，她没完没了的问题让我感到厌烦。她为什么看不出什么是不应该管的事？这就是梅根的毛病，梅根的坏毛病之一。

我不是很想吃三明治了。虽然我把面包、花生酱和蜂蜜都拿出来，但当我看着这些时，我知道我并不饿。最后，我把所有的东西都放回柜子上，接着走出厨房。

楼上静悄悄的。我把书放在房间里，然后换衣服。

"妈妈？"我小声说。我想她还在睡午觉，她下午时经常会午睡。我打开他们卧房的门，里面并没有人。

我回到厨房，站在那里。梅根还在专心读她的书："梅根，妈妈呢？"

她耸耸肩："我不知道。"

"她不在家吗？"

梅根抬起头："我以为她在午睡。"

"你有看到她吗?你回家后有看到她吗?"

"没有。我以为她在睡觉,所以不想吵她。"

天啊。我看看厨房,想着接下来要怎么做。

"听着,梅根,如果我能跟爸爸借到车,你能带我去你和妈妈上次去散步的地方吗?"

"可以。"

在前往修车厂的路上,梅根一直都没有开口。她因为稍早的谈话还在生我的气,而且我并不认为她想来。她还穿着学校的衣服,嘎吱嘎吱地咬着苹果,虽然她跟在我后面,但她没说一句话。

我们抵达时,爸爸想知道我为什么需要用车。他躺在塔巴诺先生的旧道奇(Dodge)小卡车下,听不太清楚我讲的话。

"我说,我们要去买东西!"我大声说,双手和双膝都靠在地上。

"为什么?"

"买点杂货。"我很快就想出来不错的借口,这确实会需要一部车。

"你有钱吗?"他问。

我只有一百元,这很难买一车子的杂货。爸爸从卡车下面滑出来,然后坐起来,从工作服的口袋里找出钥匙,接着走去拿他的皮夹,给了我五百块。

星期一和上个周末不一样,天空有很多云,虽然暖和但是有风。平原延伸到好远的地方,最后消失在灰色的天空里。梅根和我沿着小溪旁的乡村道路前进,她的记忆并不如她原先所想的那样清晰,她说乘车和开车是不一样的,所以我们绕回原点重新出发三次,这才找到她们之前走的那条路。

我们再度陷入沉默。在路上来回找寻妈妈，对谁来说都是件苦差事。我不确定在我们找到她后该怎么做，但随着时间过去，我变得愈来愈绝望，因为还是没找到她。梅根坐着，完全不出声，她的脸靠在副驾驶窗户的玻璃上。

漫长又笔直的泥土路上没有半个人影，你可以看到大老远的前方有个人在走路，因为地太平了。即使是小溪附近也很少有矮树丛，唯一不会被人看到的地方就是走下溪床，但我并不认为妈妈会不想让别人看见，她就是不会在那里。

我看着田地，这里没有种向日葵，这一区的田地大都已经播种了冬季小麦，其他则都闲置着。

"那个小男生就是在那里出现的。"梅根指着某处说，"在那里，看到矮树丛里那个地方了吗？"

"他往哪里跑？"

"那里，下面的小溪旁。"

我伸出脖子，看着下面一条交叉道路。什么都没有，一个人也没有。我把车子掉头过来，然后经过一座农场，信箱上写着"瓦特曼"。我们没有看到其他房子了。

最后，我们不得不放弃。已经差不多六点了，天就快暗了，而且爸爸也快要到家了。即使他步行而不是搭别人的便车，六点时他也会回到家。我沮丧地把车往回开。

"你认为我们撑得过吗？"梅根问我。这或许是二十分钟里，从她嘴里冒出来的第一句话。

"你在说什么？"

"如果他们把我们关进其中一座营区,就像那本书里的那些孩子一样,你认为我们会活下来吗?"

"哦,梅根,拜托,别再说那种事了,好吗?求求你。"

"我忍不住嘛。"她回答,头继续靠着窗,她的声音变得很微弱,"我想过那件事。他们只是小孩,而且大部分都比我还小,应该很难活下来。很多人都没有活下来。所以我不断在想,万一是我呢?我能活下来吗?"

我没回答。

"和妈妈一起生活,很难不去想那些事。"

我还是没说话。我连想都不想去想,只是专心开车。

"喂,你不会吗?"她问。

"不会什么?"

"你难道不会去想,你是不是能活下来吗?"

我咬着唇。我注意到小镇就在前方,在广大的平原上这有点令人痛心。

"是啊,梅根。"我说,"我想有时候,我确实怀疑过。"

我们到家时,妈妈仍然不在家,而爸爸在。我们进门时,他就站在前廊未开灯的昏暗地方。他看到妈妈没和我们在一起,而且我们也没有买杂货回来时,打量了我们好久。

"我可以问这个家是发生了什么事吗?"

我们两个都没有回答。

"孩子们,究竟发生了什么事?"走廊很黑,让他的五官变得阴暗而模糊，像张过度放大的照片。

"妈妈不见了。"梅根小声说。

"我自己看得出来，我想知道的是，她在什么地方不见了？"

"我不知道。"我说，"我们两个都不知道。"

爸爸突然转身走进厨房，然后打开灯。

"我们试着去找她。"梅根说。她的声音上扬，一副快要哭的样子。爸爸显然在生我们的气，或许是因为我们没告诉他妈妈不见了，或许是因为他在担心她，我猜不出来，但那不是梅根或我所需要的情绪。

"所以她在哪里？现在到底发生了什么事？"

梅根把星期六下午的事告诉他，有关散步和妈妈叫他克劳斯那个小男孩的事。梅根说话时，爸爸用他的手捂着嘴，当他看着梅根时，脸上露出一种奇怪、惊呆的表情。接着，他慢慢转身，走到桌子旁坐下来。

他把头埋在双手里，用一种很沮丧的姿势。有一会儿，我以为他可能会哭。梅根继续讲，速度愈来愈快，她把她们散步的地方，还有我们今天下午找过的地方的大小细节全都讲了。她的声音一直很高而且很细，她说话时，不停紧握又放开双手。

最后，她讲完了。爸爸继续坐着，梅根和我则动也不动地站在厨房门口。我可以听见窗外起风了，而冰箱上的钟滴答作响。

"爸？"梅根很小心地试探，"谁是克劳斯？"

他没有立即回答，而且我开始认为他不会回答了。他的头仍然埋在双手里。接着，他慢慢移动，用手指揉他的双眼，然后转身过来。"那是很久以前的事，你们的妈妈有其他孩子，她生过两个小男孩。"

"我不知道妈妈除了我们之外还有其他孩子。"梅根难以置信地回答。

"曾经，在很久以前，在你们出生之前的很久以前。"

我和梅根一样不相信。

"那么，那个小男孩是其中一个吗？"梅根问，她的声音因为惊讶而压低下来，"是我们星期六看到的那个小男孩？"

"不是，那个不是他，是别人。"爸爸回答。

前门开了，站在厨房里的我们感觉到有阵风吹进来，而且看到梅根钉在布告栏上的学校作业随风飘动着，妈妈大步走进厨房里。

"哈喽，各位！"她开心地说。她的头发很乱，两颊通红。看她松散的头发和随便的衣服，还有精力充沛、眼神发亮的表情，她一定又回到小女孩的状态了。我们三个站在那里，感觉像快死了一样，而妈妈则仿佛从来不曾这么开心过。

"你究竟上哪里去了，玛拉？"爸爸问。那不太像是个单纯的问句，而是盘问。但妈妈似乎不以为然，那不像她，平常她的雷达是很敏锐的。她用一只手松开围巾，同时经过我们身旁，走到橱柜那里。她弯下身，拿出炉子下面的一个平底锅。

"今晚吃干酪通心面好不好？加点番茄？"她转身面对梅根。那是梅根最喜欢的餐点之一。

"玛拉，你上哪里去了？"这次爸爸语气里的盘问意味更明显了。

妈妈看着他，她的眼里首次出现惊慌的样子。

他的头一扭："我可以跟你到书房里谈一下吗？"

妈妈默不出声地注视着他。她那进门时脸上洋溢着年轻气息的红润气色消退而去，瞬间在我们眼前变老了。

"玛拉，和我到书房去，我要和你谈一谈。"爸爸的声音里原本不带丝毫感情，但他一定也看到快乐从她脸上迅速消失，所以他的声音后来变柔和了，还伸出一只手给她。

妈妈手中还拿着平底锅，她低头看着平底锅，仿佛它是个陌生的东西。她凝视着它时，不安的表情使她的眉头皱了起来，然后她把锅放在炉子上，转身和爸爸一起走上楼。她没有握住他的手，所以爸爸把手轻轻地放在她的肩上。

梅根和我留在厨房里。他们的脚步声在楼梯上响着，但书房太远了，甚至连爸爸把门关上时，我都听不见门扣轻轻的咔嗒声。

梅根疲惫地倒进桌子旁的一张椅子里，她从图书馆拿回来的书还堆在桌子另一边，她将一只手握成拳头撑着脸颊，两眼盯着那堆书。"真希望现在我是在别的地方。"

我也坐了下来。

她转头过来看着我："我希望他没发现，或者至少我希望他可以别管。现在我们无法假装什么事都没发生过，真是太糟糕了。"

我点点头。

爸妈很少有严重的争吵，他们和一般夫妻一样，经常有不同的意见，然而，他们不大会严重地争吵。有时妈妈会想做某件事，而爸爸不想，或者他气她那些更气人的特质之一。总之，都是一些小事。然后，他们当中会有人生气，对这件事来回争执一阵子，直到其中一人厌倦了走开，或是以大笑收场。妈妈会在最讨厌的时候让你大笑，而且她知道该怎么做。所以，他们很少会严重地争吵。

他们刚上楼时，我们什么也听不见。一开始我还不太担心，觉得这只是妈妈的另一件小事，爸爸会把她安抚好的。他会告诉她，别不说一声就离开家；他会解释关于那个男孩的事，是她弄错了，他只是某个农夫的孩子。妈妈也许会生气，最有可能的是又发作一次，但之后就没事了。我们会吃晚餐，然后像平常一样继续生活。

坐在桌子那里等着他们出来的难处是，那让我有很多时间仔细思考爸爸之前跟我们说的话。那几句简单的句子，在我听来是那么令人难以置信，而且近似荒谬。其他孩子？妈妈除了我们之外，真的有其他孩子？我们为什么从来都不知道？他们是谁？他们在哪里？这件事和其言外之意，开始如蘑菇云一样愈来愈让人头大，我甚至无法理解这到底代表什么。

接着，在安静的厨房的上方，传来了爸爸的声音，他正大声对着妈妈吼叫。我们离书房那么远，却能听见他的声音，由此可知他真的非常愤怒。妈妈一定是彻底激怒了他，因为我们一直没听见她的声音，但爸爸骂了那么久，显然她势必得回答他的问题。

梅根和我像僵尸一样坐着，我们甚至不敢看向彼此。我试着去思考要做什么，我不饿，我害怕上楼到我的房间去，我也不敢走到客厅，打开电视，仿佛没发生什么事。

我旁边的梅根也是一动也不动，除了用手指不断上下抚摸裸露的前臂外，她根本没有半点生命的征兆。上下，上下，带着催眠似的缓慢节奏。

这时，书房的门开了，我可以听见他们走路的声音，妈妈正在啜泣。

"他是我的孩子！他们把我的孩子带走了，欧麦利！"

接着是爸爸的声音，充满忍耐的声音："玛拉，进来这里。看在老天的份上，别站在走廊里。"

"我要他回来！你一定要帮我，欧麦利，你答应过你会帮忙的，他是属于我的！"

"玛拉，现在立刻离开走廊，到这里来！"

接着又是一阵隐约的呜咽声，妈妈说了某些我听不见的话。

"玛拉，我说真的。快离开走廊，孩子们会听见你说的话。"

我很想大声回他说，孩子们已经听到很多了。

接下来，他一定是到走廊里去拉她，因为传来了几声隐约的生气声，然后妈妈低声嘀咕着一些别管她之类的话，她需要一杯水，因为她无法呼吸。

接着是更多声响。浴室门，书房门，又是浴室门，然后他们在我们上方的浴室里打架。

梅根在桌子旁一点一点地移动她的椅子。她的头埋在交叠的手臂上，但她慢慢朝我的方向移过来。她的眼睛里都是泪，但没有掉下来。她什么都没有说，甚至没有看我，而我则是瘫掉了，根本没办法安慰她。

突然间，我可以清楚听见爸爸说的话。他仍然在浴室里，而且声音变大了。那些话有些是和克劳斯有关的，有关克劳斯已经死了，不在了；还有的是有关妈妈活在梦想的世界里，以及如果她不帮帮自己，没有人帮得了她。

妈妈发出一小声被卡住的愤怒尖叫声，接下来她对着他咆哮，一开始是英语和匈牙利语混合,然后悄悄变成德语。妈妈用德语发泄怒气之厉害,是其他语言所不及的。她知道德语里所有最粗俗和可恨的句子,而且她现在很气爸爸。

"克劳斯没有死!"她大叫,"你没有理由说克劳斯死了,你有证据吗,欧麦利?"又一声尖叫,"你有吗?看着我的脸说出来!说你知道他死了,看着我的脸!"

我听不见爸爸的回答。

接下来的话题是梅根和我。我听见爸爸告诉她,她不够关心梅根。她从来就没有好好照顾她,所以他们何必自找麻烦,再多要另一个孩子?要是妈妈都在梦想有关克劳斯的事,他们干吗生下梅根?我瞄了一眼,看看我妹是否在听。很难讲,她还是保持不动,头还是放在她的手臂上。我为她感到难堪,虽然我很希望她没听见,但我知道,如果我听见了,她一定也听见了。

接着浴室的门打开了,他们回到书房里。在我看来,他们似乎准备吵个没完没了,打算继续吵下去,把这几年中少数不满的片刻全都挖出来。

最后,书房的门开了又大声关上。楼梯上传来爸爸的脚步声,他很大声地走进厨房。

"莱丝莉,你知道你妈看见的那个小男孩家的名字吗?"

我摇摇头。

他叹了一口气,看了厨房一下,仿佛不知道接下来要怎么做似的。接着他抓起外套,朝门的方向走去。

"你要去哪里?"梅根跳了起来,哭着说。

他停下脚步,保持不动,像电影里的人一样。他还穿着工作服,甚至还没有把手上的油污洗掉,然后他突然又活了过来似的。

"我要出去帮大家找点吃的。"他回答,"炸鸡还是什么的,看看现在都几点了?"他说,听起来仿佛像是时间那么晚了还没吃饭,是我们的错似的,"而且没有人吃过晚餐。"

"我并不是真的很饿,爸。"梅根说。

"我也不饿。"我说。

他盯着我们看,一副慌张的样子,好像我们讲的是外星话似的,接着他突然拉上外套的拉链。"嗯,可是我饿,我饿死了,所以我要去买点东西给我自己吃。"他越过梅根的头顶看着我,"还有,看在老天的份上,带你妹妹去睡吧,早就过了她的睡觉时间了。"接着他就离开了。

梅根开始放声痛哭,在忍受他们争执的极度痛苦之后,突然的沉默让她承受不了,她突然大声、粗野地啜泣起来。要她别哭是没有意义的,特别是在她知道自己是没人关心的孩子之后。

我花了好长一段时间才鼓起勇气上楼,我尽可能拖延上楼这件事。我安慰梅根,要她坐在电视前,然后帮我们两个泡了热巧克力,加的蜀葵糖剂比牛奶还要多。但我知道,在梅根愿意上床睡觉之前,我自己得先上楼。

妈妈还在哭,她蜷缩在书房的躺椅里,双膝紧靠着,头埋进膝盖里,疲惫地啜泣着。那是沉重、绝望的声音,一路传到楼梯间我所站的位置。

"妈妈?"我小声说,"是我,妈妈。"我走进书房。她并不知道我进来了。

"妈妈?"我在椅子旁跪下来,抚摸她的肩膀,"我已经帮梅根泡了一些热巧克力,你要来一点吗?你要不要下来和我们一起坐?"

妈妈总是相当容易受伤。即使是在美好的时光里,即使是当她恶劣地开玩笑,笑得很开心时,似乎还是能看见她脆弱的地方。那种脆弱总是让我感到害怕。从我很小的时候开始,我就感受到这件事了,而那会让我不愿意将视线从她身上移开。如果你爱她,你就是没办法移开,你会认为自己必须保护她,因为她一直都无法让人完全信任她可以保护自己。

我从浴室里拿来一条湿毛巾,再度跪在躺椅旁。我把毛巾压在她的脸上,她的脸颊又肿又红,但相反地,眼睛却是闪闪亮的蓝色。跪在那里时,我的情绪急速上升到顶点,从气爸爸把她就这样丢下不管,到对自己处理事情的能力的绝望。在帮妈妈擦完脸之后,我自己都快哭了。

我回到楼下时,梅根还在客厅里看电视。时间已经过了十一点,她已经把电视转到一个吵闹的电影节目,里面的主角见人就杀。

"快上楼,梅根,你没听见爸爸的话吗?你知道现在几点了吗?"

她没理我,她还穿着学校的衣服,整个人倒在椅子上,双脚伸到椅背上。

"你什么事都要别人提醒吗?现在我可没有这种耐心,已经十一点十分了,你应该上床了,要不然明天你到学校时会像个杀人凶手。"

"滚开,莱丝莉,我要看电视。"

我关掉电视,梅根气愤地立刻跳起来:"谁让你有权力这样做?这个家又不是你当家，我正在看那个节目！"

我的背靠着电视机，怒目注视着她："现在是我当家，梅根。你听到爸爸的话了，他要我把你赶上床，而那是很久以前的事了。所以快上楼，相信我，否则我会用我现在觉得最适合的方式要你上楼。"

她的双眼含着泪水。

"听好，我最不想做的事就是和你吵。"

"我讨厌你。"她低声嘀咕，跺脚离开客厅。我认为在那个特别的时刻，每个人多少都有点讨厌每一个人。

妈妈睡着了，她还在躺椅里，以紧绷、抽搐的姿势睡着。她的头沉重地靠着椅子的边缘，呼吸很深，而且还有一点不顺。

我无所事事地在楼上逛，拿起课本想读书，但并没有坐下。相反地，我走进我爸妈的卧房，拉开窗帘往外看着房子前面。车子仍然在车道上，爸爸还在车子里，我始终没听见他把车开走。

梅根换了衣服，但没盖毯子就睡着了。她躺在床上的一堆东西中间，虎猫填充玩具靠着她的脸，灯没有关。

看着她，我很意外自己很后悔用那么坏的脾气对待她。这情绪像是迟钝的自责，我觉得自己做得太过头了，很想把她叫起来求她原谅。我走进房间，试着把她移到毯子下，但她睡得太沉了，所以我只好把床单对折盖在她身上。我凝视着她，然后出于一时冲动轻轻地吻了她，接着我关掉床边的灯，离开房间。

我想等爸爸进来，所以拿着课本下楼来到厨房。已经过了午夜，爸爸还待在外面，而我知道自己必须上床了。我已经过了疲倦的时刻，进入一种紧绷、绝望的精疲力竭状态。

我看着窗子外面，心想他是否打算睡在车子里，想着是否要拿张毯子给他。但最后我决定不去打扰他，以免万一他还在生气。因此，我没锁后门，还把厨房的灯打开，然后上楼去。我在走廊上犹豫了一下，考虑是否要叫醒妈妈，让她到床上睡。如果她以那样的姿势睡一整夜，早上起来时她会连动都不能动。但想到要在此时应付醒来的妈妈似乎令人难以忍受，所以我就没管她了。

我非常累，但上了床却睡不着，我听见爸爸最后还是进来了，接着屋子恢复安静。又过了一个小时之后，我起身拿了一条毛毯和枕头走下楼。我打开收音机，将它调到整夜都有播放音乐的电台，然后盖着羊毛毯，蜷在沙发上。

我睡着了，梦见亚伦事实上是克劳斯，而保罗和我不能再见面了，因为那样我们就变成兄妹了。这个梦好笑的地方是，妈妈并不在其中，而是波。她变成了我的妈妈。

克劳斯的"替身"

> 他是个长得很奇怪的男孩,他的头发很直,而且是金色的,是一种灰色调的金黄色,比较像灰色而不是黄色。

早上醒来时,我因为整晚睡在沙发上而觉得全身又僵硬又酸痛,非常不舒服,感觉很累。我泡茶时,爸爸走进厨房,他带着凌乱又疲倦的表情,找出速溶咖啡和一个马克杯,把茶壶里的热水往里倒,再用力搅拌,然后带着杯子走出厨房。

他走到走廊时才停下来,转身回头看我,接着没说一句话,只是走回来拥抱我。开始时是一只手拥抱,因为他还拿着咖啡,但后来他把马克杯放在桌上,用两只手抱我。他紧紧地抱着我一会儿,然后放手,带着咖啡离开。他一句话都没说。

楼上传来有人一直在淋浴的声音。半小时之后,爸爸回来了,他的头发又湿又光滑。他站在柜子旁喝了第二杯咖啡,看着我帮他打包午餐。他问我是否介意和妈妈留在家?我说当然不会,我根本连停来想是否介意的时间都没有。他点点头，露出微笑，激动地将我的头发弄乱。

但梅根在这个早上经历到彻底的绝望。由于太累了，她几乎不想起床，好不容易起来，她原本打算穿的衬衫却埋在一堆脏衣服里。我拒绝帮她准备白煮蛋，而等到她抱怨完，已经没时间自己做了。接下来，她找不到运动鞋和社会课课本，家里又没有零钱可以让她买午餐，而我并不打算把在零钱罐里找到的一百元拿给她。最后，梅根是哭着出门的，因为我帮她做了花生酱三明治，但妈妈一向帮她做的是鲔鱼三明治。

妈妈还在睡，不过很明显地，她一定有在晚上的某个时候醒来，并走进卧房，因为当我往里面看时，她正趴在那张大床上。她应该是在相当接近早上的时间醒来的，因为她没有睡在被子下，而是盖着爸爸的浴袍。床上剩余的空间，因为已经起床的爸爸而乱成一团。

她仍然穿着前一天的衣服，只是脱了鞋，但鞋子被随便踢到床脚处，一只叠在另一只上面。她的下巴放松了，也不再紧皱眉头，但即使是睡着了，她的表情还是很不安。

她睡了好久。妈妈只要一有机会，就会睡上很久、很久。她睡得像死人一样，任何事都吵不醒她。我坐在楼下，既无聊又心神不宁。我收拾盘子，清洗盘子，擦干盘子，再把盘子收起来；我把水槽洗干净；我把要洗的衣服分类，开始用力洗它们；我擦地板，捡起报纸、杂志以及客厅里其他似乎是要收集的纸；最后我甚至烫完所有洗好的衣服。

但即使如此，时间还是多到令人发慌。

我偶然看见梅根借来的那些有关战争的书。我漫无目的地翻阅它们,对我来说,那场战争最糟糕的是它发生在我出生之前很久。因为这样,所以我讨厌想到它。好人全都到哪里去了?为什么没有人阻止这一切残暴的行为?要是我,我一定会挺身阻止。如果我在那时候出生,我会做些什么事,但现在我连一点采取行动的机会都没有。要和我没有机会阻止的某件事的结果生活在一起,对我而言似乎是非常不公平的。

中午过后不久,妈妈醒了。她跟跄地走进厨房,头发凌乱,脸因为睡太久而些微浮肿。她坐在一张椅子上,努力拿起她的香烟,我帮她准备了一杯咖啡。

"哦,可恶。"她低声嘀咕,眼睛还半闭着,用一只手撑着头抽起烟来。这时候的她并不漂亮。爸爸老说他认为妈妈很像格蕾丝王妃(Princes Grace),有几分德国格蕾丝·凯莉(Grace Kelly)的味道。我站在水槽旁看着她,妈妈现在一点王妃的样子也没有。

她抬起头:"欧麦利什么时候回来的?"

"他一直没离开,妈妈,他只是坐在车子的前座里。"

她用第一根烟的尾巴点了第二根烟,然后若有所思地搓搓左边的太阳穴,茫然凝视着远方。我转身从橱子里拿了一罐番茄汤,打算开始做午餐。

我带着饼干和用瓷杯装的汤回到餐桌旁时,她还是坐着并两眼凝视某处。她用手指开始整理发丝纠结的地方,但那是一种漫不经心、随便的动作。

"他是个好男人,欧麦利,"她说,"可是他没有梦想。"

"他有梦想，妈妈。"我说。在我看来，爸爸的梦想是那么明显，她怎么能这么说？

她摇摇头："不，他没有梦想。他有幻想，但没有梦想，也没有想追求的东西。"她转头看着我，今天第一次将视线放在我身上，"你想结婚时，千万别犯下这种错，一定要嫁给一个有梦想的人。"

我没说什么。

她拿起马克杯，啜饮着汤，然后再度凝视着远方。

"我以前有过梦想。"她说，"曾经。"然后她再次看着我："你现在几岁了？"

"十七。下个月就十八岁了。"

她点点头，接着看着那杯汤，又点了一次头。我可以听见鸟儿在某个地方唱歌，音调并不是非常优美，很有可能是麻雀。

"我当时十七岁。"她说，"那个时候，他出生的时候。"

她停下来一会儿，她双肘撑在桌上，手指交叉，把拇指放在牙齿之间："我告诉过你，他们在那里做什么吗？在那个旅舍，那个他们把我从耶拿带去的地方。"

我摇摇头。

"那是间生命之源（Lebensborn）旅舍。"她瞄了我一眼，"你知道那是什么吗？"

我又摇摇头。

"'生命之源'，这就是它字面上的意思，他们在饲养我们，我们因为身上有雅利安的特征而被挑选上。我们是他们泉水的来源。"

她的话说得有点口齿不清，因为拇指仍然靠在牙齿上，她盯着桌面,继续说:"有些女孩知道这件事,我想她们可能是自愿的,不过我当然不知道。他们不准我们经常交谈。"

她为了呼吸而停了一会儿,接着陷入沉思般的沉默之中。

"我刚到那里时才十六岁,十六岁又四个月。那天是十一月十五日。我的窗子外面有树,是莱姆树,而我心想,自己为什么会这么害怕?真是笨蛋。"

她带着浅浅的微笑看着我。"当时我好害怕,我吓坏了。我不知道他们要做什么,为什么把我送到那里,其他拥有外籍出生证明的学生都在耶拿被驱逐出境了,只有我……"她再次把脸别过去,"但我看着窗外时,我心想,这个地方好像还可以接受,至少这里有莱姆树,就像在家一样。"

她的声音变得非常低,几乎变成耳语,我得往前靠近她才能听得清楚。

"我那时很天真,事实上还是个孩子。我的月经才来两年,而且我并没有把自己当成女人,就连我的心,都还是个不折不扣的处女,我什么都不懂。"她摇摇头,"我就是什么都不懂。"

她停了一会儿,寻找桌面上不存在的谷粒:"他在那里出生的,在一张没有床单的床上。我告诉他们:'拜托给我一张床单。'我正躺在一张橡皮垫上,觉得很冷,几乎快冻僵了,而且好痛。我不曾想过会那么痛。'求求你们,'我跟他们说,'让我躺在床单上。'他出生时,我哭了。"

她松开手,拿起杯汤,盯着杯子里看:"我有好多奶水可以给他喝,奶水很快就来了,而且我没办法要奶水别漏出来。他们会把他抱到我面前,他会大哭,然后我的胸部会马上涌出奶水。奶水把我的上衣都给毁了,我的胸部,哦,老天,我的胸部真的好痛。而且,我好害羞,就像个来不及上厕所的小孩一样。他们会抱着他,看着我的上衣变湿,但如果我哭了,他们会大笑。"

妈妈边说,边用一只手轻柔、无意识地抚摸着胸部。

她瞄了一下我这里:"你看,我自己还只是个孩子,刚满十七岁。我懂得不多,只好决定在衣服里放卫生纸,好多的卫生纸,想办法不让奶水跑出来。像这样把上衣弄脏是很不礼貌的,所以我把卫生纸全放在胸部上,再穿上衣服。那是妈妈给我的上衣,那件白色上衣,领子上还有奶奶亲手梭织的蕾丝。那是我唯一一件完好的上衣,唯一一件没被弄脏的。"

她的声音慢慢变得微弱:"他们带着他一起来,就在午餐之前,我想大概是十一点半吧。他哭得好厉害,而我的胸部好胀,它们好痛。我感觉奶水在流,但没有流出来。"

然后,她伸手去拿另一根烟。"看见奶水没有弄湿衣服,抱着他的那个女人说:'她没有奶水了。'所以,他们把他带走了,我对他们来说已经没有用了。"她的声音变得很单调,"而我则再也没有见过他。"

妈妈上楼淋浴了好久,她在浴室里一定至少待了一个半小时。我洗好碗并把碗收好,等她回到厨房时已经换上干净的衣服。她的头是湿的,还看得到梳子梳过的痕迹,她稍早的情绪已经消散了,现在的她再度生气勃勃,意志坚定。

"你要和我一起来吗?"她问。

我根本不用问她要去哪里。

"妈妈,爸爸不会喜欢你这么做的,他不会喜欢你去那里。"

她耸耸肩:"他不了解。"

"妈妈……"我几乎是恳求。

她瞄到梅根的书,那些书现在放在料理台上。她走过去,拿起一本并打开来。"这些是谁的书?"她问,"你的吗?"

我摇摇头:"梅根的,她从图书馆借来的。"

她翻阅那本书时,我担心地看着她。

"是梅根借的?"她说。

"我跟她说别看,但她还是固执地去图书馆借来看,你知道梅根的个性。"

妈妈停止翻阅,开始研究其中一张照片。"拉文斯布吕克(Ravensbruck,纳粹女集中营)在这里面吗?"她问。

"我不知道。"

她抬起头看着我:"你知道什么是拉文斯布吕克,对不对?"

我慢慢地点点头。

她浮起一抹紧绷、讥讽的微笑,然后继续翻完剩下的部分:"有一天,莱丝莉,我会告诉你和那里有关的事,当你想知道的时候。你不需要看书,我会告诉你。"

"它们不是我借的,妈妈。"

她点点头:"我知道它们不是你借的。"

之后,我和她一起出去。我不去并没有什么意义,因为即使我没去，她也会去的。

妈妈知道要往哪走。我们静静地穿过小镇，然后沿着最南边的乡村道路前进。她一直没跟我讲话，半个字也没说。她把双手放在外套口袋里，只是走路。

我们来到前一天梅根指给我看的地点。妈妈经过有刺铁丝网的河岸，朝一座小溪谷走去。我们走了几百公尺，然后来到一棵腐烂的棉白杨树干旁，它倒在溪床上。妈妈在背风处坐了下来，背靠着棕色、腐烂的树干。

今天好冷。天空里仍然有很多云，虽然没下雨，你还是可以感觉到潮湿的寒气。这小溪谷挡不了什么风。妈妈拿出她的香烟和火柴，将手掌弄成杯状，点起了一根烟，然后往后靠着等待。

大约三点半后，我们看见他了。他是个小男孩，大概有六岁吧？他穿着有补丁的工作裤，里面穿了件T恤，还穿着件大一号或两号的旧牛仔外套。

"哈喽。"妈妈跟他打招呼。

他开心地大声响应，接着灵巧地从岩石上跳下来，坐在这棵倒下的树的背风处，就在妈妈旁边。他小心翼翼地往我的方向瞄了一眼，但仅此而已。

他是个长得很奇怪的男孩，他的头发很直，而且是金色的，但是一种灰色调的金黄色，比较像灰色而不是黄色。他的头发被剪成奇怪的发型，仿佛有人在他的头上倒放了一个搅拌盆，然后用很钝的剪刀沿着那个盆修剪他的头发。

但更惹人注意的是他的眼睛，那对眼睛的瞳孔颜色非常、非常淡，就像瞎了眼睛的狗的眼睛。我一直看不出它们是蓝色还是绿色，因为虹膜里简直像没有颜色，只能靠瞳孔的黑和暗淡的边缘，区分出虹膜和眼白。

"看，"妈妈说，"我带了东西给你哦。"她从外套口袋里拿出一条好时（Hersey）巧克力。

"给我的？"那个男孩问，然后兴奋地跳起来，露出牙齿微笑。我注意到他的乳牙还在，前面有一颗还有明显的银色填充物，这使他拥有一种出人意料的衰弱气质——那种你不会联想到幼童的不祥瑕疵。

"我要叫你'好好太太'！"他对妈妈说，轻拍着她的脸颊，"你知道吗？我跟泰迪说——他是我哥哥，今年八岁——我说，我在小溪那里遇见好好太太，可是他不相信我，他认为你是我编出来骗他的。"

他打开巧克力的包装纸，立刻塞了半条到嘴巴里："可是我才不在乎呢！你是我的好好太太，对不对？我才不要和泰迪分享任何东西！"

妈妈露出微笑。

"她是谁啊？"那个小男孩问，他的眼神越过妈妈，落在我身上。

"我女儿。"

"哦。"他回答，没有表示太大的兴趣。他将剩下的巧克力掰成方块，然后很快吃掉，一块接着一块，我可以闻到从他嘴里飘散出来的巧克力味。

妈妈继续和这个小男孩说话。他有种冷酷的天真，聊天时粗鲁又率性，常常跳开话题，最关心的是糖果。他嘲笑妈妈的口音，说她是个很老的女人，而她也以嘲笑回敬他，说他还是个小男孩。

他跪在她身旁，活泼又精神十足地说话，一边跳上跳下的，说话时还摆出夸张的手势。接着他爬到她身上，两脚叉开地坐在她的腿上，拍她的头。妈妈似乎一点都不介意他的鲁莽行为，也不介意他是个脏脏的小家伙，他的衣服看起来很旧，而且没有好好仔细洗过的样子。他的头发该洗了，闻起来有股尿骚味。

我愈来愈冷，但还是静静地坐着。这时他们大笑，互相比赛谁的声音比较大。我的脚指头快麻木了，但妈妈靠在树干上，完全没注意到气温和我的不舒服。最后，那个小男孩准备起身要离开，他用像彼得潘的灵活身手跳上棉白杨树干。

我坐起来。"嘿，你。"我说，这时他正准备跑开。他停下来，在我上方的树干上摇摇晃晃。"你叫什么名字？"我问。

"托比。"

"托比什么？"

"托比·赛蒙·瓦特曼。"这时，他的头朝妈妈的方向看了一下，"但是她叫我克劳斯，我叫她好好太太，而她叫我克劳斯。"他露出微笑，"那是我们的秘密，对不对？"他露出牙齿，微笑地看着妈妈，接着转身爬上岸边，消失在小溪谷边。

妈妈还靠在树上微笑着。

"那不是他。"我们走回家时，我跟她说。风吹在我们的背上，吹得我的头发一直往脸上跑。我耸着肩，缩着头。

妈妈没有回答。

我转头看她："你知道的，对不对？其实你知道他不是克劳斯，你知道他不是，他只是某个小男孩。"我继续走着，"而且事实上，是一个相当糟糕的小男孩,你看到他有多脏吗?"

妈妈还是没有回应我。她把双手放在外套口袋里,同样缩着头躲避风势,她随风飘动的头发让我完全无法看到她的脸。

"我的意思是,如果他只是让你想起克劳斯,那可能没什么问题,我觉得,反正他看起来一脸无害。但你该不会把他当成真的克劳斯吧?"

"去你妈的浑蛋。"她小声说,"我告诉过他们,他们绝对没办法把他藏起来而让我找不到。"在我还没听到之前,她这些话几乎快被风吹走了。

"妈妈!你听我说,那不是克劳斯,你知道的!克劳斯现在是个男人了,如果你当时只有十七岁,他现在差不多也快四十岁了,对不对?"

"我告诉他们,我会找到他的。他们说我找不到,但我发誓我会找到,我知道我会。我一直在找,一直在找。"

"妈妈!"

她看着我。她得把脸上的头发拨开才看得到我,她的脸上有种奇怪的表情。

当她讲了一则很好笑的笑话时,脸上会出现回忆往事般的表情,而爸爸很迷恋这种表情。当她很满意自己的聪明伶俐时,同样会出现这种表情。看到她露出这样的微笑,我顿时感觉放心许多。

"你成功骗到我了,妈妈。"我说,"你害我当真了。"

她的微笑没有停止:"我始终没有忘记。"

12

保罗的误解

> 如果你认为我还不错,为什么从来不曾邀我到你家去?
> 天啊,我们又没离多远,但我却从来没去过你家。

妈妈对克劳斯的狂热,就像突然出现时一样,也突然停止了。梅根和我仍然相当好奇这个被离奇揭露的真相,但事情迅速被压下,妈妈和爸爸不再讨论这个,不再吵架,甚至不再暗示,仿佛整件事从来就不曾发生过。

妈妈现在相当兴奋,随着几个星期过去,花儿开始出现,她一直在花园里忙碌着。天气变得舒适,这让她过得很充实。梅根和我放学回家时,她总是急着说她白天做了哪些事,不管是在家里慢慢做晚餐的精巧甜点,还是烫洗碗毛巾。她常用她不是特别好听的声音低声轻唱,而且也想知道我们在学校里发生的一切,比如我和保罗相处的情形,以及六月即将到来的毕业典礼。

她也和赖利太太开始去看别人家举办的车库拍卖,还带了一些令人侧目的东西回家,包括一支有污点的巨大铜叉,她要爸爸把它挂在厨房外的走廊上。

当然,我认为妈妈仍旧每天到小溪旁的那棵树干那里。她对这件事非常谨慎,她从没提起过,而且总是在梅根或我放学之前就回来,但我肯定她一定去过。

我不敢肯定的是,爸爸是否知道她去见托比。我很想知道爸妈私下会谈论什么事,我知道他们经常讨论,因为在他们上床很久之后,我通常还是能听见他们嗡嗡的说话声。但我不认为他们曾经谈过托比。要是爸爸知情,他们不会如此和谐地相处,虽然我认为要是爸爸知道,那梅根和我想问有关克劳斯的事时就会觉得自然一点。

然而,即使爸爸不知情,他应该也能猜到吧?妈妈不仅在情绪方面有极大的改善——这表示她已经找到某件有趣的事让自己忙碌,而且她还把注意力放在不同的方向,例如她变得很想知道穷人会获得什么样的待遇。

和爸爸比起来,她一向比较有政治意识,而且观点也比爸爸还要左倾,但她之前根本不会问起这种事。"穷人们会怎么样?"她在晚餐时会问爸爸,"当人们无法照顾自己时,我们可以怎么做?他们的孩子肚子饿的时候呢?如果他们没有衣服可以穿呢?我们必须伸出援手,必须想点办法。当别人没有东西而我们有时,这是不对的。"

爸爸会跟她说,我们并不富有;但妈妈会回答:"但是我们并不穷。镇上有些人比我们穷多了。"

这几个星期,我花了很多时间思考有关妈妈和托比的事。我从发现自己有个未曾谋面的哥哥的惊吓中恢复过来,我了解那个惊吓是来自克劳斯的存在,而不是托比的存在。对我来说,妈妈花时间和托比在一起似乎不会造成什么伤害。

他喜欢她,很显然地喜欢她的陪伴,就像她喜欢他的陪伴一样。只要他的牙齿不会因为那些巧克力而坏光光,我并不认为这样做有多严重,这只是两个寂寞的人在彼此的陪伴中找到快乐。

但同时,我对知道她在做这样的事,却没有告诉爸爸而感到有罪恶感。我也有点气爸爸,因为在我看来,他应该能发现这件事的,但我几乎可以肯定,他并没有察觉到。

然而,我什么都没告诉他。我认为这不是我可以插手管的事,只要它不会侵犯到我们的生活。我仿佛什么事都没发生过一样,继续过我的日子。

对我而言,三月过得相当平静。随着毕业典礼接近,许多老师都清楚大家现在已经不想用功念书了。我唯一有困难的科目还是微积分,但即使是布劳德太太,也没有那么严格了。

我大部分的自习时间都在语言研究室里度过,我会听录音带,或是和我的法语教师康威小姐对话。她很年轻,而且很漂亮。她知道我决定学语言,所以准备了另外的教材给我读,并让我听她在国外大学念三年级时,在巴黎买的唱片。而且,她还告诉我,改天她会请我到她的公寓去,拿幻灯片给我看。

我每个星期都会多花三到四小时待在语言研究室里。我通常在放学后,一个人拿着卡带努力念书。我最喜欢法语了,这多半是康威小姐的原因,她是我最喜欢的老师;而且妈妈不会说法语,这让我感觉法语说得好，是值得赞扬的一件事。

康威小姐并不知道我在德语方面表现优秀，是因为在用晚餐时，我必须讲德语才能请妈妈把奶油递给我，也因此，这让我在第二年的德语课上获得极佳的成绩。相反地，法语我就得自己来了。我经历过一段特别辛苦的时期，因为当我不知道要怎么讲时，我心中会先想到英语、德语，甚至匈牙利语。

有时候，康威小姐会在放学后陪着我，帮我纠正发音。"Accent allemande!（德国口音！）"她总是透过我的耳机大喊。稍后，她会取笑我的发音，说我一定是太注意德语老师老泰南先生了，否则为什么我在法语课时，没办法那么优秀？她永远都不知道，我是如何培养出听起来那么刺耳的口音的，而且，我也始终没有告诉她。

其他的时间里，我和保罗待在一起。我们开始做他的新望远镜。当他修补镜子和镜片时，我会躺在他的床上，随便翻阅埃德蒙科学目录（Edmund's Scientific Catalogue）。我告诉他，我希望他和我上同一堂微积分课，那样他就可以帮我，但他告诉我，物理学和微积分很不一样，他在微积分方面并没有特别优秀。

我问他，那么他为什么要念统计系？为什么不去读天文学或类似的科系？

没有工作，他说。他父亲说他得读可以让自己找到工作的科系。

某个周末的下午，太阳变得很热，保罗和我躺在阶梯小溪外的草地上时，我脱掉了我的衬衫。接着他解开我的胸罩钩子。我们没有毛毯可躺，因此我的背一直可以感受到潮湿、会痒的草原牧草。

保罗抚摸我的胸部，他的手指在我的乳头上移动，这让我有种触电的感觉而频频发抖。我发现这种感觉太强烈了,强烈到我无法感到快乐,而且它是断断续续的。我决定要是自己再也无法忍受,我会一把推开他。

保罗解开他的裤子,然后闭上眼睛紧抱着我,用他的身体摩擦着我。我可以闻到他的汗水味,那是一种令人愉悦的性感气味,和草原牧草的味道以及三月下旬太阳的温暖很合得来。这时,我突然感觉到肚子上有种湿湿的感觉。

我突然坐起来,保罗则放声大笑。"你不知道会这样?"他一边问,一边倒回草地上,"你不知道我射了吗?"

我举起一只手肘,看着那混合着淡黄色和白色的精液,就像厨房窗台上药剂师的液态肥皂。在这之前,我从不曾看过精液,而且也不知道会发生这种事。有一会儿,我打算否认我的无知,甚至对自己会那么惊讶而感到愚蠢,但最后我只是咯咯地傻笑,躺回保罗身边的草地上,我们一起为这件事不断大笑着。

等我们准备离开时,我用自己的衬衫擦掉肚子上的精液。那个晚上我检查衬衫时,闻到微微的麝香味。我原本打算把它扔到要洗的衣服里,但后来还是把那件衬衫留着,并将它放在枕头底下。我想闻着保罗的味道,甚至想梦到……

三月底和四月初的这段时间,家里唯一有问题的人是梅根,她经历了一个罕见的阶段。

她变得很喜欢阅读有关犹太人和集中营的书。当我们其他人沉浸在无忧无虑的快乐之中,梅根却天天因为想到受折磨的犹太人而苦恼。

虽然她始终没有跑去问妈妈，但我知道她很想听妈妈会对战争发表什么样的看法。

只要一觉得她可能会问，我就以任何当时能想到的可怕后果威胁她，但这样一来也使我自己有点心神不宁，因为我始终没办法完全放下心，而且现在更甚于从前。我并不希望她扰乱妈妈的好情绪。

我无法了解梅根从中得到了什么。当我在她这个年纪时，我从未经历过如此不寻常的阶段，所以没办法猜出为什么她会这么做。有关这些议题的书对她来说都太难了，她可不是天才儿童，所以我不相信她真的能从这数据中吸取太多精华。但她还是不放弃，继续看那些书，有一次甚至把自己关在房里好几个小时。

这件事违反常理到可笑至极。我认为梅根是世界上唯一读过《第三帝国的兴亡》(*The Rise and Fall of the Third Reich*)，但仍然相信童话的人。

然而事实上，事情一点都不可笑。梅根很痛苦，而且她让我们痛苦。我们两个时常争吵，每件事都吵；但不只是和我而已，她也和爸爸吵、和她的朋友们吵。有一天下午，她和她最好的朋友凯蒂大吵一架，她怒气冲冲地回到家，说只要她还活着，就再也不想看到凯蒂，她也真的做到了。

她甚至也和妈妈吵。这很奇怪，因为她之前已经发展出一套随时和妈妈站同一边的固定法则，但妈妈现在连进到浴室里都会让她烦，或者应该说，她最常和妈妈吵。

也是在那个时候，在四月初，我知道有关保罗父母的事。他提起这件事时，我们正在第三街和榆树街那座公园的游乐场里。那天下午我在疗养院帮忙，之后保罗过来接我。由于没办法跟他母亲借到车，所以他就走路过来。我们穿过公园抄近路，这时他在其中一张秋千上坐下来。

"我爸妈准备离婚。"他说。他扭转着秋千，身子往后，头往上地看着链条。链条一个缠绕着一个，"前几天晚上，我听到他们在谈这件事。他们还没有跟我或亚伦说什么，我只是无意中听见他们在厨房里讲的话。"

"嗯……我很遗憾。"我说。

他把脚抬起，秋千开始转起来："我想没什么好遗憾的，真的。"

我看着另一个秋千，盘算着是否要坐下。我还穿着白色的护士助手制服，妈妈总是抱怨我把它弄得有多脏。

"其实，我以前就觉得这件事迟早会发生的。"保罗说，"已经很久了。他们不爱对方。或许，他们从来都不曾爱过对方。"

我试着去想象，当你知道你的父母不爱彼此是什么样的感觉。那对我来说是个完全陌生的观念，我无法揣测爸爸或妈妈要是没有了另一半，他们会怎么样。他们俩配在一起就像一个人。一旦分开，他们就不完整了。

"你打算怎么做？"我问，并且最后还是坐在秋千上。和保罗的问题比起来，妈妈的大吼大叫不算什么。

"不知道。"

一阵沉默。他开始来回荡秋千，而我则抬起头，看着上方的天空。

"我只是很庆幸，我就快要离家去上学了。"他说，"坦白说，我不想和他们其中任何一个人住。我爸反正不要我，今年他顶多对我说了四句话。"

"嘿，儿子。"保罗用讥笑的方式模仿他父亲的声音，"嘿，儿子，你在那里做什么？你怎么不像亚伦一样参加足球队？为什么你要在物理学俱乐部里，和那些同性恋怪咖鬼混？嘿，别那样看我，赚钱的人有权发号施令。"

"这些是他今年所有对我说过的话。"他脸上依旧挂着嘲笑的神情。

我推秋千，让它往前荡："要是我，我会跟你妈一起住。"

保罗哼了一声："你想，我可不想。我妈那些愚蠢的话让我觉得很尴尬。你也认识她，她满脑子都是幻想跟骗人的话。"

"你不该这样说的，保罗，她才不是那种人呢。"

"少来了，你知道事实上是怎样。"

我们很久都没有再开口。时间愈来愈晚了，太阳已经落到地平线，而我发现这并不是个特别温暖的晚上。

"你之所以会讲那些愚蠢的话，也是要让我觉得尴尬，对吧？"他说，"你想和她一样，对不对？我让你觉得很尴尬。"

我放下脚让秋千停下来，两眼盯着他："你说的这是什么话？为什么要这么说？"

"因为……"

"因为什么？保罗，你不会让我觉得尴尬。你为什么要这么说？"

"想想看，莱丝莉，很好猜的。"

我很不高兴地把头转开："天啊，保罗，别把它弄成一个可笑的猜谜游戏。"我的目光又转回来，"如果有什么不对劲，你坦白说就好，别那么忸忸怩怩的。"

"嗯……好吧。如果你认为我还不错,为什么从来不曾邀我到你家去?天啊,我们又没离多远,但我却从来没去过你家。"

我吓了一跳。我无法相信那是他所感觉到的:"天啊……所以,你认为是因为你不好,我才没带你回家吗?"

他耸耸肩,把秋千往后推。

现在是怎样?我低头看着自己的指甲。

他的内心在翻腾,我看着他把秋千荡得愈来愈高,而且看得出来,他的确在生我的气,就和他气他的家人要离婚一样。或许某种程度上,他更气我吧。

"听着,别再荡了,好吗?"我请求他。

但他仍继续荡。

"你像愚蠢的特技表演者那样在空中飞,我完全没办法和你讲话。所以,别再荡了,好不好?"

他没再用力,秋千慢了下来,但他还是没有让它停下来。

"你误会了,保罗,这和你一点关系都没有,你想太多了,和你一点关系都没有。"

他又推了一下秋千:"那原因到底是什么?"

沉默。

我转头去看:"其实也没什么。"

沉默。

我叹了一口气:"只是我家不大一样,只是这样而已啦,不像你家。"

"但也没那么糟吧?"

"不，我是说真的。就像，跟你们家比起来，我们家是穷人，我爸是休森汽车修理厂的技工，而我妹和我没有像你和亚伦所拥有的东西。我们没有自己的音响、电视、电话之类的东西，除了坐着之外，没有其他有趣的事情可以做，来我家会很无聊。"

"嗯，我又不是要去游乐场玩，莱丝莉，我不在乎这个。"他说。

"是啊，但还是不一样……我爸妈一点都不特别。我爸没上过大学，我妈来自匈牙利，她打从 1957 年就到这个国家了，而且德语和匈牙利语讲得比英语还要好。还有，她没有好衣服可穿，她有一半的时间甚至没穿自己的衣服，反而穿我爸或我的。"

"哦。"保罗刻薄地说，"我懂了。你不是因为我而觉得尴尬，你是因为他们而觉得尴尬。天啊，你的心机真的很深，莱丝莉，你采取的做法真的很完美，那让我真的放心了。"

"我不是那个意思！我也不会因为他们而觉得尴尬，你歪曲我的意思了！我只是说，来我们家并没有什么意义，也不代表什么。"

"很完美的做法，莱丝莉。"

我看着公园对面。薄暮正进入阴影处，而我坐在这里几乎快冻得半死。保罗只穿着衬衫，但似乎不觉得冷。

他看着我，他已经完全停下秋千，和我平行对望。"你不需要为这件事哭哭啼啼的。"他说，声音里不带半点同情。

"我才没有哭哭啼啼的！"

"哦，老天。"他厌恶地说，又开始荡起秋千。

"停下来！"我猛然抓住秋千的链子，"别再荡了！"

我们怒视着彼此。

"你想知道吗?万事通先生和你那愚蠢的头脑!你想知道事实吗?事实是,我妈有心理上的问题。我不带人回家,是因为我不想他们因为她做的一些事而嘲笑她,而且我不希望他们在我背后谈论她。还有,我不希望他们取笑我。她是我妈妈,我爱她。"

"哦。"保罗应了一声。

有一阵子我们都沉默着,然后他撇开脸。

"好了,你满意了吗?"我用手拭去眼泪,"你高兴了吗?"

"很完美的做法,保罗。"他小声说,然后转过头来,"对不起。"

我抽着鼻子,露出厌恶的表情:"别说对不起,她有问题又不是你的错。"

他耸耸肩:"可是我很抱歉刚刚那样跟你说话,我不知道你们家的情况是这样。"

"你听着,忘掉就是了。"

13

托比的闯入

> 我开始发抖,我在房子里四处走动,把所有的门和窗子锁起来,还拉上窗帘。我不敢往外看,害怕他可能还在那里。

星期三晚上,我带保罗来家里一起念书。除了梅根假装自己是女超人,穿着泳装从桌子上跳下来,还在背上披了一件毛巾当披肩外,我的家人举止相当正常。所以星期五的时候,我又冒险请他一起来吃晚餐。

当天早上起床时,我因为紧张而肚子不舒服。我坐在床上等着感觉好点了,才起床准备上学。我列了一张表,上面是保罗和我们吃饭时,我不希望妈妈做的事,然后稍晚时把它拿给妈妈看——我特别等到爸爸去上班之后,因为我知道如果他发现,他一定会很吃惊。

正坐在厨房里看报纸的妈妈吃着一片吐司配她的咖啡,她接过那张表,边喝咖啡边仔细研究。我尽量试着让自己看起来乖巧。妈妈显然把它当一回事，她点点头，说她了解了。

所以她没做我那张表上的任何事。相反地，她模仿我早上把那张表拿给她时的样子，害保罗在餐桌上大笑。她模仿每个细节，从我把那张纸弄平放在桌布上，到我试着解释为何那张表上有些事会让我觉得难堪。我好没有面子，以为自己会在她讲完之前杀了她，但保罗爱死了。而且他爱我妈妈远超过我在那个特别的夜晚爱我妈的程度。

日子一天天过去，我愈来愈放松，甚至想过也许可以在生日时办个派对。我办过最像派对的一次是十二岁那一年，爸爸在我生日那天带了我两位朋友和我去看电影。

然而，我并没有马上问爸妈是否同意。我在学校里花了好几天乱画邀请卡，想一些像茶点、跳舞和许多男生的事，而不是牛顿定律或不规则法文动词。

这天，我去看牙医。我原本打算看完牙医后就回学校去，但最后却回家了。我补了三颗牙，嘴巴又肿又酸，而且下午只有德语和体育课，我想请假一次也无所谓。

我回到家时，妈妈不在家，但我知道她在哪里。那天是爸爸领薪水的日子，他会在午餐后回去上班的途中将她放在市中心，那样她可以把支票存进银行里，然后去付账单。我感觉嘴巴很不舒服，所以走进客厅打开电视，躺在沙发上，还盖着大衣。

突然，后门传来一声很大的拍击声。

我没去管它。

又是一连串的拍击声，而且声音更大，更为急切。接着又来一遍。

我只好缓慢无力地离开沙发，走进厨房去看是什么人在敲门。

托比站在那里，脸紧紧贴在后门的纱门上。他用他奇怪、没有颜色的眼睛仔细看着我。"妈妈在哪里？"他透过纱门问我，那不太像询问，反而像盘问。

"你妈妈不在这里，托比。"我回答。我不让他进来。

"她在哪里？"他的脸压在纱门的网线上，使他变成一副猪脸的样子。

"你已经离你家很远了，你知道吗？你知道怎么回去才不会迷路吗？"

他伸手想推开纱门，但我用脚顶着门，不让他打开。他看没办法打开，只好放弃，把手垂到身体两侧，透过纱门紧盯着我。

"你妈知道你在这里吗？"我问。

"不是那个妈妈，是我的妈妈，我的妈妈在这里。"

"我的妈妈？你到底在找谁？"

"她！"他不耐烦地说，"住在这个房子里的她，我的妈妈在这里，让我进去！"

我吓了一跳，让他进来。

他的手里拿着一束肮脏的蒲公英。他走进来时，把花交给我。"我是她的小男孩。"他说，"给这里的妈妈，在她发现我之前，我和另一个家庭住在一起，他们只是帮她照顾我。"

"听着，托比，我想你把事情混在一起了。"

"还有另一件事。"他说，他的微笑令人消除了敌意，"我不是托比，我的名字是克劳斯。在我另一个家里他们叫我托比，但那不是我真正的名字，我是她失去的小男孩。当我还是个小婴儿时，坏人把我带走，然后给我其他的家人，但事实上，我的名字是克劳斯。"

他好脏。他的头发像经常被把玩的娃娃的头发一样，翘得乱七八糟，而且脸上有一堆被食物弄脏的痕迹。他穿的那件防风上衣太大了，里面是一件破烂的T恤，味道闻起来像是尿了床然后又没有换床单。有那么多孩子可以选，妈妈怎么偏偏挑上这一个？

"听着，托比……"

"是克劳斯！要我跟你说几次？"

"随便你是谁，听好，你现在必须离开。你懂吗？这里除了我，没有别人，我要你走。"

他的眉头皱了起来，但他没讲话。相反地，他看着那束蒲公英。他拿起它们，仔细检查每一朵花，然后把花拿高一点。"你想看看吗？"他问，露出迷人的笑容。

"不想！"我回答，"我只要你离开，妈妈现在不在这里。"

"我想等她。"

"不行！你必须走。你不能留在这里。"

"为什么不行？"

"因为你必须离开。"

"为什么？"

我怒视着他。

"那她什么时候会来接我？我一直在等，我等她一整天了。"

"托比，你必须离开。立刻，马上！"

"我告诉过你，我的名字是克劳斯！你怎么都记不得？"

"快走!"我大叫。我把手放在他的背上,把他推向门。

"那她什么时候会来接我?"他问,他的声音渐渐变小,变成抗议的哀鸣声。

我一只手压在他的背上,另一只手打开纱门:"我不知道,但是一定不会是今天。你听见我的话了吗?所以回家去吧,现在就回去。"我把他往外推,然后用力关上门,把门锁起来。他在阳光下站了一会儿。

"告诉她,我来找过她。"他说,他的眼睛在阳光中眯了起来,"告诉她,她失踪的小男孩回来了。"

这听起来像是一种威胁。

我开始发抖,我在房子里四处走动,把所有的门和窗子锁起来,还拉上窗帘。我不敢往外看,害怕他可能还在那里。

我坐在沙发上,用大衣包着自己,但还是很烦恼,抖得很厉害,双手几乎握不住大衣。

不久之后,妈妈回来了,她走到前门,想打开它,以为前门是没有锁的。前门打不开时,她更用力地试了第二遍,我听见她用德语嘀咕了几句,接着钥匙发出叮当的声音,门开了。她对我微笑,抱着一些杂货轻盈地走过去。

我在黑暗的客厅里又坐了一会儿,我的牙齿还在痛,麻醉药退了一半,让我开始感觉有点不舒服。

妈妈匆忙走过,到前面台阶去拿第二袋杂货。"你今天提早回家?"当她往厨房方向走回去时,这么问我。

"我去看牙医,记得吗?看完以后,我决定直接回来。"

但她已经从我的视线范围内消失,我只好可怜地起身跟着她:"妈妈,那个小孩刚刚来过。"

她正在收拾杂货。是没听见我的话呢?还是只是不想理我?我无法分辨。

"妈妈,请你先停下来一下,好不好?"我抓着她的手臂,"听着,那个小男孩刚刚来过,那个小托比。"

她看着我。

"你跟他说了什么,妈妈?他一直说他是克劳斯。"

妈妈离开我身边,走到桌子那里,从袋子里拿出更多杂货。

"妈妈,你不能告诉他那样的话,那是不对的。"

她把一整袋苹果倒进一个滤锅里,把锅子放在水槽里,打开水龙头,然后再关上,摇一摇滤锅。最后,她把那些苹果放进水果碗里。

"妈妈,你听见我说的话了吗?"

妈妈从其中一个袋子里拿出一本厚厚的书。她翻开看了一下,接着拿给我看。"我一直想读这本。"她说,"看起来很棒的样子,赖利太太在《家庭杂志》(*Family Circle*)里读到一部分的书摘,然后跟我推荐这本书。"

"妈妈,我们不是在谈书的事。"

但她继续专注地看那本书。

"求求你,妈妈,把书放下,拜托!听我说,你不可以再去跟托比说那些话,他只是个小孩。他几岁了?大概只有六岁吧?搞不好连六岁都没有。"

妈妈把书放下,转身朝桌子走去。

"我知道你一直去那里,妈妈。我知道你和他最近一直都在一起,玩得很愉快，而且我知道你很快乐。我很高兴看到这样，但是你不可以一直跟他讲一些不真实的事。他还太小了，他不知道什么是真的，什么是假的。"

"可是那些都是真的。"她小声说，没看我。她拉了一张椅子，爬上去，把一袋意大利面收进上面的柜子里。

"妈妈！别再这样说了，那不是事实，你和我一样清楚，别说服自己那是真的！"

她没回答。

"我知道你希望它们是真的，我可以理解，但这样做没办法让它们变成真的。"

她从椅子上下来，把椅子放回桌子那里。

"故事是故事，妈妈，但你已经太过分了。这已经不是单纯说故事了，老实讲，我有点被吓到了！"

没有答复。

"你在听我说话吗？"

她两只手各拿了一罐猪肉和豆子，停止装还放在地板中间的东西，看着我。"你看不出那是他吗？"她问我，声音微弱，"你看不出他是克劳斯吗？他是我儿子。我认得自己的儿子，他是我的骨肉。"

"妈妈！"我哭着喊，"哦，天啊，妈妈。哦，上帝。你不会真的这样想，对吧？妈妈，那是四十年前的事了！而且那是在战争时的德国，这个小男孩不可能是克劳斯的！"

"那是他们希望你相信的事。"她说，"你看，他们并不认为我会在这里找到他，但我认得自己的儿子。"

"哦，妈妈，别这样，你这样让我觉得很害怕。"

她低头看着罐头，罐头仍然在她手里。

"托比不是你的克劳斯，他只是某个堪萨斯农场的小男孩！"

"那是他们希望你相信的事！"她恼火了。

"因为那是事实，妈妈！你的克劳斯现在已经长大成人，不是小男孩了！托比只是个孩子，他才五六岁大，但是克劳斯已经是大人了。时光飞逝，妈妈。克劳斯不是小孩子了，所以托比不是他。哦，妈妈，说你不是真的相信他就是克劳斯！"

她转身离开我身边，继续回去整理杂货。

一股绝望的气氛笼罩着我们，我们两个都生气了。我紧抓着她的手臂不让她动："听好了！你不可以再这样，现在就停止这么做！你犯了一个可怕的错误，托比不是克劳斯，你不可以一直认为他是，一直跟他说他就是克劳斯！他不是！你了解我的意思了吗？你听懂我说的话了吗？"

她猛然吸了一口气，用力想扯回手臂，但我还是抓着不放。

"快跟我说，妈妈！我要听到你说，说他不是克劳斯！"

"他不是克劳斯。"她说，然后挣脱我紧握住的她的手臂。

我又沮丧又生气。我走回客厅坐下，而妈妈则在厨房里整理完那些东西。我心想，这真是太疯狂了，我被这令人恶心的现实弄得不知所措，这的确是令人恶心的现实没错。

过了不久，我听见妈妈从楼上下来。我转身时，看见她穿上毛衣，还有散步的鞋子。

"你要去哪里？"我问。

"去花园。"

我立刻站起来,匆忙跟在她后面,差一点撞到她:"妈妈,不准!你哪里也不可以去!"

她手上拿着一条好时巧克力。

"我要告诉爸!我要告诉他你每天都到那里去,他不会让你去的!"

她盯着我看,眼神坚定而且丝毫不害怕。

"听着,我们商量一下好不好?只要你不再去那里,我就不告诉爸你一直都去那里,好不好?把鞋子脱下来,留在家里,好吗?"

没有回答。

"妈妈,快点答应我,求求你!"

我们紧盯着彼此,摊牌似的互相瞪着对方。我不知道该怎么办才好,我往下瞄,看见那条好时巧克力在她手中转来转去。

那是杏仁巧克力。

我失去了斗志,突然有种非常绝望的悲伤涌上来,而且因为出乎意料,所以更为强而有力。这一刻我十分愤怒和恼火,但下一刻我痛苦又悲伤。

"妈妈,你到底想怎么样?"我的声音颤抖,"那是梅根最喜欢的巧克力,你不知道吗?这里就有你的孩子,为什么你还要拿糖果给某个陌生的小孩?我们是怎么了?"

她举起手,看着那条巧克力。

"杏仁巧克力,那是梅根最喜欢的口味,但是你从来不会特地买来送给她!"

她仔细研究那条巧克力。

"妈妈，我们爱你。那个小男孩不是真的爱你，他只是一个因为你给他糖果，所以才喜欢你的小孩，他只是贪吃，如果你不再给他，他就不会爱你！梅根和我才是你的孩子！我不知道你其他的孩子在哪里，或者他们是谁，或他们发生了什么事，但是妈妈，你还有梅根和我啊！"

一阵明显的沉默。

"求求你，妈妈，把那条巧克力给我们其中一个，要不然，把它给梅根好了！她会以为是你特别去买了一条杏仁巧克力给她，这样会让她很高兴的，因为代表你知道她喜欢杏仁巧克力。拜托你，把它给梅根吧！"

妈妈用一只手摸着下唇，仍然凝视着另一只手里的巧克力。

"但是，我说过我会找到他的。"她用近似低语的声音说，"我对上帝发誓，我会把他找回来的。我用生命发过誓。"

"妈妈！"

她抬起头时，眼中有泪水。她伸出手握住我的手，把那条巧克力放在我的手里，接着她转身跑上楼，我听见房间的门开了又"砰"的一声关上。

爸爸坐在餐桌边，双手撑着头，手指缠绕着自己的头发，他仔细看着桌布。

他下班回来时，我把发生的事告诉他，但我无法从他的表情分辨出，他是否知道妈妈一直都去找小托比。他叹了一口气，然后走上楼。他边上楼，边用他的帽子猛击扶手。

没有争吵。我原本害怕他们会吵起来,但是没有人吼叫,什么都没有。他走进卧房,花了好长的时间和妈妈谈话,然后又踏出房间。那个晚上,妈妈一直都没出来。

我做晚餐给大家吃。我只做了汤和三明治,因为没有人特别觉得饿。梅根把她的三明治分开,只吃中间的部分,爸爸因此有点生气。我没告诉他,当他在楼上陪妈妈时,她吃掉了整条好时巧克力。

后来,我们继续坐在餐桌旁,瞪着那堆脏盘子。

"哦,天啊。"他疲倦地说,"我们现在能做什么?"他放下一只手,描绘桌布上的其中一朵花。梅根坐在餐桌另一端,她懒散地坐着,头靠在一边的扶手上,还用手指头不断推着面包屑。

"或许我应该去那里,跟他们一家谈谈。"爸爸说。

"这样好吗?"我问。

"这样他们会知道,我们知道这件事。老实说,他们一定会很生气。换成是我,如果有人敢这样对梅根,我会准备一把枪把他杀了。"他摇摇头,"我真不知道,有时候她脑子里在想些什么。"

接下来又是一阵沉默。我希望梅根离开这里,她在的话,我很难跟爸爸讨论任何事,但显然她没有想离开的意思。

"妈妈真的认为那个男孩是克劳斯吗?"我问。

"我不知道。"

又是一阵沉默。

我瞄了一下厨房,瞄了一下肮脏的罐子和锅、炉子和冰箱,还有墙上的香料架。那是个很平常的厨房。

"我想不通,为什么她会这样想?"我说。那样的想法太疯狂了。

妈妈之前做过的其他事虽然很古怪、令人烦恼,但只是古怪。那些事让妈妈异于常人,但妈妈的确是和大部分的人不一样。然而,现在这件事却太疯狂了,已经不只是古怪了。

"我不知道。"爸爸又说了一遍。

"爸。"我喊。

他转过头来。

"你认为,妈妈应该看神经科医生吗?"

他沉思了好一会儿,然后摇摇头。

"可能会有帮助。"我说。

"没有那么严重,莱丝莉。"他说,"我们自己可以处理。"

"可是,可能会有帮助。"

再度沉默,爸爸从桌布上刮下一点食物,桌布脏了,该换桌布了。

"不用。"他小声说。

"为什么不用?"

他抬起头,看看厨房,用手梳了一下头发,然后他的注意力再度回到桌布上。他寻找另一个肮脏的地方,用指甲将它刮下来:"她不会了解的,莱丝莉。"

我看着他。

"那里有精神科医生。"他说,"在拉文斯布吕克,战时她所在的地方。他们是,嗯……"他耸耸肩,"嗯,他们做了某些事,你知道我的意思。"他再度用手搓揉头发。

"可是,那个时候不一样。"我说。

"她不会了解的,你知道她对事情的看法,她不会了解他们并不会伤害她。当你妈妈相信某件事时，你知道她的反应是什么。"

我叹了口气："不过，难道你没办法让她相信吗？"

"我不会去试。我带她远离那些事情，莱丝莉。"

我又叹了一口气。

"我知道很辛苦，亲爱的。"他说，还伸手来碰我的肩膀，"但这真的不是什么严重的事，只是你妈妈造成的小状况之一，早晚会过去的。我知道是很困扰，但就像其他每件事一样，会过去的。"他看着我，"我想你能够明白。"

我明白。

梅根在椅子上换了个姿势："爸爸？"

"嗯，亲爱的？"

"爸爸，我知道那些事，我一直在看书，我也明白。"

他伸手到桌子另一边抚摸她的脸颊，梅根露出微笑。

然后她低头看着指甲，她若有所思地盯着它们看，然后又看着爸爸："那是一个营区，对不对，那个地方，像是犹太人被关起来的地方，对不对？"

爸爸点点头。

梅根抬起下巴，瞄了我一眼，意思是"我早告诉过你"。我没说什么。

"所以你知道，你妈妈是个多么勇敢的女性吗，梅根？"爸爸对她说，"知道你的身体里流着多坚强的血液了吗？"

梅根点点头。

"那是我们在妈妈情况变差，不是那么坚强的时候，还愿意帮她的原因。这就是一家人。"

  我坐在明亮的厨房里,陷入沉思之中。梅根和爸爸继续交谈,但我不再听他们说话。我的脑海里,浮现出一个小女孩的幻影。

  一个小女孩,还不到我的年纪,她有着金色的头发和蓝色的眼睛,还有明显的五官和坚毅的神情。她不是很漂亮,而且很笨拙,但她是个好女孩。她吃着豆子,保持指甲干净而且努力不和她弟弟争吵。她穿着妈妈给她的那件领子有蕾丝的上衣,我清楚地看见她,那不是妈妈,而是个陌生人。

  我看着爸爸:"我想知道一件事。"

  他的眼神和我的眼神交会。

  "他们强暴她吗?"

  他点点头:"是的,没错。"

奶奶留下的十万元

> 我们可以用十万元来做这件事,我们可以带妈妈到韦尔斯,然后她会忘掉托比和克劳斯,一切会回到以前的样子。

隔天,我留在家,没去上课。这是爸爸的决定,他想争取更多的时间,来想出该怎么做才能让妈妈别再去看托比。

关于这一点,妈妈并不高兴。前天晚上,她在发作后就一直没有下楼来。在爸爸上楼睡觉时,我听见他们再次交谈。我听到她的声音提高,抗议他说的某些话,但爸爸并没有和她争吵,他的声音小到几乎听不到。她继续讲了一会儿,接着离开房间,用力把门关上,然后走进浴室。

浴室的水龙头被打开,然后爸爸来到走廊上,喊着:"玛拉,快开门。让我进去!"她让他进去。浴室的门又关了起来,水声淹没了他们的声音。

在他们两个出来之前,我就睡着了。

梅根在半夜醒来。她走到走廊的床单柜拿干净的床单,还把柜子里一半的东西都拉出来,结果打到自己的头。我下床去帮她换床单,然后回到自己的房间,我真希望妈妈早上会睡到很晚,我觉得好疲惫。

结果,妈妈并没有睡到很晚。她和爸爸七点就起来了。

接下来,这个早上令人痛苦无比。妈妈气我留在家看守她,气我把事情跟爸爸说,气我插手管这件事,所以整个早上都没有和我讲半句话。

无聊又不安的她在屋子里踱步,不断抽着烟。

我坐在客厅里看电视上的游戏节目,但好怕下午会更糟糕。下午是她平常去找托比的时间,我怕她不顾我就去见他,这样的话,实际上我也没办法阻止。或者更糟的状况是,托比来到我们家,就像前一天那样。

对我来说,这整件事相当令人不舒服,我感觉自己像个狱卒。

妈妈做了午餐,之后,她拿了一盒照片回到厨房,帮自己准备了另一杯咖啡,然后坐在餐桌旁开始将照片分类。看到她找到可以忙的事,我感觉松了一口气,于是回到客厅里看肥皂剧。

过了一会儿,我起身并进到厨房看妈妈在做什么,结果发现她还在和那堆照片奋斗。她正在喝 Kool-Aid(美国一种知名的人工水果口味饮料),吃薯片,还把两只脚放在她对面的椅子上。虽然我注意到她穿着散步鞋,但我没说什么;相反地,我坐在她后面的料理台上,伸手拿起一沓照片。

大部分的照片我都看过了,那是我妹和我小时候的照片。

"看这张,妈妈。"我说,把一张梅根的照片交给她。那是我们住在亚基玛时照的,在房子的后院里。梅根没穿衣服,直挺挺地站在小塑料水池里。

我看了一些其他照片。"这是哪?"我问。

"韦尔斯。"妈妈回答。

"我不知道你们那个时候有照相机。"

"我们是没有。"她伸出手想拿那张照片,我把它交给她,"是农夫琼斯帮我们拍的,他是花之林的主人。这是在小屋旁拍的,小屋就在照片的右边,你看到了吗?你可以看到那里有一些冬青篱笆。"

我从料理台上弯下身子,将一只手放在她的肩上以平衡自己。那是爸爸和一只黑白相间的狗狗的照片,背景的篱笆有一点失焦。

"站在那里,"妈妈说,"就在欧麦利站的那个地方,可以看见山谷。"

我仔细看着照片中那个年轻人。他看起来不太像爸爸,他又瘦又高,像个没好好吃东西的男孩,但显然他和那只狗在一起时很开心。即使照片模糊,不拘礼节的快乐却很明显。我在想,那是谁的狗?

妈妈用手抚摸着男人和动物的轮廓,轻柔地触碰他们,仿佛想感受他们的质地似的。"那是个奇怪的地方。"她平静地说,"我不知道是什么,你可以感觉到它,但我始终不知道它是什么。"她的声音又轻柔又遥远,"也许是光线吧,我会坐在窗子那里等欧麦利回家,而且我会看着下面的山谷,那里的光线不一样,是一种不同的颜色。"

她对着照片中的身影露出淡淡的微笑,继续抚摸那只狗:"我喜欢那里,那片土地相当老旧,充满着灰色、绿色和悲伤,让我的心都碎了。你知道有些东西就是这样，当你带着快乐的悲伤时……"

"你想回去吗，妈妈？"

一抹微笑使她的五官变柔和了："哦，宝贝，是的，我想回去，那是我希望我们不曾离开的地方。如果可以，我会立刻回到那里。"

她拿起照片，盯着它看："我没有美国心，我适合古老的国家。你一定要勇敢和没有经验才能住在美国，但是我有太多的悲伤，我比较适合古老的国家。"

我的心里跑出上千个想法，分散到各个方向："妈妈，为什么我们不回到那里去？"

她转过身，伸手去拿那杯Kool-Aid，然后摇摇头："那很花钱的，我们没有钱做那样的事。"但我从她脸上的表情知道，我已经帮她编织了一个梦想。

我从料理台上跳下来，走过去坐在其中一张椅子上。我的脑袋疯狂地开始计划，一定有办法的，如果我们可以让妈妈离开这里，离开堪萨斯，离开托比……

她坐着，两手拿着杯子，没有说话。她沉浸在遥远的回忆里，五官放松了，她的心在微笑，而那微笑始终停留在她的唇上。

"是花的关系。"她轻声说，"那里是我看过有最多花的地方，即使是在外祖父的温室里都没有那么多花。花之林，它在山坡上，山谷是灰色和绿色的，还经常弥漫着薄雾；但是我们住在山坡上，所以照得到太阳。"

放学后，保罗来了一趟。他的心情坏透了，因为一整天都很不顺利：他发现我没去上课；亚伦因为要学开车,所以他没办法用车；英语课突然来了个小考,但他没先准备好。这些让他心情郁闷。

妈妈终于上楼去小睡一下,而梅根在厨房里,所以保罗和我走到外面,坐在前面的草坪上。

"你是生病了还是怎样?"他问。

"没有。"我回答。太阳相当暖和,在屋子里待了一整天之后,背上传来的温度让人感觉真舒服,"我妈有点问题,所以我留在家里陪她。"

他看着我,我想保罗认为有关妈妈的一切都是我编出来的吧:"她怎么了?"

我耸耸肩,我不想告诉他有关克劳斯的事,因为有太多关于克劳斯的事是我也不清楚的,而且我当然也不想告诉他和托比有关的疯狂事情:"她只是这几天的状况不太好,只是这样而已。"

"嗯……你的意思是,她很沮丧喽?"他问,显然他想知道到底是怎么回事。

"对。"我说,因为那样听起来比事实要好一点。

他的眉头因为担心而皱了起来:"她……我的意思是,她没自杀还是什么的吧?"

"哦,没有。"我说,接着还大笑出来。但突然间,我发现这样的反应,对一个和自杀及沮丧有关的问题并不适合,所以我用一只手捂住嘴,我说谎的技术真差。

真希望我没告诉过保罗有关妈妈有问题这件事,这比什么都不让他知道还要糟。

"你爸允许你这么做?"保罗问,"我的意思是逃课。"

有只虫子在我脚边的草地里钻来钻去,所以我放下一只手指头让它爬上来:"我没有逃课,我是留在家里陪妈妈,这是我爸要我这么做的。我一直都这么做,总是这么做。"

他看着我。

"不然呢?"我问,"不然谁要留下来?梅根不行,她还太小,而且太不负责任了。我像她这么大时就能担起这个责任,但你没办法相信梅根做得到。"

保罗从草坪上捡起一朵苜蓿花。他已经搜集了半打左右在他的大腿上。他用指甲将花茎撕开,试着将它们串在一起,但失败了。"如果要我留在家陪我妈,我一定会疯掉。"他说,"就算你付我钱,我也不要。"

"我没什么特别的想法。"我回答,"这只是一件我一直在做的事。"

"你都不会厌烦吗?"他看着我问,"要是我,我会,即使我妈可以忍受,但我无法忍受她。如果我爸要我这么做,而且告诉我没得选择,我一定会抗议的。"

"才怪,你不会。"我说。

"你要打赌吗?我会。我的意思是,你有自己的生活要过,不是吗?"

我停了一会儿:"我看不出这和你爸爸告诉你要上哪所学校,要主修什么科目有什么太大的差别。"

他怒目而视回来:"这和那件事有什么关系?"

"对我来说是同样的事,而且你的情况比我还糟。你并不想念统计学,你很清楚你并不想,不是吗?你甚至并不擅长统计学,但只因为他要你这么做,你就决定去念。"

我俯身在草地上寻找四叶苜蓿,两个人不再说话。保罗仍努力做他的苜蓿链,不过它们还是分开了。我发现一根四叶苜蓿,但拔出来后才发现它不是。我用手指头把叶子弄成球形,叶子的汁液跑出来弄脏了我的皮肤。

"那可差多了。"他出声,声音里有着愤怒的心情,"我必须去上我爸说的学校,因为学费是他付的;但是你因为这件事赚到多少钱?没有人付钱给你留在家,没有,所以你不需要非照着做不可。"

那一小团绿色、黏稠的东西仍然在我的手指之间,我把它拿起来闻,我喜欢草的味道。

我吐出长长一口气,耸了耸肩。"我非照着做不可,保罗。"我说,"你知道我的意思吗?他们是我的家人,所以非做不可。我不知道为什么,但就是非做不可。"

爸爸直到晚上七点才回来,我知道他去瓦特曼家,告诉他们有关妈妈和他们的小男孩的事,当然,我并不想把这件事告诉妈妈。

她睡完午觉下楼来时,大约正是五点半。她怀疑爸爸为何那么晚还没回来,我为了不让她担心,就告诉她,她在睡觉时,爸爸从修车厂打电话回来,说他会晚一点回来,因为他要维修市长的车子,市长明天一早有个重要的宴会,但现在他的车坏了。

我并不知道市长究竟有没有光顾休森先生的修车厂,但反正妈妈也不知道。

六点过去了，爸爸仍然没回来。妈妈用沙拉做了冷晚餐，那样我们可以马上吃，而且等爸爸回来时也不需要吃重新再热过的食物。妈妈在准备晚餐时，梅根拖出她的芭比娃娃露营车，还有大约两百个各式各样的芭比娃娃配件，它们散落得整个厨房地板都是。

妈妈在不断地绕过梅根和她的玩具之后，终于要她和她的东西不要挡路。

"你看，你不能再那样了。"梅根对芭比娃娃说，将它塞进露营车里，然后把露营车用力拖走，"芭比现在要进集中营了。"她对自己说，这时她在地板上爬，将塑料露营车推出去到走廊里。

妈妈的脸色瞬间发白，我告诉她，对于梅根读那些可怕的书这件事，我们得想点办法。

爸爸回来时，看起来一脸疲惫，他在去瓦特曼家之前显然在修车厂洗过澡，因为他是穿着衬衫、打着领带回来的。他在楼上浴室里冲澡时，妈妈气愤地小声对我说，市长的要求有点太过分了，竟然要帮他修理车子的人穿白衬衫。我只好说，那对爸爸来说肯定是个伤脑筋的经验，所以最好根本不要对他提起市长。

爸爸用晚餐时，妈妈和他一起坐在餐桌旁。她跟他说我们今天是怎么过的，说到关于照片和我们的午餐，还看到垃圾箱旁的紫丁香就要发芽了。她告诉他，她在一本妇女杂志上读到，因为铅管的关系，必须注意老旧房子里的水含铅量太高的问题；还有他是否知道我们的房子里有没有铅管，因为这是一栋相当老的房子。

她说话时，手指一直摸着餐桌上的装饰品和咖啡杯，还有爸爸衬衫的袖口。她用匈牙利语讲述这些，当我背对着他们站着，边听边洗碗时，我才想到妈妈最近很少说英语，甚至连她不是很累的时候也一样。

晚餐后，我让爸爸有时间放松心情一下，之后才到书房去找他。一如往常，他躺在躺椅里。他将躺椅完全放平，收音机高声播放着进行曲，我并不认为进行曲可以让人放松心情，但爸爸的眼睛闭着，双臂轻松地挂在椅子的两边。

我什么都没说，我只是进去，坐在躺椅旁的脚凳上。我听着音乐，感觉自己不是很喜欢进行曲。

爸爸微微张开眼看着我。

"事情怎么样？"我问。

他呻吟了一下，让自己的头懒洋洋地靠回去。

"他们怎么说？"

"她让她自己变成一个令人讨厌的人。他们并不知道她是谁，但他们已经准备报警了。"

"哦，这下惨了。"

他疲倦地点点头。

"他们了解吗？我的意思是，你知道……"

"没有特别了解，但你也无法期待他们会了解吧？要是我，我只想把在你们其中一个身边晃的任何人拖出来，大卸八块。我也不会很想去了解。"

那对爸爸来说是个侮辱，虽然他没说，但他也不需要特别说出来，光从他的语气里就能明显听出来了。人从来不是很能容忍其他人的疯狂，虽然他们总是认为自己能容忍，心胸宽阔又富有同情心，但往往在面临最后的紧要关头时，才发现自己一点也做不到。

"爸，我有一个构想。"我说，"今天下午妈妈和我在聊天，这让我想到某件事。"

他瞄了我一眼。

"我们可以到韦尔斯去吗？"

他的眼睛瞪得好大："韦尔斯？"

"没错。妈妈和我在看一些旧照片，她告诉我她有多后悔离开那里，所以我在想……"我的声音变得愈来愈小，但我希望他听得见。要是我说得很大声，那样听起来会变得好像是个蠢主意。

爸爸什么都没说。

"嗯，我在想，或许我们可以到某个地方，让妈妈不再去找托比。"

"哦，莱丝莉。"他面带微笑，轻轻地伸出手抚摸我的脸，就像梅根笨得讨人喜欢时，他摸梅根的脸一样。

"那样可以让她离开，这样一来，我们就解决事情了。"

"莱丝莉，那是个好主意，但我们办不到的。韦尔斯是另一个国家，你没办法只带着行李到那里，我们会需要工作许可和签证，还有很多钱，而且我想没有人会发工作许可给一个像我这样的老人。"

"你并不老啊。"

他露出微笑。

"嗯，不管怎么说，我也不是说一定非搬家不可，如果只是去度个假呢？回到妈妈真的很想去的某个地方，等她忘掉有关托比这个白痴的想法，我们再回来。"

"我们没有钱，宝贝。"爸爸说。他把头靠回去，两眼盯着天花板，沉默了一会儿："到最后还是老问题：钱。如果我有钱，我就会做，我会带她到任何她真心想去的地方，我会到列别尼、韦尔斯或维也纳，到任何地方。"接着他转头看我，"问题是，我们没有钱。"

我气馁地低头看着我的手。他摸摸我的脸颊。

"别那么难过。"他说，"你这个构想很贴心。"

"真的要花那么多钱吗？只是去度个假而已？甚至只是度个小假？"

"我们没有钱，莱丝莉，即使度个小假也没办法。"

我坐着思考。收音机传来的音乐变了。我不知道那是什么曲子，只听出是用排笛演奏的缓慢旋律，悲伤而忧愁。

"我的存折里有我在疗养院打工存的一万元。"我说，"我原本是存着要上大学用的，但如果你现在拿去，我不会介意的。暑假可以上全天班时，我可以赚更多，所以我们可以用这笔钱。这样够吗？"

"不够，亲爱的。"他说，"恐怕不够。"

我再次低下头，研究地毯上的纤维线并继续思考。"记得我的债券吗？"我问，"我小时候奶奶给我的那个？她准备让我上大学用的那个，我们可以用那个吗？"

他摇摇头。

"那是十万元，爸，我十八岁时就可以把它兑现了，这样就够了，对不对？那是好大一笔钱。"

"那是给你上大学的钱，莱丝莉。那是要让你受教育的，是你奶奶留给你的，大学学费可不便宜。"

"但那样钱就够了，对不对？我的意思是到韦尔斯，我们可以用那十万元带妈妈到韦尔斯,然后我上大学时,可以打工或什么的。没问题的,我会有办法弄到学费的。"

"不,我希望你用那笔钱来付学费,那也是它本来的用途。那是你奶奶留给你这笔钱的原因,莱丝莉,并不是为了让你去做其他的事。"

我没回答。我的心思早就跑到别的地方,创造出有关韦尔斯的幻想。我们可以用十万元来做这件事,我们可以带妈妈到韦尔斯,然后她会忘掉托比和克劳斯,一切会回到以前的样子。

我露出微笑。我们全都回到花之林的家。

接妈妈回家

> 我不会再忍耐了,我是说真的,我不想看见有个疯女人在这里晃来晃去。

隔天上学前,我在爸爸去上班后,偷溜进书房里,在档案夹里找到奶奶留给我的债券。我把它拿出来,放在我房间衣橱的内衣抽屉里。还有八天就是我十八岁的生日,在那之后钱就是我的了——奶奶曾经这么说过。

学校变得令人更加难以忍受。我人在家里时,一直想到学校去,但到了学校却往往发现自己并没有想象中那样喜欢那里。即使是在最好的状态下,我也从不曾彻底融入过,虽然尝试过,我会跟大家化一样的妆,穿上相同的衣服,像别人一样尝试使用同样的措辞,但我知道这只会让我看起来很愚蠢,像是穿上礼服的小女孩,而且骗不了大家。

在更辛苦的时候,像我们搬家或当妈妈很难应付时,我甚至不想尝试融入。我知道别的小孩回去的家和我回去的家不一样,我知道他们并不在乎我得回到那样的家。在这种时候，学校对我来说与我有着既爱又恨的关系。我喜欢它的自由、它的梦想世界，我喜欢它所有热情、没有目的的从众行为；但当我人在那里时，在我的课堂里、在餐厅里时，我讨厌它。

在微积分课堂上，坐在我前面的丹妮老是想跟后面的女生讲话。她们是学校的精英分子，两个人都是啦啦队成员，男朋友都是学校体育校队的队员。丹妮从来不跟我讲话，对她来说，我除了是她必须歪到一边去，好看到我身后的克莉丝的一个障碍物；或当她没有时间自己写家庭作业时，偶尔可以借答案来抄的人之外，并没有其他意义。但我并不是一个成绩够好的学生，可以用提供答案为基础，与她们建立起多好的友谊。

她们会谈论男孩子的事，称他们为花花公子，狡猾的花花公子；还会谈论下周五要和堤摩西·葛德外出的蜜西。"堤摩西？天啊，"克莉丝说，"天啊，她一定兴奋死了。天啊，如果我要和他约会，我会兴奋死的。"

我在想克莉丝可能并不是很了解"死"是怎么一回事。我真希望布劳德太太能转过身要她们闭嘴。她正在黑板上画双曲线图，而我用第六感试着要她转过身来。当她终于转过身来时，她看着我然后说，"莱丝莉，你安静一点可以吗？"

克莉丝则暗自窃笑。

午餐时，我和布莉雅娜还有克莱儿在餐厅里用餐，助教跑来告诉我，爸爸有打电话来，我必须到办公室回他电话。

"你妈妈又到瓦特曼家去了。"我回电给他时，他说，"你开车去载她回家好吗?"

"哦,爸,一定要我去吗?你不能吗?"我确定办公室里的每个人都在听。我的脸颊好烫。

"莱丝莉,一定得有人陪她,要不然她会立刻又出去的。你了解你妈妈,而我现在离不开修车厂,休森先生去吃午餐了,这里只有我一个人……"

瓦特曼先生正坐在前阳台上的一张直背椅上,妈妈则坐在他旁边一张柳条编织的摇椅里。她的脸上带着坚强不屈、不开心的表情,但那无法和瓦特曼先生的表情相比。

"你别再让她来这里,知道吗?"他是托比的放大版,但是很胖,肚子像发过头的面团一样挂在皮带外面,"我告诉过欧麦利先生,我不希望她再来这里烦我的孩子。你听到了吗?别再让她来这里,不然我会控告她,我会的,只要下回我再看到她。你听到了吗,孩子?"

我点点头。

妈妈站起来。

"回去告诉你爸爸,跟他说,要是下次我又逮到她,他就得去警局找她。我不会再忍耐了,我是说真的,我不想看见有个疯女人在这里晃来晃去。"

"是的,先生。"我说。接着我转身,和妈妈一起走回车子。

我一坐下,就"砰"的一声关上车门,转动钥匙。妈妈坐在副驾驶的位置上,双手交叉抱在胸前,嘴巴闭得紧紧的,一副很生气的表情。我看得出来她生我的气,也生瓦特曼先生的气。我应该站在她那一边的，她心里是那么想的，我看得出来，而且我的不忠让她非常气愤。

"你不能再来这里了，妈妈。"我说，"爸爸告诉过你别来，你应该留在家里的。"

"我要把他要回来。"她坚决地说。

"哦，拜托你行行好！你真的太过分了，不能再这样做了！"

她没回答我，她静静地坐着，就像剧里的女勇士一样，表情好斗，双臂坚决地交叉在一起，浑身散发出愤怒的气息。

"你知道那对我来说有多丢脸吗？"我问，"你知道我觉得多尴尬吗？天啊，我真想找个地洞钻进去。"我瞪了她一眼，"这件事让我烦死了！我原本在学校上课，但却得来带你回家，保罗和我原本约好放学后要到斗牛咖啡厅去的……我很抱歉你生我的气，我很抱歉你看事情的方式和我们其他人不一样，但是说真的，妈妈，我真的拿你没办法。"

我叹了一口大气。

"好了，不管你怎么想，停止这一切！你必须接受那个小孩不是克劳斯的事实，而且，你要他干吗？他浑身脏兮兮的，是那个讨厌男人的儿子，不是你的！事实就是这样！"

"你应该帮我的！"她用责难的口气说。

"我干吗帮你？"

"他们很聪明，你还不够大，没办法了解，你不了解他们，不知道他们会如何让你相信一件事，但他们可骗不了我。他们曾经骗过我一次，但再也骗不了我了，这次没有人能将他从我身边带走！"

"妈妈！老实说，没有人要把他从你身边带走，他不是你的！"

"我知道，你还太年轻，没办法了解事情的真相。"

我吸了长长一口气以缓和挫折感。

我们已经到家了。我把车子开到马路边停好："现在，听着，妈妈。我要再跟你讲一遍，而且我希望你听好了。你已经犯了一个错。你想起一些事，在你心中它们都混在一起了，但是那个男孩不是你的克劳斯，或许他长得很像他，也或许他看起来像他，但那不是他！我说的是真的，妈妈，没有人骗我，也没有人玩弄我！我是对的，而我正在告诉你全部的事实，我不知道你的克劳斯在哪里，但那个小男孩不是他！"

妈妈转头打开她那边的车门，下车。

我又气愤又泄气地跟着她走上人行道。必须面对瓦特曼先生的羞辱，以及带妈妈像带一只流浪宠物回家一样——这两件事让我非常生气。

我跟着她穿过后门，进入厨房。我说："为什么你没办法了解，妈妈？为什么你对每件事总是那么固执？"

她转过身来，她的表情冷淡下来，但她什么都没说。相反地，她打开冰箱拿出牛奶。她转开盖子，而我看得出来，她打算直接这样喝那可恶的牛奶。我立刻跳到厨房的凳子上，从碗盘架上抓了一个杯子，"啪嗒"一声把它放在她面前的料理台上。

"我快烦死了！"我说，"我讨厌你用你想象出来的一切蠢事破坏我的生活！"

她拿起杯子，把牛奶倒出来喝，然后又倒了第二杯。她表现得仿佛我不在厨房里似的,但我又站得离她那么近,她无法轻易把冰箱门关上。挫折感使我抓狂,我不知道该怎么做才能进入她的心。她可以用各种理由封闭她的心,她可以一方面表现得像个完全正常的人,另一方面却钝得像块石头。

"这全是你幻想出来的,妈妈。"我说,我的声音恢复正常的音量,"它只存在你的心里,就像派蒂叔叔骗走爸爸的钱一样,就像在史都华大道上一样,记得吗?记得我们住在史都华大道时,你一直认为你听见我的衣柜里有老鼠吗?记得爸爸如何一直带你仔细检查,设下所有的陷阱,但从来都没有抓到任何东西吗?

"但是,哦,不,你从来都不相信他,从不,不论他做什么事,不论我多么喜欢那里,我们还是得搬家,只因为你想搬家。你说老鼠会跑进梅根的摇篮里——真是愚蠢的想象,它们怎么会跑到摇篮里?老鼠去找梅根干吗?但你却认为那是真的!"

她没理我,只是默默挤过我身边,走到另一边的料理台去拿她的香烟。

"我不想像这样和你讲话,妈妈,但迟早有人得这么做。"

她把那包香烟的包装纸拉开,将一根烟夹在手上,然后开始找火柴。

"你知道,如果你继续用你那愚蠢的想法把自己变成一个令人讨厌的人,会发生什么事吗?它们会惹来大麻烦。瓦特曼那家人不像爸爸和我,他们不会容忍你做的这一切。如果你一直去烦他们,他们会把你抓起来的!"

还是没有回答。

"你听到他说的话了吗？他说，他们下次要打电话叫警察了！"

她停了一会儿，手里拿着香烟，另一只手则拿着还没用过的火柴。

"他们会打电话报警，那到时谁会去带你？当然不会是爸爸或我，是某个警察！"

"在美国，警察是不能逮捕我的。"她坚定地说。

"妈妈，在美国警察当然可以逮捕你！如果你试着让别人的孩子认为他是属于你的！那是不对的，想想看，如果有人对梅根做了同样的事，你会有什么感受？你对那个小男孩所做的事，在任何国家都是违法的！"

她将火柴放下，用手指拨弄靠左边太阳穴的头发。她的嘴唇噘起成沉思的表情，接着她再度拿起火柴，点燃它。

"我并不喜欢这样跟你讲话，妈妈，但如果爸爸不讲，那么我会讲！如果你继续这样，警察会来逮捕你的，如果你不停下来，他们会把你关进牢里，像是关进州立医院里！他们会说爸爸或是我无法照顾你，他们会把你关在朗德〔Larned（Larned State Hospital），堪萨斯最大的精神病院〕，那样我们就一点办法都没有了。那就是做这种蠢事的后果！"

她的眼睛睁得大大的，瞳孔扩大到接近她虹膜的边缘，遮蔽了蓝色的部分。我心想，感谢上帝，她终于听进去某些东西了！

我放松地背靠着料理台，她则仍然一动也不动地站着。她已经点燃了火柴，但动作却停了下来。火柴烧完了，她把它丢到塑料贴面的料理台上。

"所以，你一定要答应我，妈妈，这件事到此为止，不要再去那里了！"

她开始颤抖。被夹在她手指之间的香烟快掉下来了。

"我不是想吓你，妈妈，我只是想让你了解事情的真相而已。你想想看，把事情想成是梅根好了，你想象一下，如果有人一直来这里跟她讲些奇怪的话，我们会多害怕？难道你不了解瓦特曼一家人会有什么感觉吗？试着站在他们的立场想一想吧，妈妈。"

她还在抖。

"所以，听着，答应我，好不好？我要知道你是认真的。答应我，跟我说：'莱丝莉，我不会再到瓦特曼家那里去，不会再去烦托比了。'告诉我，答应我！"

那根没被点燃的香烟从她的手中滚下来，滚到料理台上，她紧握双手，将手遮住嘴。

"好，听着，我很抱歉。别为那件事难过，我只是希望你了解后果，只是这样。别担心了，只要答应我你不会再去烦瓦特曼那家人，那么什么事都不会发生。"

她没有回答。我伸出手臂绕着她的肩膀抱了她一下，好让她安心。我希望她了解我不再生她的气了，我说的那些事都只是为了她好，因为我爱她，而且我不希望她惹上麻烦，有时候人必须要诚实。

但是她无法停止颤抖，她抖得好厉害，这吓到我了。

"听着，妈妈，我说我很抱歉，所以别难过了，不要怕。"

"他说我在这里很安全的。"她用嘶哑的声音说，她低着头，两手紧捂着脸颊。

"妈妈，听我说好吗？别抖了，快点，别再抖了。什么事都没有，什么事都还没有发生对不对？我只是告诉你有可能变成那样。我知道对你来说很难接受，我知道你希望那个小男孩是你的克劳斯，我可以理解，但是控制一下你自己，可以吗？别抖了。"

泪水流下她的脸颊。

"妈妈。"那是一句呻吟而不是一句话，"哦，妈妈，看在老天的份上，听我说，好吗？我很抱歉，忘了我刚刚说的话，好不好？来，坐下来，我来帮你。你要不要喝杯咖啡？我帮你弄点咖啡好吗？"

我差不多得用力推，才能让她坐在椅子上，她浑身僵硬。"妈妈。"我跪在椅子旁，要她看着我，"看着我，我爱你。我们所有人都爱你，妈妈，我们不会让你发生任何事的，我刚刚只是讲讲而已，我只是想让你了解事情的严重性。"

"这是美国。"她小声说，"欧麦利说我在这里很安全的。"

"哦，妈妈，你是很安全的没错，天啊，妈妈，别哭成这样，别哭了。"

"我原本以为我很安全的。"

"哦，天啊，妈妈，别说了，你让我好难过，看着我好吗？看看你做的事，你希望我也哭吗？妈妈，别这样，我爱你，所以别这样，求求你别这样……"

"'在美国他们不能带走你的。'欧麦利这样跟我说，他说我会很安全。我原本相信他的。"

"哦，你一定要相信他，他说的没错。我很抱歉，真的，我很抱歉，我只是随便讲讲而已，因为我很难过，而且我只是想到什么就说什么。原谅我，妈妈。对不起。"

她泪流满面地看着我："你不会让他们再强暴我吧？"她的声音变得好小，"哦，他们不会再强暴我吧？"

"哦，妈妈，不会的！"我伸出手去抱她，紧抱着她不放。

她在啜泣。

"他说我很安全。我原本相信他的……哦，拜托，别让他们再来，求求你，求你别让他们来……我原本以为我很安全……"

我的感觉很糟，糟透了。为什么我刚刚会那么做？为什么我会说出那么愚蠢、可怕的话？

我求她冷静下来，但她变得愈来愈激动。她一直提到在美国很安全的事，一直重复着"在美国，警察不能进到你家抓你"、"没有你的允许，医生不能把你关起来"等等的话。她抓住我衣服的手指，因为用力的关系而变白；她求我保护她，而仍然跪在她旁边的我，也因为太害怕而开始哭起来。我太过惊慌，没办法冷静下来，就像潘多拉的盒子，我不知道该如何把我打开的盖子盖回去。

我没办法让她冷静下来，即使我想办法让她离开厨房，到床上去，她还是没办法停止哭泣。她歇斯底里地啜泣着，而我听见自己对她大吼大叫，要她别再哭了。最后，我只好去翻药箱里的瓶瓶罐罐。有些处方药很旧了，我打开它们，闻了闻，倒了几颗在手掌上，之后把大部分都倒进马桶里。

然后我在一罐药瓶上，看见一个我认识的药名。那是我们在内布拉斯加的老医生开的镇静剂，标签上说一次服用两颗，但我拿了四颗。我下楼去把药压碎，融在牛奶里，又加了一点巧克力糖浆，接着带着那杯牛奶回到楼上。

她喝的时候很辛苦，我担心它可能会太难吃，但最后她还是把它全喝下去了。接着我和她留在床上，我搓揉她的肩膀，希望她不要那么紧绷，以免把药吐出来。

不久，药效开始发挥作用。我再次下楼，找到《云雀飞翔》那张唱片，把它放在留声机上。我把声音调得好大，尖锐忧郁的小提琴声穿过屋子的每个小角落，地板则因为其他乐器比较低沉的声音而振动着。

"听着，妈妈。是艾烈克的小提琴，你听到了吗？"我坐在她旁边的床上，用手梳着她的头发，让长长的发束披在我的牛仔裤上，"不会有事的，我不会让你发生任何事的，所以不用担心，只要放松就好了。我和爸爸还有梅根，我们爱你，会一直照顾你的，不论发生什么事。所以你永远都不用担心，只要听着艾烈克的小提琴……"

她闭上眼睛。我在她旁边躺着看她，她侧着左边躺，我两手紧抱着她的右肩，脸颊紧贴着她的手臂。音乐像是拥抱着我们，我们都累坏了。最后，我们两个都睡着了。

电话在响。

我疲倦地坐起来。几点了？现在是白天还是晚上？我没想到自己睡得那么沉、又那么晕眩，我完全失去了判断力。

电话持续在响。我越过妈妈，把床柜上的钟转向我这边。才下午四点。我慢慢地、沉重地下了床。

"欧麦利太太吗？"我终于拿起话筒时，对方有点不耐烦地问我。

"不是，我是莱丝莉。我妈现在不方便接电话，请问你是哪一位？"

她是梅根学校的老师。她想找妈妈，当我说妈妈没办法接电话时，她希望知道妈妈何时会回来。我解释妈妈是因为不舒服，所以才没办法来接电话，于是她转而想跟爸爸说话。我说他在上班，她问了他公司的电话号码。

几分钟之后，爸爸打电话来。他问妈妈在做什么。我只说她正在睡觉，没讲细节部分。他问我可以开车过去接他吗，他得立刻到梅根的学校。

今天好像什么事都很不顺。我问爸爸发生了什么事，他说他也不确定。

我们到学校时，梅根正坐在校长办公室外的接待室里。她蜷缩在一张塑料椅子里，不知道我们到了，反而在剥她手臂上的一个疥癣。

校长请爸爸进到他的小办公室里，而且似乎现在才发现到我也在。他向梅根招手，示意她可以和我一起出去。

梅根耸着肩，低着头，长长的黑发像披风一样披在身上，看起来像个陷入困境的淘气小精灵，悲惨地被困在这个塑料椅和日光灯的房间里。我的心冒出一股出乎意外的同情，我走过去把手放在她的肩膀上，但她马上躲开。她滑下椅子，起身离开接待室。

这间学校很老了，它建于这个世纪初，当时这个小镇正繁荣。宽大的校长办公室门口处有块标示，上面写着校史。我仔细研究它好几分钟，之后坐在门边的凳子上，梅根则坐在旁边另一张凳子上。

"你做了什么？"我问。

"没什么。"

"那为什么他们会打电话，把在上班的爸爸叫来？"

"你有什么资格管我,莱丝莉?"

"你不说也没关系,反正爸爸会告诉我。"

她微微抬起头怒视着我,然后注意力又回到她手臂上的疥癣。

"所以,到底发生了什么事?"我问。

"我跟人打架。"

"天啊,梅根,为什么?"

"没有为什么。"她说。她拉起那块疥癣,仔细地研究它。

"我不喜欢跟你讲这个,梅根,但人们通常不会'没有为什么'而打架。"

"不用你管我。"

"你到底干了什么好事?"

"什么也没有。"

看来她是什么都不肯说了。

大约二十分钟后,爸爸走出来。校长把他的手放在梅根的下巴上,抬起她的脸。"你不会再打架吧?"他问。

"不会。"梅根用几乎听不见的声音回答。

爸爸默默进到车子里。大约到离家一半的路程时,他看着副驾驶位置上的梅根。"你为什么要那样做?"他问。我还是不知道她做了什么。

梅根耸耸肩。

"听着,当我客气地问你一个问题时,别对我耸肩,小姐。我现在对你可没什么耐心,你造成的麻烦够多了。"

"他们说的不是事实!"她用防御的语气说,"他们在嘲笑我。我不是故意那么用力打他的,那只是意外。我原本只想打他一下,只是想把他打倒,要他别再讲了。"

爸爸叹了一口气。

"他会被我打成那样是意外,爸。我试着对校长解释,说我不是故意打他的,是他自己那么笨,故意来惹我。我只是要他闭嘴,他一直说那不是真的。"

"但是梅根,"爸爸说,"那不是真的。"

梅根没有回答。

爸爸将车驶入车库,关掉引擎,但没有下车。相反地,他把钥匙拔出来,放在仪表板上,然后从座位上转过身来,背靠着车门。梅根还系着安全带。

"那不是真的吧,梅根?"

"我不是故意害他受伤的,我说过我没有。为什么没有人相信我?"

"我相信你,但那不是我在问的问题。坦白说,梅根,我不在乎有关那个孩子的任何事,那是另外一回事,我相信你,那是一个意外,虽然你不该打架。然而,我真正在乎的是,是什么事让你变成这样?我想知道。"

梅根解开她的安全带。

"不可以,你不准下车。我们不能进到屋子,让你妈因为这件事而难过。"

梅根把自己蜷缩成一团。

"所以呢?"

"是真的。"她的声音虽然小,但极具反抗性。

"梅根。"

"是真的。你自己这么说的。"

"我没说。"

"你是这么说的。"她说，泪水开始流下来，"你说妈妈坚强又勇敢，你自己也这么说，所以我说的可能是事实。事情发生时你也不在那里，所以你也不知道真相，不是吗？"

原来，她在学校里到处说有关妈妈的事。那些故事很戏剧性，太过英勇了，她描述妈妈在战时如何被囚禁，她如何单枪匹马击退武装党卫队的进攻，她如何拯救那么多犹太人的性命，甚至以色列总理还颁了一枚勋章给她。她把妈妈变成了奇女子，把梅厄夫人（Golda Meir，1969—1974年担任以色列总理）和森林女王席娜（Sheena, Queen of the Jungle），全部混成一个角色，套在妈妈身上。

爸爸对梅根很温柔。他伸出手把她拉到他的大腿上，即使九岁半的她已经不再是个小女孩了。梅根仍然在哭，仍然悲伤地认为她的故事有可能是真的，他并不确定，因为他也没有在场。

他把她的头靠在他的下巴下，用手摸着她一边的脸，挡住我大部分的视线。

"那是个好故事，"他温柔地对她说，"但只能说给我们听，不能说给学校其他同学听。"

"是真的。"她啜泣道，"我只是希望它是真的。"

18岁生日

> 我很激动。不公平,今天是我的生日,但却没有人在乎,没有人做什么特别的事来为我庆祝!

四月十七日是我的生日。到这一天为止,我已经有七个上学日留在家里陪妈妈了。没有人对这件事表示过什么,爸爸甚至认为这是理所当然的。

在我生日的前一晚,家里很糟糕。妈妈几乎一整晚都没睡,在安静的屋子里踱步。她拒绝和我们谈托比的事,但她并没有放弃他。

爸爸在晚上听到妈妈的声音,下楼时竟发现她已经穿好衣服和鞋子。之后他就没有睡了。直到凌晨,妈妈才终于在客厅的沙发上睡着,而我大约七点下楼来吃早餐时,她还睡在那里。疲倦而红着眼的爸爸正拿着报纸和一杯咖啡坐在厨房里。

梅根也在那里。她两只脚一起放在椅子脚的横木上,用椅子的后脚前后摇晃着。"生日快乐!"她高兴地大叫,"祝你生日快乐!"她用使人陶醉的麻雀优美声唱着生日快乐歌,直到爸爸告诉她,小心别吵醒妈妈。

我的位子上有一个用皱皱白色棉纸包的包裹。我坐下来,并开始拆礼物。

"那是爸和我送的,还有妈妈。"梅根说,"那是我星期一下午到市中心去买的。你注意到我那个时候不在吗?我就是那个时候去买的。"

是一本书。一本很厚的小说,是我从没听过的人写的。从没有完全被撕掉的亮丽橘色标签来看,我可以看得出来梅根是在书店的特价区里找到这本书的。

"看到了吗?"她热切地说,"是一本书!是我在那里看到最厚的一本书,当然,字典不算啦!"

"真好。"我说,试着避免露出失望的语气。我并没有特别想要什么东西,但尽管如此,我原先期待的远比这个要好得多。

"我最后决定买书。"她说,"这样你和妈妈待在家里时,就不会那么无聊了。这是最厚的书,可以让你看很久,很棒吧?"

我对她露出微笑:"谢谢你,梅根,你想得真周到。"

等爸爸和妹妹一离开,我马上愁眉苦脸地看着四周。我把早餐的碗盘洗好,把厨房的地扫干净,再上楼把所有的床都整理好。自从我留在家里,家务对我而言已经变得极富吸引力,因为那是唯一能消磨时间的事。

到了十点,我把所有的事都做完了,包括把梅根的床全部都拆开,再把它重新组装回去,因为她始终没办法把它装对,我甚至连窗帘上的灰尘都擦了。

妈妈一直睡在沙发上,我静静地走进去看她。她侧躺着,一只手臂伸出了沙发,她睡得好沉,呼吸声响遍整个客厅。

我看着她。

"妈妈?"

她没醒。

"今天是我的生日,妈妈。"

她不会记得的,永远记不得我几岁,她的心里有更重要的事,一直都有。不过,至少我比梅根好一点,至少妈妈记得我在身边。有一半的时间,她表现得像是很讶异看到梅根在那里,仿佛她是我们在某个地方意外捡到的小陌生人。

"妈妈,醒一醒。"

她的长发盖住一部分的脸,像是童话故事里的睡美人般,睡得那么沉。她的脸不显老,而且很平静,仿佛有一道荆棘墙保护着她。

"我十八岁了,从今天起我是成人了,妈妈。你听到了吗?我现在长大了。"

她始终没有动。她给我们带来那么多麻烦,但自己却睡得像个婴儿似的。

我沮丧地转身上楼。我拿起梅根送的书,坐在床上开始翻它,这种寂寞是不会消失的。

不久之后,门铃响了。我下楼时还相当犹豫,怕看见托比站在那里。

哈里克小姐站在前阳台。

"哈喽,莱丝莉。"

我面带微笑，点点头。

她手上拿着一本黄色笔记本和一些档案："我刚好出来，然后想到应该过来看看你，你已经缺席好一阵子了。"

"嗯。"我说，"但是我爸爸每天都有打电话到学校。"

"我只是在想……"

"我没有逃课，哈里克小姐。我爸爸每天早上都会打电话到学校，因为我妈妈生病了，我得留在家里陪她。"

"你妈妈还好吗？"

我耸耸肩："还好。"

"她有好一点吗？"

"嗯，有一点。"

这时对话暂停了一会儿，我不知道她想干什么，或者她认为妈妈可能有什么问题，我祈祷她不会问任何迫使我要说谎的问题。

"我真的希望她好一点了。"哈里克小姐说。

我们站在门口谈话时，我突然想到哈里克小姐可能和妈妈差不多大。那是个奇特的想法。我永远无法想象妈妈穿着一件套装，站在某家人的门阶上，度过一天的时光；同样地，我也无法想象哈里克小姐活在二次大战里的模样，虽然我知道她一定也以某种方式经历了战争。

"好吧，"过了一会儿，哈里克小姐说，"我只是想来看看你好不好。"

"我很好。"

"我不希望你因为缺太多课而没办法毕业。"

"我不会的。"

"那么好吧。再见了，莱丝莉。"她转身离开。

"哈里克小姐？"

她停下脚步，回头看。

我看着她，舌头仿佛打结了。

"祝你有美好的一天，莱丝莉。"她再度转身。

"哈里克小姐，今天是我的生日，我十八岁了。"

她再度回头看我，面带微笑："生日快乐，莱丝莉。"

之后，我继续坐在床上看梅根送的小说。这本书其实没那么糟，里面有许多热情的性爱场面和相当脏的对话，所以如果你够无聊，它差不多可以说是有趣吧，至少性爱的部分是。

大约十二点三十分，我听见浴室里传来水流的声音，我夹了一支铅笔在书里做记号，下楼去弄点东西吃。

"妈妈，你知道今天是我的生日吗？"我边用午餐时边问。

她面带微笑："生日快乐，宝贝。"

"嗯，我在想，我现在十八岁了……你知道那个债券吗？欧麦利奶奶帮我放在银行里的钱？我现在可以兑现它了，所以我在想，我可能会把钱提出来，让我们可以去韦尔斯。"

妈妈突然抬头看我。

"你知道的，去花之林。我们只能去度个假，没办法搬去那里，但是我们可以去看看。你觉得怎么样？"

"你奶奶的债券？"妈妈问。

"是啊，你记得吗？我小的时候她给我的那个。"

妈妈一边大笑着，一边吃她的三明治："如果你把那笔钱花在我身上,她会从坟墓里爬出来的,她会爬出来的。"

我没理会那句话,虽然那有可能是真的:"有十万块呢,那可是很多钱,对不对?我们可以去度个不错的长假,只有我们,只有你、爸爸、我和梅根。到花之林去,听起来不错吧?妈妈,你喜欢吗?"

她转过头,朝着厨房窗子那里看。她面带微笑。"五月时会有杜鹃花。"她说,声音听起来如梦似幻,"我跟你说过杜鹃花吗?它们到处乱长,满山遍野,到处都是杜鹃花。"

"我们可以去看它们。"

"我好怀念那里。"她叹了口气,"美国是个好国家,但是不一样,我好怀念那里。"

我往前靠,抚摸她的手:"我并不在乎奶奶会怎么想,它现在是我的钱了,我可以照我的想法去做,而我想带你去韦尔斯。"

下午稍晚,保罗打了电话过来。出乎我意料,他的哥哥盖瑞从花园市过来,所以他们要一起到垃圾场那里抓老鼠。他带着抱歉的语气说,他不能过来陪我了。我说今天是我的生日,但他说他很难得见到盖瑞,我应该不会介意吧?

我介意,至少我无聊又烦躁,而且想到自己竟然因为老鼠而被抛弃,这点让我相当不爽。我们没讲几句话,之后我就生气地挂上电话。

晚餐时,我的情绪糟到最高点。我把那天最后的希望放在爸爸会带个生日蛋糕回家上,虽然想要生日蛋糕是件愚蠢的事,我甚至不是特别喜欢超市的蛋糕,但我现在就是想要一个,这个想法怎么甩都甩不掉。

当然,爸爸回家时并没带生日蛋糕,他甚至没为晚餐准备一点特别的东西,相反地,我们吃了一些很糟的东西。我帮妈妈准备晚餐,而且我一直希望有人会提起,要帮我准备一个生日蛋糕,甚至明显地暗示我想要有个生日蛋糕,因为家里没东西可以当甜点。

在某个片刻,我以为或许爸爸的确买了一个蛋糕,打算在吃过饭后给我一个惊喜;但我没有在可以藏东西的地方找到蛋糕。我甚至拿着钥匙去开后备箱,但什么也没有。

吃饭时,梅根忙着用她的马铃薯泥做出山和山谷,还从桌子下面踢我。

"梅根,别踢了。"我说。

"我没做什么啊。"

"你在踢我,现在别踢了。"

"我没有。"

"你有,别再踢了。"

"我没有。"

"梅根,你踢到我的脚了,我知道你有,所以别再否认了。"

"那么,把你的笨脚移开啊,莱丝莉,我的脚就在我的椅子下面,而你的脚显然伸到了不属于它们的地方。"

"孩子们,"爸爸说,"安静吃饭,拜托。"

梅根又踢我的脚,她踢我的脚时,嘴巴露出自作聪明的笑容。

"别踢了,梅根。"

"我什么都没做。"

"你这个惹人厌的小家伙,你又来了。好了,别再踢了,我是说真的。"

"妈妈，你听到了吗？莱丝莉骂人。"

妈妈转头看着我们。

"孩子们，管好自己的事，吃饭。"爸爸说话时低着头看着盘子，头连抬都没抬。今天修车厂很忙，连午餐时间都还在工作，所以他很饿。他用声调警告我们，他并不想再听到我们胡闹。

过了一会儿，梅根拿起刀子上一点点的马铃薯。她把它拿起来，那样我就知道她要做什么。她迅速瞄了一眼，观察妈妈或爸爸是否在看，一确定他们没在看，她马上对着我轻弹刀子，马铃薯打在我的衬衫上。

"爸！"我大叫，"梅根在乱丢食物！"

"梅根·玛丽！"爸爸大喊一声，怒视着她。

梅根张大眼睛，满脸无辜的表情。

"你看，她把马铃薯弹在我衬衫上！我今天特别穿这件衣服，因为今天是我的生日，现在梅根毁了它！"

爸爸的目光从梅根身上转向我，连妈妈也看着我。爸爸说："莱丝莉，你今晚是怎么回事？打从我进门开始，就听到你不断在发牢骚。"他又回头去看梅根，"还有你，小姐，别再让我抓到你丢食物。给我坐直吃饭。"

梅根扮了一个鬼脸："我不是很喜欢吃这个。"

"吃就是了。"他伸手越过她，去拿另一片面包。

我很激动。不公平，今天是我的生日，但却没有人在乎，没有人做什么特别的事来为我庆祝！应该要有一顿不错的晚餐的，要有我喜欢的东西，而不是吃某些难吃到让人想吐的东西。关于这一天，应该有特别的东西！

梅根对我吐舌头。

"梅根，别再闹了，可以吗？"

妈妈在看我们，我可以看得出来，我们正在让她发作的边缘。她的脸上出现了那种表情，但老实说，这时候我一点也不关心她会怎样。

当妈妈把头别开时，梅根拿起另一小团马铃薯。她确定除了我之外，每个人的注意力都转移后，用刀子的尾端轻轻挥动着它。我用最严厉的眼光看着她，警告她不要乱来，但她露出牙齿微笑。

妈妈转过头来。梅根很快放下她的刀子，假装在吃东西。我想妈妈知道有事，她小心翼翼地看了梅根好几秒，之后才转身去拿炉子上的咖啡壶。

啪！那一小团马铃薯越过桌子，打在我的脖子上。

"你这个小浑蛋！"我大叫。

"莱丝莉在骂脏话！"梅根开心地尖叫。

这句话成了导火线，我受够了这令人讨厌的一天！我伸出脚，卷起她椅子的横木，然后使劲一拉。

椅子倒了下去，而梅根跟着它倒了下去。她倒下去时，下巴撞到桌子，然后发出一声惨叫。

混乱爆发，我爸妈都站了起来。

"不是我的错！那个小浑蛋吃饭时都在烦我，你们为什么都不管她？她在丢马铃薯，而你和妈妈完全没反应！"

"回你的房间去！"爸爸生气了。

妈妈在桌子的另一边,把梅根抱在胸前。梅根的下巴割伤了,妈妈跪下来用手去接血。我愤恨地看着妈妈。我宁愿看她发作,也不愿看她抱着梅根。

"我说,回你的房间去!"爸爸站到我身旁。我们已经差不多一样高了,甚至我还高一点。但我看得出来,我最好听他的话。

我生气地上楼到我的房间。一到房间,我便用力关上门,但楼下的人对此毫无反应,所以我把门打开,又用力关了一次,尽我所能地用力关。

但还是没有反应。

我冲到床那里,扑通倒在床上。爸爸为什么那么气我?做错事的人明明是梅根。我检查衬衫上的污点,那里又脏又硬,我更加生气了。

我觉得自己就要爆炸了,那是一种真实的感觉,透过我的身体,往上和往外推。我看看房间四周,然后发现桌上的那本小说。我朝它冲过去,把它丢到房间另一边。看我有多爱你的愚蠢礼物?我走过去,把它捡起来,又再丢了一次,然后用力踢它,又用力踢墙壁。我很用力地再踢一遍。油漆从木板上脱落下来。

我停了一会儿,凝视着双脚,感觉释放的愤怒迅速涌现。我真正想做的是破坏某件梅根的东西。我冲出房间,冲进梅根的房里,看到她那堆玩具和衣服。我在晦暗的光线中摸索,找到她的虎猫,它在那堆乱七八糟的东西中间,被小心翼翼地塞进娃娃的床里。我把它抓起来。笨蛋梅根,都快十岁了,还和填充动物一起睡觉。

我心想,如果先出生的是梅根而不是我,我爸妈会在哪里?没有人一直帮爸爸照顾妈妈,他该怎么办?要是家中没有人自愿当阿信,他该怎么办?

我带着那只虎猫,昂首阔步地走出房间。我要把它藏起来,不让她找到;我要把它藏起来,永远不还给她。她会一直哭,而我不会告诉她我把它藏在哪里。

我把虎猫丢到地上,然后把它当足球一样踢,它被踢到另一边的墙脚。我还要把它冲进马桶里,把它毁了!我抓住它的一只脚,把它丢到门上,然后用力踩它的肚子。最后,我决定把它扔到屋顶上,没有人能拿得下来,因为我们没有够长的楼梯,这样一来,它就永远都不见了!

我弯腰把它捡起来。梅根叫它"大猫咪",只有她才想得出这种名字,我抚摸它的毛,好软,它是妈妈买给梅根的。它是史泰福(Steiff,生产泰迪熊的公司)制造的,它很贵,远超过我们买玩具的预算,但反正妈妈买了,让我们不知道只能吃汉堡吃了多久。

妈妈说,她小时候有一个同样形状的史泰福兔子。那是她有一年生日时,外婆从梅森寄来的。妈妈叫它汉斯,但她和爸爸在战后回去时,找遍了整间房子始终找不到它。

我抚摸它的毛,它真的好软。我抱着它,把那两只大大的圆耳朵弄平,然后仔细检查它。它的脸相当逼真,而且梅根所有爱的关注都还没有伤到它。

这是梅根在被留级的那年,妈妈买来送她的。那时候,妈妈不准我提起梅根没及格的事,只要我一说梅根没及格,妈妈就会很生气。她没有不及格——关于这一点,妈妈很固执。

妈妈说,梅根只是比大部分的孩子要小一点,因为她的生日是在八月，那让她成为班上最小的一个学生，所以对她并不公平。再者，我们那个暑假才刚刚搬家，而梅根之前在华盛顿所上的学校并不是很好，所以学校方面的人才认为，梅根应该再念一次一年级，而不是直接读二年级。妈妈为此买大猫咪给梅根，因为她每天晚上都会因为被留级而痛哭。

我小心地抱着虎猫，稍微摇摇它，像妈妈在楼下抱着梅根那样，摇着她，擦拭她流血的嘴唇。

这时爸爸走进来，他没敲门。

我感觉气消许多了，我的怒气像大雨之后的小小营火，已经发出嘶嘶的声音，只剩下完全、未稀释的痛苦。

"你是怎么回事，莱丝莉？"爸爸问。他把门关上。

我坐在床上，没回答他的话。

"你可以解释一下吗？"

"你没看到梅根做了什么吗？她朝我丢食物。"

他扬起一边的眉毛："所以你认为，这让你有权利杀了她？坦白说，莱丝莉，我没想到你会做出这种事。"

我把那只虎猫靠在我身上，感觉它实在但没有生命的重量。

"我讲话时，看着我。"

我抬起头。

"你是个大女孩了，莱丝莉，我不希望你表现得像个小孩。梅根的年纪只有你的一半，但是你，你长大了，不是小孩了。"

我开始哭了。

他结巴了，他在生我的气，而我想他一定认为我也还在生气。他用沮丧的姿势动了动他的手,接着又开始结巴。

"你是怎么了?"他问。

我没办法回答。

爸爸一直站着看我。他两手交叉,摇摇头。由于我一直哭,所以他又把交叉的手臂放下来,再次无奈地动了动手,接着坐在我旁边的床上。

"没有那么糟,对吧?"他问,他的声音比较温柔一点了。

"我想要一个生日蛋糕。"

"生日蛋糕?全都是因为生日蛋糕的关系,莱丝莉?"

"爸,今天是我的生日。"

"嗯,没错,当然是,但是……"

"爸,我只是想要某个特别的东西,我只是希望有人为我做点特别的事。"

"哦,亲爱的。"他说,伸出一只手抱住我。我发现他突如其来的温柔,比他的愤怒更令人难以忍受。泪水变多了,而我一直把那个填充动物像看护孩子一样靠在我身上。

"我们确实帮你准备了一份礼物,记得吗?"他说,声音里有一种假装轻松的活泼,"你应该看看梅根帮你挑礼物的样子,她全都计划好了,因为她知道对你来说,日子有多么漫长,那是她认真想出来的。"

我想告诉他,并不太难看出一本书是个九岁小女孩想出来的礼物。

我抚摸那只虎猫,将它柔软的耳朵往后推。泪水还是不断涌出来,模糊了我的视线,阻塞我的喉咙,还沿着脸颊流下来,滴进那只填充动物的橘色长毛里。

"爸,"我说,"你得想想办法。"

"关于梅根吗?"

我摇摇头:"不是,是关于妈妈。我不能继续这样下去了,我想回到学校。我想再次和同学们一起念书,像其他孩子一样。"

"哦,甜心,我知道这对你来说很辛苦。"他用一只手将我拉过去靠着他,另一只手则抱着我,"我知道你背着许多责任。"

"但你打算怎么做?我不能永远留在家里照顾妈妈。"

"是啊,没错,我知道。"他继续抱着我。他让我坐在他的大腿上,而那只虎猫被挤在我们两个之间。

"但我们要怎么办?"

"嘘,不哭了。"他抱着我的双臂强壮、结实而且温暖。靠着他的法兰绒衬衫,我沉浸在他的男性香水里,浓又带点微微的麝香味和汗水。那是一种会唤醒记忆的香味,它带来许多我在童年时期被拥抱的记忆。我移动身子想讲话,但他将我的脸靠着他,"嘘,你只是累了,亲爱的。我知道这很辛苦,你只是累了,只是这样而已。"

"不是的,爸。"

"安静,亲爱的,放松,我知道你的感觉,但一切都会没事的,放松就是了。"

我确实放松了,但泪水反而更加无法控制。我让他抱着我,他是个子那么小的男人,却拥有这么强而有力的拥抱。我很容易就能听进他的话,和他那些温柔的言语,尤其在我觉得十分虚弱、没人保护的时候。

我在他安全、温暖、充满力量的手臂中放松了,我怀疑在他安慰妈妈时，一定也是这么做。

"我们很幸运。"他小声对着我的头发说，"我那么爱你，我们全都彼此相爱。我们是那么幸运的一个家庭，拥有那么多的爱。"

我使劲深深地吸了一口气，让眼睛继续闭着。当我更加紧抱着、靠着他的胸部时，我可以听见头发沙沙作响的声音。

"我们好幸运。"他小声说。

我爸爸真是个魔法师。即使我觉得自己很不幸，他还是让我相信他是对的。

取钱买票

> 她伸手触摸那些钱,但额头仍然忧虑地皱着,我不认为她曾看过那么多钱。

第二天早上,趁着妈妈还在睡觉时,我到银行去兑现债券。有那么一会儿,我害怕银行职员不愿意帮我兑现,或者甚至更糟,他会打电话给爸爸。

我告诉他,那笔债券是我的,是奶奶给我上大学用的。债券上是我的名字,在我十八岁生日时到期,而我昨天满十八岁了。我拿出我的驾照,说话时还直视他的眼睛,反正我所说的都是实话。

经过几分钟的犹豫,他走进后面一个房间里。当他出来时,问我要如何付款。我有账户吗?没有,我回答我要现金。这又让他再次犹豫,然后他又再次进到那个房间里。

接着另一个人走出来,他要求看我的身份证明,还问我住哪里,父母的开户种类是哪一种。我再次出示我的驾照和学生证,并告诉他爸爸在他们的银行有开户，但这笔钱不应该进到他的账户，那是我的钱，我上大学的钱。我马上就需要它。

第一个工作人员问我，开现金支票如何？我拒绝了，我只要现金。他们两个又叽叽喳喳了一阵子，最后终于把债券兑现。我拿着一百张千元钞票离开。

一出银行，我马上背贴着石墙，用力喘了一口气。我的双手在抖，心脏仿佛在喉咙里怦怦地跳着。

"你们有卖去韦尔斯的票吗？"我问。这是镇上唯一的旅行社，柜台后面那个女孩看起来并没有比我大多少，她坐在打字机前，正在修指甲。狭窄、凌乱的办公室里没有其他人。

"鲸鱼？你的意思是像加州的海洋世界？"

"韦尔斯，不是鲸鱼，好像是在英国吧，我可以买一张从这里到那里的票吗？"

她站起来时，脸上仍带着困惑的表情。她找出一本像电话簿一样厚厚的书，走到我站的地方。

"你想什么时候去？是一般定期班机，还是包机呢？你想现在去，还是旺季再去？你需要送机或接机服务吗？"她以骆驼的姿态优雅地嚼着口香糖，同时问出一连串的问题。

我愣在那里，只能摇头，她讲的内容我一点概念也没有。我试着详细解释我的需要，我必须从这里到韦尔斯。我试着告诉她靠近花之林的村子名字，但我根本不知道如何拼它那如诗歌般、听起来像外国的名字。不过，这也不是那么重要，反正韦尔斯并没有被列在她那本书里。

"你得到伦敦。"她说，口香糖"啪"的一声爆裂开来，她的手在袖珍型计算器上飞快舞着，"总共八万块吧。"她拿起计算器给我看。

"四个人吗？"我问。

她大笑，那是嘲讽的笑声："不是，是一个人的。"但她在看到我的脸之后，表情变柔和了，"超乎你的想象吧？"

"你可以算便宜一点吗？我得到那里去，我要带我妈妈去……"我看着她的眼睛，"但是我只有十万元。有便宜一点的方法吗？"

"好。"她回答，再次打开那本厚厚的书，"我来看一下。你可以等一会儿再过来吗？给我一点时间试试看，我来想点办法。"

我回家时，妈妈起来了。她已经洗好头发，正坐在后面的台阶上边晒太阳，边用毛巾把头发擦干。妈妈洗头发时有一套固定的程序。她每天都会洗头发，有时候，如果她到外面散步或在花园里工作，她还会洗两次。

"看这里，妈妈。"我说，坐在她身旁的台阶上，"我有钱了，我们到韦尔斯去吧。"

她看到钱时，眉头怀疑地皱了起来。

我大笑："我没有抢银行啦，这是我用债券换来的，奶奶给我的那个。记得吗？整整十万元呢，你看，整整十万元。"

她伸手触摸那些钱，但额头仍然忧虑地皱着，我不认为她曾看过那么多钱。"奶奶不会希望你这样花的。"她说，她的声音十分谨慎。

"奶奶不在这里，所以不用担心。再说，你知道奶奶的，如果这样做会让我开心,她也会开心的。"

"不是这个意思。"妈妈仍然抚摸着钱,她的手指非常小心地触碰那些钞票的边缘,"大学呢?你不想上大学念语文了吗?"

"别担心,我还是会去念的,只是必须要打工。但是,我们可以利用这笔钱到韦尔斯去。"

"可是,你一定要去上大学。"她的眼里充满焦虑,"上大学是很重要的,我希望你去。我上过大学,你外公总是说我不应该浪费上天赋予我的天赋,而他说的没错。你很聪明,所以你一定要去念,而且你会毕业,对不对?我没毕业,但我希望你可以毕业。"

"妈妈,我会毕业的。别担心这件事,好吗?"我露出微笑,亲密地搂着她的肩膀,"但是这笔钱是给我们的,我想利用它,带你、我、爸爸和梅根到花之林度个假。"

昨天晚上,保罗还是过来了。他、盖瑞还有亚伦稍早到外面抓老鼠,他们在天黑之后去垃圾场,用车子的头灯对着一堆堆的垃圾照,然后坐在车盖上,用他们的点二二枪打老鼠。

天气暖和时,保罗和亚伦每星期会去两到三次。有时候,亚伦最新的女朋友玛丽会和他们一起去,但我想到那件事就无法忍受,更别说去了,我总是为那些老鼠感到难过。

保罗是独自过来的,但他仍然穿着丹宁工作裤,他称之为猎鼠装。

妈妈和爸爸正在客厅里和梅根玩牌,我则在楼上的房间里等他。保罗进来后,坐在沙发的扶手上,从梅根的肩膀上方观看牌局,直到她要他别再把牌念出来了。他大笑,开玩笑地假装揍了她一拳,然后移过去坐在妈妈旁边。

尽管我担心妈妈古怪的行为会吓到保罗,但他和我的家人相处得很好。事实上,他似乎和妈妈相处得比我还要好。他时常逗妈妈,跟她说他要丢下我,和她一起私奔到墨西哥之类的,然后妈妈会大笑,告诉他,他对她来说太年轻了。有时候她会模仿他的声音,让他哭笑不得,甚至有一次保罗过来时,她还卷起自己的裤管,穿着袜子为他跳舞。我那时候超尴尬的,但保罗却开怀大笑,还和她一起跳。

"我可以出去吗?"我问爸妈,"我们不会去很久的。"

保罗从妈妈的手中挑出牌来,将它们放在桌子上。

爸爸点点头,没有太注意,他开心地放下他的牌:"我过了,我赢了!"

我们离开前,我要保罗把枪拿进来,把枪靠在走廊衣柜的墙壁上。有枪和弹药在身边,会让我好紧张。我告诉他,保罗转了转他的眼珠,最后还是照办了。

一进到车子里,我们马上迫不及待地接吻。保罗双手绕着我,把我拉去靠在他身上。"天哪,好像很久了。"他小声说。在由街灯制造的光影交错的黑暗里,我们紧靠着彼此,"你什么时候要回学校?我觉得你好像已经离开好几个月了。"

"感觉的确像是好几个月,相信我。"

又一个吻,又长、又慢又贪婪。接下来,保罗坐直身子,发动引擎。

当车子转过街角时,我转头看着家渐渐消失在远处:"我好像在走向另一个人生。"

"你想去哪里？"保罗问。

"就像我走出一个人生，进入另一个人生，然后走出这个人生，再回到那个人生。你无法想象那到底是什么感觉，我觉得有时候就像有两个自己。"

"你想去兜风吗？还是我们应该做些特别的事来庆祝你的生日？想到阿斯特吗？那部伯特·雷诺兹（Burt Reynolds）的电影还在演，亚伦看了两遍。"

我没讲话，我不是故意不注意他在说的话。我转过头看着他，我们之间突然被一股富含张力的沉默给填满了。

"所以，"保罗慢慢地说，"你妈现在怎么样？"

我耸耸肩。

"她还是很忧郁吗？"

"忧郁是很难应付的，保罗。当人因为忧郁而受苦时，你不一定能看得出来，相信我。这些事我已经很了解了。"

"是啊，别再讲了，莱丝莉，你没有骗我——才怪。忧郁？你妈才不会忧郁，如果她忧郁，那么我们这些人就是死人了。"

"我们不要花上整个晚上的时间讨论我妈，好吗？出来的目的是让我离开妈妈，所以别再提到她了，拜托。"

保罗点点头。

我们来到第三街尽头，然后他将车子开上快速道路。没一会儿工夫，我们就将小镇的灯光抛得远远的，被黑暗吞没。

"我们别去阶梯小溪。"我说。

"那么你想去哪里？"

我耸耸肩:"你不知道其他不一样的地方吗？我厌烦了一直到阶梯小溪。"

"到我家去可能不太好，亚伦要玛丽过去，而且盖瑞也在家，他在帮妈妈把她的东西从爸爸那里整理出来。"

"我也没有特别想去那里，只是想去一个完全不一样的地方，去我不曾去过的地方。今天晚上，我想离开所有旧的东西。"

车子加速了。我们往西走，就我们目光所及，快速道路上没有其他车辆。

"离婚之后，亚伦要和我妈一起住。"保罗说。

"那你要跟谁住？"

"谁都不用，感谢上帝。我要到学校去了，记得吗？"

"我的意思是放假之类的时候，你要上哪里去？"

保罗耸耸肩:"我妈说，如果我不带走我的望远镜，那么我就得把它卖了，她说她的新公寓里不会有任何房间可以放那类东西。我假日时可以回她那里，但我没有自己的房间。她说反正我有十分之九的时间都不在，所以没差别，但是望远镜一定得弄走。"

"把它拆掉就好了啊。"我说，"我们可以把零件用在另一个望远镜上，就是你跟我要做的那个。"

他一只手离开方向盘，用嘴咬着小指头上的一块肉刺，但视线仍停留在马路上:"我不知道我们能不能顺利完成。"

"当然能。"我说。

我们两个都沉默了一阵子。我的思绪被拉回克莱儿举办派对的那个晚上，我们第一次出去的时候。我记得那个晚上，在黑暗中兜风让我感觉那么舒服。现在距离那时候,似乎已经过了好几年。

"我们可以到新墨西哥。"我说。

"啊?"他瞄了我一眼,一脸疑惑的表情。

"如果我们一直开在这条路上,我们就会到新墨西哥了。"

"我们会先到科罗拉多,事实上,如果我们一直走这条路,最后会到加州。"

"嗯,我们会到某个地方,这里以外的某个地方。我们可以一直开一直开,不要回头。"

保罗转过头来看我:"你想吗?"我看不出他是不是认真的。

我露出微笑,耸着肩:"我不介意。"

接下来,我们都停了一会儿没讲话,我看着窗外。

"我们可以私奔。"我说,我的呼吸让窗上的玻璃变模糊了,"我们可以到加州,住在海滩上。你可以带你的望远镜研究星星,而我会想办法养活我们,我们可以忘掉其他所有人。"

保罗伸出手握住我,他压压我的手,对我微笑。

我靠着座位。"我得承认,我是想逃离妈妈。"我说。我盯着车顶的朦胧圆点图案,"我讨厌死我妈妈和她怪异的行径。"

一阵沉默。

四周是一望无际的平原,这是个晴朗的夜晚,只有星星区分天空和地面。偶尔在农舍附近会出现一盏灯,但除此之外,除了黑暗和星星,以及汽车大灯照出来的小径外,什么都没有。

"你介意我说稍微私人的事吗,莱丝莉?"保罗问。他的声音很轻,在黑暗当中几乎不存在。

"什么？"

"我想，也许你对你妈妈有点太敏感了。"

"不要讨论这个，好不好？我今晚甚至不想想到妈妈。"

"是啊，但这是事实啊。"他的声音仍然很温柔，"我是讲真的，莱丝莉。也许你把太多的注意力，放在你妈与众不同的这件事上。她确实与众不同，但我并不认为那样有什么不好。我的意思是，哎呀，我认为那很棒。她很有活力，不像大部分的成人，当然也不像我爸和我妈。"

"不只如此，保罗。"

"我觉得你很幸运，你妈对生活如此满意，而且她有自己的想法，她不会等电视或某些东西将某些愚蠢的想法塞进她的脑子里，她有她的独创性。"

"她是有，好吧，我承认。"

"是啊，但我说的是，那样很好。你离树太近了，所以看不到森林，莱丝莉。我不是要批评你，但我认为她只是相当有创造力、有活力的人，是不顺从一般信念习惯的人。所以也许她与众不同，但那没什么不对，也不代表她有问题。我认为你应该多多欣赏她，她没那么糟。我只是觉得，她其实没有什么大问题。"

我转头过去，惊讶地看着他："你真可恶，保罗。天啊。你怎么能对我说这种话？你懂什么？她是我妈！你以为'有问题'是什么意思？把脚挂在窗帘轨上？在街上裸奔？这是你一点都不了解的事情，所以别把自己当成专家，给我建议！"

"我并没有把自己当成专家，我只是说，我认为你太敏感了，而且我现在还是这么认为。我的意思是，我可以了解你什么地方有问题。你和她生活在一起，而我知道那是什么样子，我知道，我或许对我的家人也没有很清楚地了解。当你和家人住在一起时，你就是无法真正了解他们。这是我告诉你的原因。"

"我不是特别希望你了解，因为你根本不了解，我妹都比你懂得多。或许你在其他方面很聪明，但在这方面，你什么都不懂，我不认为你有任何立场可以批评我。"

他沉默了。

"再说，"我说，"如果我只是过度敏感，为什么我要一直留在家里？那也是我编出来的吗？你的意思是，连我爸也和我一样对我妈充满误解吗，教授？"

"我不知道。"保罗说，"你为什么留在家里？"

我没回答，我的疲倦超越了愤怒，将我推到流泪的边缘。我很不想以泪水结束这个夜晚，所以没再多说什么。

警觉到我状况不对劲的保罗，伸出一只手摸了摸我："嘿，我们不要吵架，这件事没那么严重。"

"对我来说，我们已经在吵了。"

"好了，听着，莱丝莉，对不起。是我开始的，我道歉，忘了它吧。"

我用双手搓揉自己的脸，慢慢吐出一口气："我只是想过一个没有妈妈缠着的夜晚，拥有每个自由的片刻。"

"好，我了解。"

保罗将录音带推进车子的卡带盒里，《星球大战》，那是唯一够豪气到足以填满黑暗的音乐。他露出牙齿对我笑，朦胧的绿色仪表板灯光将他的五官弄得很可怕。他的脚踩下油门，我们进入超时空里。

我们一路开到科罗拉多的埃达斯（Eads），几乎穿越了平原一百六十公里。这里和其他地方并没有什么差别，看起来一样平坦，很像我们之前所在的地方。

我很失望，每次想到科罗拉多时，我都会想象那里有湖泊和森林，还有高耸的山脉；但埃达斯和西堪萨斯一样，四周同样空旷，毫无人烟。

我们仍在进行航天员的谈话模式。进行到天行者路克和莉亚公主（Princess Leia）的桥段时，保罗将车子驶入一个免下车餐厅，点了热乳脂软糖和圣代冰淇淋。我们记不得任何《星球大战》中食物的名字，所以就自己编了。我们在等餐厅的服务生准备餐点时，保罗的手臂一直绕在我身上，让我靠在他身边。这家免下车餐厅没有其他车子，像是黑暗中的橘色荧光小岛。当服务生终于拿着我们的冰淇淋出现时，我们刚好讨论到她会不会是伪装的外星人，潜伏在太空中心里。或许我们应该干掉她。所以她一走到车子里时，我们一阵大笑。

我们把车开到附近一处路边公园，然后下车。保罗让录音带继续播放，又把车窗打开，这样我们就能听见音乐了。我们坐在野餐桌上一边发抖，一边在寒冷的四月夜晚中把冰淇淋吃光。

保罗吃完他的圣代后，双手交叉放在空塑料盘上看着我。

他面带微笑。

我也对他微笑。热乳脂软糖和冰淇淋呈现出强烈又令人愉快的对比，我靠过去，越过桌子，给他一个有冰淇淋味道的吻。

他马上回吻，他起身用双手紧扣住我的脸，重重地将唇压在我的唇上。他的吻变得又湿又急，不久之后，保罗爬到我们之间的桌上。他的手伸入我的头发里，他亲吻我的唇、我的下巴、我的脖子。为了避免他和我的冰淇淋盘撞在一起，我迅速把盘子移到旁边。

"我拿了亚伦的保温瓶。"他小声说。我一时没听懂，但是当他伸手到口袋里时，我懂他的意思了。那个装满了保险套的保温瓶。"你的生日礼物。"他说。

我们差不多是以滚落的方式移动到下面的草地上，手臂仍然纠缠着彼此。或许是因为我并不在意，连像野餐桌这么粗糙的障碍物也没有注意到。

录音带播完了。保罗转过头，我感觉到他的肌肉拉紧，准备起身将带子翻面。我抚摸他的脸，说别管了，我不想再听《星球大战》。这可不是小孩的游戏，我不想再装了。

我们在草地里亲热拥抱，自从冬天以来，这片草地还未修剪过。保罗的双手在我的身上熟悉、自信且温柔地移动，他解开我上衣的每颗扣子，接着将上衣从我的肩膀上拉掉。夜晚的空气太冷了，我紧贴着他，渴望温暖。他吻遍每一寸地方，我发现他宽松的工作裤下面胀了起来。

直到保罗暂停动作，戴上保险套，我才真的意识到接下来会发生什么事。这就是做爱，我躺在他身旁的草地上想着，而这个认知以惊人、冷酷的方式朝我袭来，但不论我意识到什么，在他套上保险套之后都迅速消失了。

他的小弟弟看起来很巨大，虽然我之前看过它，但我还是忍不住一直盯着它看。等一下会怎样？会痛吗？万一我做错了该怎么办？我要发出愚蠢的声音吗？会有人听见我们吗？我在书上曾看过有关做爱的描述，上面说女人会失控、不断扭动和尖叫——至少那是梅根送我的小说里，他们一直都在做的事。

我开始想或许我们应该再播放《星球大战》的录音带，因为我有点担心自己会叫太大声，而三公尺外就有一条快速道路。

保罗再次在我身旁躺下，用双臂环抱着我。

"你想要吗？"他问我，我知道他感觉到我的紧张。

"嗯。"

"你确定？"

我点点头，我确定，但比之前所预期的要害怕多了。

我们恢复温柔的爱抚，我希望自己恢复成平常和保罗在一起时的轻松快乐。我的身体回应他，但我的心却退缩了，变得紧张、警觉，就像一个冷眼旁观的第三者。

保罗用缓慢的速度抚摸我，我在想是否这也是他的第一次。我从来没问过，因为我认为我是他第一个认真交往的女朋友，而且如果我不是他的第一次，我也不想知道。但现在我感到疑惑，虽然他的动作很慢，而且有点像在摸索，但比起我的迟疑、不知所措，他对接下来会发生的事似乎有自信多了。

我的身体开始以一种令人紧张不安的迫切回应着。保罗的手指变得会导电，每次他碰我时都发出令人发痒的电流。我想，如果我可以更放松，应该会觉得更愉快，但事实是这种感觉太强烈了。当他抚摸我的腰和背部时，我跳了起来，但我不是故意的。他吓了一跳，起身看着我。我对他微笑，摇摇头，转而亲吻他的手。

接下来，我感觉到他进来了，好痛。不是非常痛，但比我原先所想的还痛。我又在他底下猛然动了一下，他得再试一次才能进来。他压在我身上，他的重量有助于镇定我体内的敏感。知道这是怎么一回事之后，我放松了一点，所以当他再度进来时，我觉得没有那么痛了。虽然不是感觉特别好，但好一点了。

保罗很快就射了，几乎在他完全进入之前就射了。我感觉到那股温暖在保险套里膨胀，那是一种非常舒服的感觉，微妙又深奥，而且显然是打从我们开始以来，我所体会到的最愉快的一种感觉。保罗紧抱着我呻吟，我身体的紧张状态消失了，而且我感觉到自己非常爱他。

接着，我们又搂着脖子互相亲吻一阵子，然后在潮湿的草地里放松身体。草地因为我们身体的热度而变暖了，周遭的空气里充满了一股奇妙、成熟的味道，像是苹果的味道，只是比较重一点，而且含有微微的盐味。那是一股很好闻的味道，我不断吸入，想要读懂它。激烈、令人震惊的敏感已经完全退去，我现在感觉又温暖又快乐。

保罗的双臂仍然紧抱着我，但他的眼睛是闭着的。他露出浅浅的微笑。我躺着，看着他。他没睡着，但他非常的平静。他的小弟弟已经缩回靠着他的身体，保险套松松地挂着，而且满满的。我用我的指尖轻轻地触碰它，而他再次露出微笑，但仍然没有张开眼睛。

保罗似乎不想很快起来，所以他的手臂仍然绕着我，帮我抵挡夜晚的寒意。我静静地躺着，思考这次的经验。这需要练习吗？我原本以为我会更喜欢的。我有没有做错？或者要做过好几次才会做对？我在想，为什么我的皮肤会变得那么敏感？为什么我没有沉醉在我从爱抚中所得到的放松，和肉体的欢愉里？我的心突然变得那么不合理地警觉。我转身，透过树枝看着上面的星星。

我对性爱并不陌生，我经常可以听见我爸妈做爱。房子太小了，就是没办法听不到。他们并不会很大声，但如果你在不对的时间里读书，你会在无意间很清楚地听见他们发出的声音。他们会一起亲密地大笑或吃吃地笑，然后妈妈会变得相当爱说话。她会对爸爸说一些很蠢的话，不是我平常会听到的内容。

她会用某种小孩讲话的方式跟他讲话，仿佛她是个小女孩似的。我始终没有真正听到爸爸的回答，因为当他温柔说话时，他的声音太低沉了。但听到妈妈用那种方式讲话，让我感到很不好意思，超过无意间听到他们正在做爱时发出的声音。

我在想，总之，我从没听过妈妈大声尖叫过，也没有听到她狂喜扭动的声音，或许只有在书中才会那样吧。

接着，突如其来的痛苦想法全都混在一起了。做爱、尖叫、妈妈。他们强暴了她，而她当时是处女，就像我今晚一样，只是她不是在爱人的臂弯里。我突然坐了起来。

保罗张开眼睛："怎么了？"

我试着抹去心中的那些影像。

"怎么了，莱丝莉？"他又问了一遍，带着关心的眼神。他以为自己做错了什么事，以为他伤了我，他做错了，我并不想要。

我摇摇头。"没什么。"我说，但情绪已经被破坏了。温暖消失，变成冷飕飕的春天湿气。

保罗还是很不安："你确定吗？"他捡起他的工作裤穿上。

我点点头。

"你还好吗？你喜欢吗？"他问。

我再次点点头。

他弯下腰，亲吻我的头发："我爱你。"

我第三次点头。我觉得很冷，但没有穿上衣服，我躺回草地上。我原本想回答他的，我原本想告诉他我也爱他，但我只能勉强点头。

瓦特曼先生报了警

> 看到妈妈因为害怕那间小小的警察局,而拼命呕吐,我好怕她永远摆脱不了她的过去。

星期六下午,我和布莉雅娜到斗牛咖啡厅。爸爸在后院里割草,所以我告诉在厨房里做蛋黄派的妈妈,我大约晚餐时会回家。

我不太常和布莉雅娜、克莱儿或别的女性朋友见面,大半是因为我得留在家陪妈妈,另外也是因为,通常我有空的时候都和保罗在一起。布莉雅娜和我在斗牛咖啡厅碰面,在那里我们可以只点一杯可乐和一份薯条,然后坐上几个小时也不会有人要我们多点一些东西,还可以听听所有新的八卦。

我把那天晚上和保罗在埃达斯的事告诉她。此外还告诉她所有的事:每天没办法去上学,不得不留在家里的无止境的厌烦;为了赶上进度,必须放弃每周两个晚上在疗养院的工作,否则我无法兼顾到其他事情;还有摩顿太太,也就是疗养院的院长,她说如果我春天剩下的时间都没去,她不确定是否能让我在夏天时有一份全职的工作。

布莉雅娜则告诉我学校的八卦,她主要都在谈珍妮·索艾梅斯,还有她父母要把她送到东部某个地方,而不是像她原先所计划的送她上大学,布莉雅娜认为珍妮怀孕了。

"你想到我家去吗?"我问。现在大约是四点半,布莉雅娜正在算零钱,看够不够钱再买杯可乐来喝。"我家的冰箱里还有些可乐,而且还有山露汽水(Mountain Dew),那是我那个笨蛋妹妹喜欢喝的。"

布莉雅娜皱了皱鼻子。

"或许我还可以弄到一点玉米脆片,我记得我妈上次在超市买了一些。你要过来吗?我们可以坐在外面的台阶上,你可以跟我讲丹尼的事。你觉得他会约你出去吗?"

当我们转进我家那条街时,布莉雅娜用手肘轻轻推我。"你看,莱丝莉。"她说,"你们家前面有辆警车啊。"

我呆住了。

布莉雅娜也停下脚步。

"听着,布莉,"我尽可能保持冷静,"如果,你现在不能去我家的话,你会介意吗?"

"发生什么事了?"她压低声音说。

"我不知道。"

我们站在街角,我盯着那辆警车,它确实停在我家前面,还可以看到有位警察站在门口。

"这件事别说出去,好吗?"我求她,"别告诉任何人。"

"我了解。"她说,而我知道她真的了解。她爸在领薪水后会习惯性地喝一点酒,所以经常被警察送回家。

"答应我,布莉。答应我别说,好吗?"

她点点头:"好,我答应。"她又看了那辆警车一眼,接着转身走回百利街。

梅根正坐在后台阶上哭。我走到后门,想从那里进去时,发现她在那里,弓着身子。"他们逮捕了妈妈。"她说。

"怎么会?发生什么事了?"

"她出去了。那时候爸爸正在修剪紫丁香旁边的草,她偷偷溜到瓦特曼家,然后试图要托比和她一起走。他们发现了她,所以就报警了。"

"哦,天啊。"我在她旁边坐下。我可以听见客厅里传来的激昂声音,"谁在里面?"

"警察,还有爸爸跟瓦特曼先生,好可怕。"

"妈妈也在里面吗?"

"没有。"梅根号啕大哭,"他们把她关进牢里了。"

"现在听好了,梅根,别哭了。那样对事情没有什么帮助,对不对?"我说,虽然我的话听起来相当没有说服力。

前面汽车的门被"砰"的一声关上,然后车子发动了。过了一会儿,爸爸出现在后门。我们得移动一下,那样他才能开门。他走出来,站在我们中间。

"我们必须到警察局去,把妈妈带回来。"

"梅根说他们逮捕了她,把她关进牢里了。"

他摇摇头："没有，他们只是把她带到警察局，但下次要是又发生相同的事，我就得缴罚金了。"他皱起眉头，看着胡乱堆在草坪上的割草和修剪的工具，"我必须同意让她去看精神科医生。瓦特曼先生打算提出诉讼，唯一能够让他不提诉讼的方法，就是答应他，我会带她去看精神科医生。警察会帮忙在花园市的精神科门诊，替妈妈安排挂号。"

我们抵达警察局时，发现妈妈坐在警官桌前的长木头凳子上。有人给了她一杯用白色保丽龙杯装的咖啡。她坐着，拿着那杯咖啡，两眼盯着咖啡看。

爸爸靠在桌子旁和桌子后面的警官交谈，他们有一堆文件要他看，还有人正打电话给精神科门诊。"刚好，星期一有一个人取消挂号。"他对爸爸说，"我帮她约了卡瑞拉医生，星期一上午十点。"

"好。"爸爸说，他的声音温柔又恭敬。他保证会带妈妈去看诊。

显然，妈妈是尽了全力，努力在警局里保持镇静。等到车门关上的那一刻，她马上哭了出来。爸爸靠过去，用他的双臂抱着她，将她的脸埋在他的衬衫里。妈妈在哭泣时说了一些话，但我坐在后座听不见。

"不。"爸爸用温柔的声音对她说，"这里的警察不像那样。这里是美国，玛拉，没有人想伤害你。"

我无法想象妈妈在警察局里是如何撑过来的，因为她显然是吓坏了。此刻她放松紧张的情绪，在回家的路上一直靠着爸爸啜泣着，直到我们回到家，在厨房里，爸爸用手臂环抱着她，她还是一直哭个不停。她不断发抖和哭泣，把喝下去的咖啡全吐在厨房的水槽里。

梅根和我看着，我们都吓坏了。看到妈妈因为害怕那间小小的警察局，而拼命呕吐，我好怕她永远摆脱不了她的过去。

爸爸试着想让她平静下来。他让她坐在厨房的椅子上，然后用毛巾擦拭她的脸。他单脚跪着，用双手把她的头发往后推，但一点用也没有。

最后他站起来，一只手放在妈妈的手肘下，帮她站起来，一起上楼到卧房里。这次我很感谢能听见他们的关门声。妈妈的啜泣变成只是遥远的低语，像是洗衣机在运转的声音。

梅根和我走到后院里。我把原本打算要和布莉雅娜分享的东西拿出来：玉米脆片、蘸酱、椒盐脆饼，还有梅根的山露汽水。

梅根躺在刚割好的草地上。她的双臂放在头后面，往上凝视着榆树的叶子。"以后怎么办？"她看着我，"妈妈以后都会变成这样吗？她会继续把那个小男孩当成她的儿子吗？"

"不。"我说，"我不认为。如果我们能想出办法，她就会忘掉。我认为她只是没有其他的事情可以想。"

"但是，为什么她要这么做？为什么她无法明白，他不是克劳斯？"

我耸耸肩："我不知道。我想她可能太想念克劳斯了，她好想念他，心里一直忘不掉他。"

梅根没说话。她伸手从盒子里拿出一片椒盐脆饼，然后把它弄成非常小的几块，再丢给在草地附近跳来跳去的知更鸟，一次丢一块。"你认为真正的克劳斯发生了什么事？"

"我不知道。"

"你想他还活着吗？"她问。

"也许吧,如果他还活着,现在大概三十几岁。他不会跟托比一样大,这是我们能肯定的。他也不需要妈妈了。"

梅根拿起另一片椒盐脆饼:"莱丝莉,他真的是我们的哥哥吗,这个克劳斯?是真正存在的吗?"

"他是我们同母异父的哥哥。"

"想到就觉得很怪,对吧?有某个在外面晃的人,竟然是我们家的一部分,是和我们有关的人。"她停了一会儿,"那么另一个小婴儿呢?爸爸不是说有两个吗?"

"是啊,但我并不知道他的事,甚至连他的名字都不知道。"

"真的很怪。"

我们躺在草地里没再说话。我咔嚓咔嚓地啃掉玉米脆片,还有快一罐的豆泥蘸酱。当我把那一整包脆片吃完时,我用手指把剩下的蘸酱挖出来。我真的好饿。

"莱丝莉?"梅根说,她翻过身子趴着。

"嗯?"

"我有事想问你。"

"问吧。"

"嗯,"她说,"如果是我们被带走,妈妈会这么努力地找我们吗?"

"你的意思是,如果纳粹带走的是我们,而不是克劳斯?"

"嗯。"

我伸手去拿我的汽水:"会吧,我不认为她愿意失去我们,她应该是希望所有的家人都在一个地方,毕竟家人就是应该聚在一起。"

"有时候,我想知道,"梅根说,"是不是因为她已经有了我们,所以对你和我，就没像对其他失去的东西一样关心。"

"这个嘛，她失去很多东西。梅根，你必须了解这一点。"

"我了解，我只是说，嗯……"她拿着一片椒盐脆饼，暂停了一会儿，"嗯……好吧，有时候我并不是很了解。"

我们在后院里待了两个小时，直到黄昏降临，之后梅根进到屋子里，坐在电视前观赏布偶节目，我则站在门口，两眼盯着街上。我现在非常想离开这里，所以决定去找保罗。

我上楼，轻轻敲着爸妈的房门。他们的房间已经安静很久了，所以我很小声地敲，以防他们真的都睡了。

没反应，我小心地将门打开，看见他们躺在床上。床单很乱，他们并没有盖被子。爸爸只穿着他的 T 恤，妈妈则是什么都没穿。他的一只手臂伸出床单外，侧着右边躺着，而妈妈则蜷起身子，亲密地躺在他身边，把头枕在他的胸前。她的头发松了，遮住了她的脸，但我看得出来她正沉睡着。

爸爸把左手放在妈妈的身上，他的手指头和她的头发缠在一起。房间又温暖又潮湿，他要我帮他把窗子打开，我去开了。

太阳下山了，房间因四月的薄暮而变得阴暗。

"我能不能去保罗家？"我问，仍然站在窗子旁，一阵冷空气进到房间里，"我刚打了电话去问，他母亲说好。"

"梅根在做什么？"我爸爸问。

"看电视。"

"你们两个吃过东西了吗？"

我点点头。

他示意要我从床尾把被子拿给他，我把它拉到他们身上。

"好。"他说，"但别太晚回来，好吗？还有，带着钥匙。"

我点点头："我会的。"

我走路到保罗家时，心想的全是和做爱有关的事。看到刚刚那样的画面，我心想，妈妈怎么还愿意做爱？我爸是如何让她感受到性爱的美妙的？她怎么可以在从警察局回来的路上，不断歇斯底里地害怕他们强暴他，但几个小时后却和爸爸在床上做爱？

我无从推测起他们有过什么样的沟通，他是如何设法安慰她，让她重新恢复生命的。我希望能了解，我希望可以问他们其中一个，虽然我知道，我永远不会问。

保罗和我一起坐在他家前面的人行道上。一位邻居在浇花，路旁的排水沟流淌着浇花流下来的水。保罗用树叶和细枝做了小船，让它们在我们的脚下航行，然后他把脸靠在膝盖上看着它们。

亚伦的音响在我们的身后发出响而刺耳的声音。和平常一样，那声音很大，如果你在屋子里，你一定会受不了，但我们现在在外面，还可以忍受。我发现，这其实是一种令人欣慰的正常声音。

"我家快让我精神错乱了。"我说，然后弯腰把手指放进沿着人行道边缘流动的水里。

"你家吗？"保罗说，"你应该看看这里发生的事。你知道我那浑蛋弟弟今天做了什么好事吗？你知道玛丽安·麦亚李斯特吗？"

"不，保罗。"我打断他的话，"我的意思不是像亚伦做的那些事。我的意思是精神错乱，那些真正重要的事，你被关进朗德的事。"

我把所有的事情完完整整地告诉他，我告诉他为什么我没有去上学的原因,我告诉他关于克劳斯和托比的事,还有关于妈妈和那场战争的事。我认为在某种程度上他了解了,虽然细节没有很清楚,但他已经知道要点了。

他坐在人行道上,假装对他的树叶船很感兴趣,但我知道其实没有。我无法得知我说的事让他有多震惊,不过我也不在乎。对我而言,我急迫地想找人分担肩上的痛苦,没有心力再去担心其他人了。

"我希望,"我说,"我爸爸能想点办法。我一直跟他说,应该想点办法来改变事情。但他不理我。他除了避免直接答复外,什么事也没做。"

"但他现在做了,不是吗?"保罗问,"他准备带你妈去看精神科医生。"

"那是因为,瓦特曼先生威胁如果他不带她去,就要提出诉讼,否则他才不会这样做呢。"

"要不然,你觉得可以怎么做?"

"我不知道,可是一定有办法的。而且,为什么是我在想这件事?他是大人,他应该比我更懂这些事的。"

我把脸颊靠在膝盖上。这是个温暖的夜晚,而且今天是星期六,小区里有举办活动,所以很热闹,可以听见汽车在几条街外的大街上急速来回行驶着。

保罗弯身往前,研究街上某个东西。"不过,你很幸运。"他说,"你知道我为什么觉得你家很棒吗?"

"为什么?"

"你们彼此相爱,我的意思是,上帝,我从没看过像你爸和你妈那样，那么爱彼此的两个人。你们都是。你们都疯狂爱着彼此，莱丝莉。你留在家陪你妈妈，而你妹总是想帮点忙。相信我，你不知道你有多幸运，这个国家里有一百万个小孩会很开心地和你交换位置，他们会愿意容忍你妈的所有问题，只为了能生在像你一样的家庭里。"

"你在开玩笑吗？天啊，保罗，你真的那么想吗？"

"没错。"他说，头连抬都没抬，"大部分的人会愿意付出一切，只为了生活在一个相爱，而且他们全都知道这一点的家庭里，我当然也愿意。"

我的手指在水中搅动着，什么话都没说。

"可是即使是这样，还是不够。"我最后回答，"爱虽然有帮助，但还是不够的。你必须改变事情，你得找出为什么事情不对，并且采取行动来改善。这是我和我爸不一样的地方，也是他不对的地方。如果你想让世界变得更好，你必须做出改变。我爸会过来，用他的双臂抱着你，让你感觉好一点，但事情并没有变好。他对妈妈也是这样，他会抱着她、吻她，让她以为她是最棒的，但她还是没有解决她的问题，什么也没有改变。"

"但是，你要怎么改变那种事？"

我叹了一口气。看着另一艘叶子船下水，我又叹了一口气："我不知道。但是，一定有办法的。"

从未提起的往事

> 我刚抵达青年旅舍时,他们把我安置在一个房间里,要我脱掉衣服。我很害羞,害羞要那么做。

警察已经在星期六的下午,打电话到花园市地区心理健康中心,帮妈妈预约了星期一去看那里的一位精神科医生。

我们全都明白这个消息不会让妈妈太高兴。星期日一大早,我和爸爸在浴室门外碰面时,他跟我说,他认为早餐时是跟她提起这件事的最好时机。他认为愈早告诉她愈好,而且星期天的早餐通常都很悠闲。他说,如果妈妈不高兴,他不希望梅根或我选边站,让事情更加恶化。

接着他走回走廊,回到他们的卧房去。我站在门外,抓着吹风机,等梅根从浴室出来,同时害怕而且确定,那个早上注定会出现一如之前的可怕的、歇斯底里的场景。我在想,我是否干脆连早餐都不要吃,直接逃走比较好?

爸爸真的有非常温柔的本事，尤其，他与生俱来就拥有如何触摸你以传达深切关心的判断力，即使他几乎没有受过训练。他把双手放在妈妈的肩膀上，站在她后面，而她则坐在餐桌旁。他小心翼翼地解释警察为何释放她，条件是她必须去看诊，还有卡瑞拉医生会协助她理解一些困扰她、有关克劳斯的事，然后最后她会感觉好很多。

妈妈将双肘放在报纸上，她的双手紧握，遮住了嘴，她的表情变暗了。即使爸爸从他站的位置没办法看见她的脸，他还是开始按摩她的肩膀，并用温柔的声音说，他支持这个找人帮她的决定。

性格始终不可预期的妈妈，表现出一副无所惧的样子。然后，她爆发了。

她就像一颗厨房大小的原子弹——她没有要求自己和爸爸离开，到另一个房间里，也没告诉梅根和我不要去打扰他们，当场就爆发了。当时我们全都待在厨房里吃早餐，仍然悠闲地吃第二片或第三片吐司，浏览着报纸，但这时妈妈大发了一顿脾气，一顿用来审判背叛者的脾气。

"那些该死的蠢蛋！你站在他们那一边吗？他们偷了我的儿子，而你却站在他们那边，同意他们的做法！你为什么不帮我，欧麦利？你这个可恶的浑蛋，你站在哪一边？"

她大吼大叫地站了起来，捶打着爸爸的手臂。他只好离开她，先是躲到厨房的另一边，然后移到桌子的另一边。她追着他跑，气愤地对他大叫，她不需要任何人的协助。除了爸爸的协助外，她不需要其他人的协助，因为他是她的丈夫，他应该帮她的。所以，为什么他袖手旁观？他为什么告诉警察，她会去看精神科医生？他才需要看精神科医生，需要检查他的脑袋，看看是谁对他施了魔咒，看看他是什么样的人，连支持他太太都不愿意？

我好怕她会打他，妈妈只在梅根和我小时候调皮时，会偶尔打打我们的屁股，但此刻，我觉得她就快动手了。她抓起一张椅子的椅套，我闭上眼睛。

当我张开眼睛时，她仍站在原来的地方，抓着那张椅子的椅套。爸爸和她则隔了一张桌子。

因为我们拒绝支持她、我们最近对她的态度以及认为她是个不值得信任的小孩，她怨恨地怒视着我们，吐出一连串恶毒至极的话。好几个星期以来，她默默忍受我们对她的羞辱、卑鄙的对待，她容忍我们的背叛而一句话都没说，但现在，伤痛和愤怒像呕吐物一样洒了出来。

我们不愿意帮她找回克劳斯，这显然引起她最深的痛楚。为什么我们抛弃她？她认为自己明明没有错，她知道这些事，她比我们任何一个人都要了解这种经验，而我们为什么不相信她？我们为什么让自己被他们那些下流的诡计所愚弄？他们是怎么让我们相信他们，而不是相信她的？她知道自己没有错，而且她很恐惧他们有办法让她最相信的人突然离弃她。或者，只是因为我们很懦弱？

"我无法了解这一点！为什么你只是站在那里，欧麦利？你说过你会帮我找回克劳斯的，你答应过我的！欧麦利！你发誓过你会，但是现在却背叛我！"

然后她突然转向我。"你呢，你这个大笨蛋？你为什么一直像桶里的大便一样坐在那里？你为什么不听你妈的话，让她做她要做的事？

你这个蠢蛋，你被这好日子给宠坏了，你不知道有人天天打你，除了会给你狗吃的东西外，什么东西都没得吃是什么样子！你不认为那会发生在你身上，你被宠坏了，你只不过是个懒惰的大笨蛋！"

我低下头，两眼盯着报纸。

"你想怎么为自己辩护？你只是坐在那里。我从拉文斯布吕克出来，为的只是生下像你这样的孩子吗？我还不如死在那里算了，那样还好一点！我没办法了解你，我试着让你成为一个好人，可是为什么你不能帮我？"

"因为，关于这件事，你是不对的，妈妈。"我说。

爸爸皱起眉头，将一根手指放在嘴唇上，要我别讲了。我感到又沮丧又难过，再次低下头。

最后，妈妈开始哭了，但那不是感到挫折的泪水。她仍然很生气，但最后三种语言全都让她失望了。她站在厨房中间，哭了好几分钟，然后用她的前臂粗鲁地把眼泪挤回去，拳头握得紧紧的。

"你们对待我，像对待小孩一样！"她啜泣道，"你们全都一样。连她，连那个小婴儿也是。"她说，用手指着梅根，"你们以为我不知道你们是怎么对我的吗？你们以为我想要这样？你们以为我快乐吗？"

我感到很痛苦，妈妈对这个可怕情况的深入体会，比我所了解的还要多，显然过去这几个星期以来，我们一定让她感到饱受折磨。听她说这些不可能不感到心碎的，而且痛苦的事，你非听她讲不可。

"你们究竟为什么要这样对我？你们为什么要这样对我？好像我是心智不全的小孩，好像我很笨，是白痴一个。我愚蠢吗？嗯，欧麦利？是吗？"

爸爸仍然默不出声,他靠着炉子右边的料理台站着,双手放在大腿上,研究着地毯。他没看她,也没反驳她所说的任何事。他没有回答她的问题,他只是站在那里。

我替他感到难过,他几乎是妈妈所有怒气的出气筒,而她变得那么激动,我发现要不去保护他很难。可是我没去。我知道他只是外在很平静,如果我说任何事,他就会生我的气。

整个星期天的早上都让人非常痛苦,妈妈从早餐时间到将近十一点半,一直闹个不停。她泣不成声、大发脾气、咒骂和大叫,就像腐败的疮爆开来,脓流得到处都是,而且发现紧随而来的疼痛比之前的疼痛还要严重。

梅根呆呆地看着报纸的漫画版,她紧握着报纸边缘的指关节变白,眼睛则在查理·布朗、史努比和露西的画上来来回回游移着,除此之外,她完全不动。我无法让自己保持那样的静止不动,我的肌肉不断抽动,而且在时间缓慢流逝的同时,我发现自己想上厕所。我的双脚冰冷,但我像梅根一样不敢动。最后,我变麻木了,身体、心灵和精神全都麻木了。

最后,妈妈忍不住哭了起来,哭得又厉害又疲倦。她坐进我对面的一张椅子里,用双手盖住脸,哭了起来。我们三个人全都待在那里看着,没有人敢碰她。她只坐了一会儿,然后站起来,离开厨房。我们听见她上楼,然后又下楼,在后面的橱子里发出咔嚓咔嚓的声音,最后走了出去。我们仍然没有出声,谁都没有动。

那个上午剩下的时间和下午稍早,妈妈都待在花园里。她跪着,用力把花床上的杂草拔起来,她脸上用脏手擦泪的地方被弄脏了。

那天下午稍晚，我再次听见他们交谈的声音。爸爸再次向妈妈解释，这次，她只是悲伤地呜咽着。她既疲惫又不开心，她希望由他那里得到的是同情，而不是解释。她又哭了，爸爸冷静、耐心、持续不断地继续解释着，如果她不去见卡瑞拉医生，瓦特曼先生就会控告她。我坐在草地上，透过开着的窗子听见他们的声音。我想对他们大叫，要他们闭嘴，不过当然，我并没有这么做。

星期一早上，我期待妈妈如果不是认命，至少会因为前一天的歇斯底里而太疲惫了，以至于不会变得难以应付。

但是她没有。约诊时间是早上十点，我上楼告诉她时间到了时，发现她正坐在床上，全神贯注地在读一本书。

"妈妈，你准备好了吗？"

我看得出来她没准备好，她穿着一件旧牛仔裤和一件爸爸的衬衫，袖子还卷了起来。

"妈妈，该换衣服了，现在快换，把书放下。"我走到衣橱那里翻她的衣服，她并没有很多衣服，大半是因为她认为所有的东西都是共有的，所以她常从爸爸和我的衣柜里拿衣服去穿。虽然如此，她还是有几件比较好的衣服，而且当她穿上它们时，看起来真的很漂亮。

"这件怎么样？"我问，拿出一件粉红色的羊毛洋装问她。

"不要。"她说，头并没有抬起来。

我把它放回衣柜里。"那这件棕色裙子呢？这件看起来很不错。"我把它拉出来，"你喜欢这件吗，妈妈？"

"我不想穿那件。"

"你可以穿我的白色上衣来搭配，尖领的那件。那件搭它会很好看。"

"不要。"她说，而我并不相信她有把头抬起来过。

我把衣服一件件拿出来，她一件件否决。

"听着，妈妈，你一定要换衣服。衣服全都在这里，你不能穿现在身上的衣服去看医生。"

"这很干净，我穿的。"她回答，"如果它能让欧麦利看我穿上，那么对那个医生来说，这样就够了。"

"妈妈，这不一样。你必须穿上好一点的衣服，光是衣服干净是不够的。当你要去见医生时，你要试着看起来很好。"

"这些看起来很好啊。"

"不好，妈妈。"

"它们够好了。"

"妈妈，它们不够好。这件牛仔裤宽松下垂，而且很没有型。再说，总之去医院是不应该穿牛仔裤的，而且也不能穿爸爸的衬衫去，那看起来很糟糕。"

她没理我。

"妈妈，求求你好不好？就算是为我换，好不好？只要一次就好了，我希望你出去时，看起来像一个好妈妈。"

她埋首书中，没有理会我，我只好从她手中抢走那本书。那是艾瑞卡·琼（Erica Jong，美国女作家）写的《如何保存自己的生命》（*How to Save Your Own Life*）。

"你读这种书做什么？"我问。

她耸耸肩，给我一个和蔼的微笑。"研究一下嘛。"她说，并且得意地笑了。

我并不认为这有什么好笑的。

她拖延好久，最后我只好把她抓起来，逼她移动。"至少把那件愚蠢的衬衫塞进去。"我说，抓着牛仔裤的腰带，把爸爸的衬衫下摆塞到裤子里，"说真的，有时候你比梅根还要糟糕。"

前往花园市的一路上她都安静坐着，以女战神的姿势，双臂交叉抱在胸前。我渐渐生气了，不仅因为她持续抵抗，同时也气爸爸没有亲自来做这件令人讨厌的差事，生气似乎已经变成我们一家人共有的情绪。

心理健康中心是一栋新式建筑，离一条铺了碎石子的入口车道约两臂长的距离。里面的柜台用原色漆漆得很亮丽，桌子后面的女人以比星期一症候群更高兴的态度迎接我们。

"路上还好吗？风很大吗？看起来像下午会有暴风雨吗？"

突然变得很友善的妈妈和那位接待小姐聊得很热络。我在想，现在是怎么了？她来到这里，像硬币一样光鲜亮丽，把每个人都迷得神魂颠倒？我闷闷不乐地坐在等候室的一张椅子上，看着她的一举一动，然后我想到了战争。难怪她活了下来，因为她可以逆来顺受。现在发生的事，根本微不足道。

我坐着看过期的杂志，而妈妈则花了一个小时和卡瑞拉医生在一起，又花了另一个小时和他们的心理测验师待在一起，做各种测验，然后卡瑞拉医生和她一起走到等候室。

卡瑞拉医生的个子很高，年纪比妈妈要大，有着像足球选手般的身材，肩膀强而有力，胸部宽阔。他非常英俊，有种拉丁风格的气质，还穿着一件剪裁很好的灰色套装，和一件看起来干净利落的白衬衫。他打扮得很出色，只是他的领带似乎与此格格不入。那条领带很宽，而且颜色很奇怪，让我觉得他要不是很有幽默感，就是对领带的品位很差，或是家中有个像梅根一样的孩子，买了这条领带送他。

他和我握手。"你母亲下星期得回来见我。"他说，并交给我一张折好的纸条，"还有，这是她的处方。"

"她要早上过来，像今天这样吗？"我问，"或者你认为我们可以改时间？你看，我得向学校请假才能带她过来……"

"星期三晚上有个夜间门诊，到九点。可以吗？"他问。

"好。"我说，并露出微笑。很好，那么爸爸就可以带她过来了。

医生一路陪我们走到车子前。我的情绪头一次振作起来，或许是因为我们终于完成某件事了吧？卡瑞拉医生似乎很讨人喜欢，而且也很称职，妈妈看来好像和他处得还不错。

我在开汽车锁时，他们在停车场里聊得很开心。他们讨论着伦敦，妈妈还跟他提起摄政公园（Regent's Park）里的玫瑰。他说他的大儿子就住在那附近，正在攻读戏剧。

之后，我们停在一间得来速餐厅吃午餐。精神奕奕的妈妈建议我们好好款待自己一下，所以我们点了菜单上最大的汉堡、薯条和洋葱圈，以及一些炸蘑菇——这是我之前从未在得来速餐厅菜单上看过的菜色。在我看来，炸蘑菇很可怕，吃起来有梅根袜子的味道，所以最后由妈妈把它们全部解决掉。

我们在车子里一起吃午餐的时光非常有趣。妈妈说起在诊所里所做的测验,还有那位心理测验师,他的工作是提供测验。我几乎忘了妈妈情绪好的时候可以多么有趣,而这也让我了解到,过去几个星期里,她的行为还有我的行为有多么消沉。但现在,在连珠炮似的笑声里,她的故事和笑话回来了。

接着,我问她是否想到别的地方去。天气很好,我一直在家也快腻死了,现在既然有车子任我们使用,浪费这样一个美丽的下午似乎很可惜。好啊,她同意,何不好好玩玩?

"你想去哪里?"我问。

她正在用吸管把最后一点奶昔吸进嘴巴,那发出沙沙的声音。

"博物馆?"

她摇摇头:"去那里,不如待在我们家。"

"那么去哪里呢?"我问,"你想去逛街吗?"

"不想。"她说。我原本以为她会想,但她一直不是很喜欢逛街。

"那……我想我们可以去动物园?"

妈妈大笑。"好啊,去看大象闪闪。"她说,还模仿广告里的声音。进到花园市的快速道路上有好几个广告招牌,上面写着"到动物园看大象闪闪"。我很惊讶,尽管她在前往诊所的路上处于激动状态,她还是看到了和大象有关的广告招牌,我当然没看。

最后,我们决定去水库。我们两个都不是大象迷,但又想不到其他听起来有趣的地方,所以最后只好选水库了。

"这是个很漂亮的地方。"妈妈对我说。她捡起一颗石头,把它丢进水里。已经被风掀起水波的水面上,出现了阵阵的涟漪,"克劳斯回来时,我会带他来这里,他会喜欢在这里玩的。"

"妈妈，"我说，"就这一次，我们暂停和克劳斯有关的对话，我们谈谈别的事。"

她点点头。

太阳很亮，看起来是酝酿暴风雨的日子：晴朗、微湿，而且对四月底来说，有点太过温暖。刚好有足够的风让天气不热，我们坐在宽阔水面上方的一处斜坡上。

"你跟卡瑞拉医生谈过克劳斯的事了吗？"我问。

"我以为你不想谈他的事。"

"嗯，我只是想知道。有吗？"

"我跟他说战争时，他们带走我的孩子。"

"是，但你有明确地告诉他，有关现在的克劳斯吗？关于托比的事？"

她捡起另外一颗石头，用手指将上面的脏东西搓掉。那颗石头又圆又光滑，灰色的，看起来很普通。她小心地将石头拿起来，瞄准，将它丢进水里。以我所能看到的东西，除了小波浪外，没有什么东西是可以瞄准的，但她专注地看着那颗石头划出了弧形，直到它落入水里。

她没回答我的问题，而我可以从她故意闪躲的态度中，看出她并不打算回答我。我认为，她并没有把托比的事告诉医生。

我们静静地坐在一起。妈妈专心地打她水中的目标，不断捡起石头来丢，而且每次都会研究它们掉下去的路径。我看着水库的对面，现在是初春时分，平常黄色的大草原上仍然带点微绿的色调。上方的天空无尽延伸，一片蓝蓝的。

我的心随意漫游，我想到克劳斯，真正的克劳斯。他究竟在哪里？我还想到那场战争对我的生活持续带来的影响。

"妈妈？"我问，并且转过头去看她。她的下巴靠在交叉的手臂上，手臂则放在膝盖上，她也看着远处的地平线。"克劳斯的爸爸是谁？"我问。

一开始她没说什么，而我则变得很不自然。我想到这是多么私人的问题，或许我不应该问的。

她摇摇头："我不知道。我从来没有真正认识过他们当中的任何人，他们只是过来，我从来不知道他们的名字。"

"我另一个哥哥呢？他叫什么名字？"

"约瑟夫。"

"他现在在哪里？你知道吗？他像克劳斯一样，被带走了吗？"

她微微移动了一下，叹了一口气，这让她脸颊旁的头发飘了起来。

"我很抱歉，"我说，"我不应该问你这种事，对吧？对不起。我知道这是个相当私人的问题，如果你不想告诉我，我可以理解。"

"不，我不介意告诉你。"她回答。她露出微笑，不是对着我笑，而是对着地平线笑，接着才转头看我，"但问题是，你真的想知道吗？"

我变谨慎了，我把脸撇开。

一阵沉默。

"那段时间真的很可怕。"她说，"那是难以启齿的一部分，平常的生活消失了，噗，就像烟一样，你再也没有可遵守的规则了，你得自己编规则。如果你不那样过活，很难让它听起来像是真实的。"

她伸手去拿另一颗石头，掸去上面的土，将它瞄准看不见的目标，丢出去。水花被溅起，之后是一片安静。

"你瞧，"她说，"你在那时候所做的一些事，是很可怕的。但反正你做了，你做是因为，它们比其他的选择要好。"

她用手指拨弄着身旁地上的土，寻找另一颗石头。

"你了解我的意思吗？"她问，转过头来看着我。

"我想我了解。"我说。

"这里，在这个国家里，"她说，"很安逸，没有人被迫加入不幸的决定。在这里，选择就只是选择，好就是好，坏就是坏。你所做的每件事都没有灰色地带。"她举起一只手，看着小指头上的指甲，"这是最难讲的部分，因为我没办法解释得够好。"

"你做得很好，妈妈。"我说，"我知道你的意思。"

接下来又是一阵沉默，只有我们身后的松树上，传来乌鸦的声音。妈妈转头去看它们，接着她弯腰拿起另一颗石头。她捡起石头，将石头靠在她的衬衫上磨，检查了一下，然后丢掉它，让它掉回地上，接着在附近找下一颗石头。

"我那时很年轻。"她说，"克劳斯出生时，我才十七岁，十七岁零两个月。就十七岁而言，我是个很笨的女孩，你比当时的我还要聪明，聪明太多了。我以前受到太好的保护，对我来说，生命里只有漂亮的衣服、跳舞还有好成绩。爷爷想要一位庄园的淑女，但他应该养一个士兵的。"

她停了一会儿。

"我在无知、不了解的情况下去了那里。"她轻声说，"我当时在大学读书，但我对这个世界一点都不了解，完全不了解。我还以为用舌头接吻就会怀孕。

"我刚抵达青年旅舍时,他们把我安置在一个房间里,要我脱掉衣服。我很害羞,害羞要那么做。关于那一点,关于露出我们的身体,爷爷在家是很严的。我不端庄时,他会对我很凶,可是他们却要我在陌生男子的面前光着身子。我知道他们不全都是医生,他们当中有些人穿着武装党卫队的制服。有一个人,他打量我。他把布尺绕在我的头周围,看看我的脑袋有多少空间。"

她斜着身子,将手指放在草地里。她找到一只球潮虫,用指甲轻弹它的壳。

"之后,他们把我带到一间只有一个衣柜和一张床,其他什么都没有的小房间里。那里没有椅子,也没有桌子,只要我把双手往外伸,就可以摸到对面的墙壁。

"在旅舍里,大部分的女孩都是两人一间房,有些甚至还有窗帘和彩色床单,所以我觉得她们当中,有些人是自愿参加的。她们知道她们为什么要去那里,所以她们有好房间,还有好漂亮的东西。但我不是,因为我是个外国人,所以他们把我隔开。"

她停了下来。

那只球潮虫还困在她的指甲下面,她坐着,两眼盯着它。

"第一个晚上,他来到我房间时,我并不知道他要做什么,我甚至不知道他是什么人。我以前从没看过他。他的年纪比较大,可能二十五岁左右。他要我躺在床上,我照做了。我现在并不记得为什么我会那么乐意照做,我想我只是真的不知道他要做什么吧。他说:'躺下。'所以我就躺下,但我不肯脱掉我的睡衣。

"他说:'你是怎么回事?'他认为我在挑逗他,我是假装害羞。

'你怎么忸忸怩怩的？'那正是他对我说的话。忸忸怩怩。那是什么意思？忸怩？他以为我是在挑逗他。

"'我没有。'我说，'那就脱掉你的睡袍。'他回答。但我不脱，如果每次有陌生男人要我脱衣服，我就脱，那么爷爷会怎么看我？我才不要。我告诉他我不要。因此他抓着我的睡衣，开始用力拉开它。我很生他的气，因为他拉得那么用力，害它裂开了，就裂在袖子上方。我记得我大声对他叫，那是我唯一一件睡衣，我记得我说：'你以为我有很多件吗？'

"但是他仍然紧抓着我，把我推回床上，还爬到我身上。这时我好害怕，再也不敢去想睡衣的事。他仍然穿着制服，就这样压在我身上，他好重。"

她抬起头，看着水库。

"他说：'你叫什么名字？'我说：'玛拉。'然后他说：'你是斯拉夫人，对不对？'我说我是来自匈牙利的德国人。我可以感觉到他的呼吸喷在我的脸上。他喝了杜松子酒，我闻得到它的味道。他好重，我几乎无法呼吸，接着他亲吻我的唇。以前没有人那样吻过我，当他还要再吻时，我打了他。

"'没有人可以对我这样做！'我告诉他。他大笑。'你真是热情，我的小匈牙利妓女。'我告诉他我不是妓女，但他说：'你是妓女，玛拉，不然你不会在这里，你不过是个小匈牙利狗杂种。'

"我告诉你，我从那时候开始哭起来。我觉得很害羞，而且很丢脸，还有害怕，所以我哭了起来。

"我开始把所有事情告诉他。我告诉他我在列别尼的家，还有我已经好久没有看到我妈妈，还有战争开始，我好担心他们。我告诉他我是如何被送到位于德累斯顿的学校，还有关于艾儿菲姨妈和我必须睡在走廊上的事，因为我想家想到吵到布莉姬塔。我说我十月刚开始念大学，而且我只有十六岁。我说对于来这里，我没得选择，是他们要我来的，而我想要的只是回家，回到妈妈的身边。

"但他只是大声笑我。他说我只不过是个肮脏的小淫妇。"

她舔了舔她的唇，用左手腕去擦它。那群乌鸦飞了起来，飞过水面到另一边去。

"有一次我试着逃离那里，那是我刚到之后不久的事。我想逃到火车站，不过我没有钱买车票，所以我打算偷偷搭上开往维也纳的火车。但没有一班火车是往南的，因此我心想，不管来的火车要去哪里，我都要搭上。

"但他们在我搭上火车之前就找到我了，他们带我回去，那个穿着大靴子的男人，那个要我在他们面前脱光衣服的人对我说，有集中营。他问我知道集中营吗。他说如果我不喜欢这里的生活，我可以选择到集中营去。

"那次之后，他们锁上我的门。白天里我并不是那么在意，反正他们会带报纸和书给我看，而且我可以在小房间里吃饭；但是晚上……"

她摇摇头："我可以听见他们来找我的声音。我躺在床上，听着他们在走廊上走路的声音，我可以分辨得出来，我总是分辨得出来他们只是在走路，或者他们是要到我的房间来。我渐渐以他们靴子的声音来认识他们。我从来不知道他们真正的名字，但我给他们取了绰号：大靴子、稳健的步伐、乡巴佬。

"白天里没有事,而到了晚上,我只是躺在床上,听他们的靴子在木头地板上发出声音,而且他们要来找我时,我总是会知道。"

她停了一会儿。

我想告诉她别再说了,我不想再听了。和她平常的故事不同,这个故事有一种心痛的坦率。没有装腔作势的动作,没有意味深长的暂停,让我猜猜接下来会发生什么事。她只是讲,平静地讲,没有装饰,和她平常的风格相反,但让人更难以专心聆听,因为突然间对我而言,这似乎全都是相当私人的事,仿佛我正在偷听,或看一本私人的日记。

风停了,我们的周遭突然变得相当温暖。大草原在高温中变得完全无声,你仿佛可以摸得到寂静。

"我怀孕了。"最后她再度开口时说,"那时候好多了,大靴子有时候还会来,他阻止其他男人过来,因为我已经怀孕了,但他仍然会来。"

"这让我觉得稍微好一点,不是他们全部的人,稍微好一点,而且我以为就快可以回家了。有些女孩只要一怀孕,就获准回家,她只是来这里生产而已;她们当中有些人甚至可能和武装党卫队军官结婚,但我不确定,那里没有人可以交谈。总之,我问大靴子,而他说,是,孩子生下来之后,就可以回家了。"

她转头过来看我,唇上带着浅浅的微笑。"我可以感觉到那个孩子。"她说,一只手轻轻放在她的肚子上,"那是种奇妙的感觉,他在里面动。我会躺在床上,幻想着他,我会想:'玛拉,你会自由的。明年这个时候,你会在家帮爸爸种花,这个孩子,他是你的救星。'"

接着,妈妈突然大笑。她看着我,又咯咯地笑了起来:"我必须承认,其实我有点怕回到家。你能想象,我该怎么跟爸爸妈妈解释我有个孩子?我一直在想这件事,甚至还编出荒唐的故事来解释。整整九个月,我都在想:'玛拉,你要怎么告诉爸爸这件事?'

"接着他出生了,我告诉过你他是怎么出生的。就在旅舍的产房里,在橡胶垫上。"她微笑着,"总之,我帮他取名为克劳斯。汉斯·克劳斯·费雪,面包店老板的儿子,因为我爱过他。我十五岁时,还以为我会嫁给他呢,我那时已经详细计划我的一生了,当我十五岁的时候,我就计划好了。"

接着她摇摇头:"但是事实上,事情并没有按照我的计划发生。不过,总之我还是以他的名字帮那个孩子取了名字,因为我好希望那个孩子是他的。"

她露出一个浅浅、发自内心的微笑:"他真是个好孩子,比你或梅根都要安静。你们两个都是很爱扭来扭去的孩子,那么急;但他喜欢被人抱着。他非常……我该怎么说……非常平静。就像平静的海一样。他会只是躺在我的臂弯里,看着我,而且心平气和。"她瞄了我一眼,"而且他好小,就那么一点点。"她用双手比画了一下,"你要大很多,是个大呆子。"她露出牙齿微笑。

接下来的沉默,变得又长又敏感。她的视线已经离开我的身体,抬起头盯着远处,然后她闭上眼睛休息。她还是没说话。我仔细看着水中的涟漪。

"我好蠢,是个大白痴。"最后,她开口说,"记得那种蠢事是很痛苦的。你看,我相信他们。孩子出生后,他们认为他好漂亮,他不像有些孩子是黑头发,他一生下来就是金发。护士会带着他来看我,他们都爱上他了，就连大靴子也来过一次，他带来巧克力，还说我生了一个好儿子。

"但是我是个大白痴。我一直在想：'玛拉，你是那么聪明的女孩。你没有在被强暴这件事上小题大做，所以现在大家都很满意你，而且你就快要重获自由了。此外，你还有这个很棒的小宝贝。'你看，我仍旧相信他们。我以为自己狡猾地熬过了所有的事，我以为我是只狐狸。"

她叹了一口大气。"我以为孩子和我，我以为……"她没讲完那句话。

她低下头，将头靠在双臂上，暂时遮住她的脸没让我看到。我突然警觉到她也许会哭。千万不要是现在，我祷告，因为我不知道自己是否承受得了这件事所引起的泪水。这时她抬起头，让我松了一口气，她没有哭，她抬头看着天空。

接下来没什么，我们静静地坐在一起。时间过去了，一分一秒，就像过了好几年。

"他们就那样把他带走了。他当时只有二十天大，他们以为我已经没有奶水给他喝了。"她突然停了下来，"不，不对，我讲错了。并不是奶水的问题，他们随时都会把他带走，白痴在这里。"她说，同时摸着自己的胸部，"需要理由的是它。他们始终不需要。

"我发誓我要把他找回来，我割腕，这里，你看，这是那个疤。我割腕，用我的血在门上写下'你们绝对无法把他和我分开'。他是我的骨肉，我一定要找到他。他们笑我，'玛拉，我们的小匈牙利妓女，'他们说，'她真是小题大做。'

"然后事情又从头开始了。这次，我对他们说我不会再让男人进来。我把衣橱推到门前。'你们不能这样对我,'我说,'我是人。'我就是不想再容忍了,现在我了解了,我拒绝让他们继续这样对我。

"但是他,那个穿着大靴子的人,他带着狗鞭子来。他说:'你对我们来说不过是个贱人,而且这个会告诉你我是对的。'他每个晚上都带着狗鞭过来,每个晚上,直到我的月经来了。从那时开始,他派人过来。"

她耸耸肩:"还有什么好说的?都一样。除了我不再有特权,再也没有书,再也不准踏出房门一步。

"我很想知道旅舍外面发生的事。当时是1941年,我可以听见同盟国飞机的声音。晚上我会躲在衣橱里,飞机会飞过去,而我会听见炸弹袭击的声音。我吓得要死,始终不知道谁是敌人,谁不是敌人。不过那也没什么太大的差别,那时他们全都是敌人。

"那些男人过来找我时,我会问他们发生什么事。我会问他们每一个人,在每一个晚上。如果他们告诉我很多事,我会对他们比较好。谁占上风?外面怎么样?同盟国军队对我们做了什么?有个人告诉我,希特勒很快就会击溃英国人,会到伦敦。另一个军官说,我们随时都会证明千年德意志帝国(Thousand-Year Reich)的实力。他们全都这样说,而且我认为他们全都相信,我们会打赢那场战争。"

"嗯,"她摇了一下头,"我告诉你,我以为我会永远被关在那个房间里。如果他们能逼我给他们孩子,我没有理由认为这样的待遇会随着战争一起结束。当然,我害怕盟军,我认为如果他们打赢了,一定会当场杀了我,所以那对我来说不是件好事。当时我以为,不论发生什么事,不论谁打赢,我永远都没有自由的一天。"

她的双手放在头的两侧，手肘靠在膝上，两眼凝视着水库。有一只动物在那里，非常有可能是一头母牛。它走下一处小高地，慢慢地走，没有明显的目的。

"到了十二月，我又怀孕了。那是他们希望我做的，因此我一怀孕，他们就对我比较好。我又有书了，而且有时候，当护士和我在一起时，我可以到房间外面用餐。

"但我怀那个孩子时，害喜害得很严重。我怀克劳斯时没有这样，怀你或梅根时也不会如此。我从早上醒来的那一刻就开始吐，直到晚上睡着为止，我还以为自己一定会把那个孩子给吐出来。

"不过他们把我照顾得很好，他们派了一位护士来照顾我，她说：'别担心。你会保住这个孩子，不会流产的，因为害喜经常是表示一个孩子着床很成功。'她一直陪着我，即使晚上也是。"

风再度微微吹着，她的头发从肩膀上飘起来。她凝视着别处，陷入思绪之中，我坐在她身旁，整个人仿佛空空的。

"没错，"她坚决地说，"一个人必须做出决定，即使所有的选择都是不好的时候，你还是必须做出决定。我当时只有十八岁，还只是个孩子，虽然不再是个愚蠢的孩子，但仍然只是个孩子，那是个现实的决定。我所做过的决定当中，没有一个能和那个决定相比。"

她停顿了好一会儿都没有说话。

"孩子提早来报到，他应该在八月出生，但七月就出来了，就在我生日之后三天。"她说。她的声音单调而且不带感情，"我请他们帮他取名为约瑟夫，以爸爸的名字取的，但我要他们拼成 Jozsef，那是匈牙利语，我不想让他成为德国人。我告诉他们要让他受洗，并且把证明带给我，那样我就可以知道他已经被命名为约瑟夫了。"

"他们照我的意思做了。"她说，然后就没再讲下去。她双手紧握，放在自己的唇上，没有再说话。几分钟过去了，她还是盯着草地看。

"我的胸部变得很胀。当一阵子没喂孩子后，胸部会变得很圆、很硬，尤其是一开始奶水刚来时。"她的声音又低又微弱，但听不出带有情绪。

"因此当他们下午把他带来给我时……那个下午，他们把他交给我而……我抱着他。他好饿，急着找奶喝，打从早上出生开始，他都还没有喝过奶。他就像其他孩子一样饿，所以，我非常小心地将他的头压在我的胸前，把他闷死。"

她耸耸肩："然后我被送到拉文斯布吕克。大靴子说，他没有别的选择。"她的表情差不多可以说是微笑，但充满悲伤而且讽刺："选择，你瞧，一直都是我在决定的。"

20

妈妈把药吐了出来

妈妈仍然站在桌子旁,脸上写满了痛苦,而在那一瞬间,这些事对我们家所造成的损害已经相当明显了。我的世界已经颠倒。

"医生见到她很开心。"那天晚上,爸爸在书房里对我说。

我背靠着躺椅:"那他认为她有什么问题?他认为她为什么要那么做?"

"她说,他认为她很可爱,表达能力很强。"

"爸,她是故意要表现得很可爱,你知道妈妈的。"

"嗯,所以,"他面带微笑说,"如果她能想得到要那么做,事情就不会太糟吧。"

"爸!医生说了什么?她是怎么回事?我们该怎么办?"

"他并不认为事情很严重,关于人格违常,关于她一直摆脱不了有关克劳斯的事。"

"我们不需要精神科医生告诉我们这个,我们知道她有这个困扰,就连梅根也可以看得出来。但我们该怎么办?关于瓦特曼这家人?我回学校后,这件事该怎么办?"

爸爸伸手拿起一张放在桌上的妈妈的照片,那张照片镶了框。"他希望继续见她,每个星期三,试着帮她找出解决办法,而且他给了她一些药,他说那应该会有帮助。"

"万一它们没帮助呢?"

"应该有,"爸爸将头转开,但手中仍然拿着那张照片,"你知道医生跟我说什么吗?他们帮她做了测验,测试她多有活力,智商有多高。你知道吗?"他转头回来看我,"卡瑞拉医生说她每个问题都答对了。他说她是个非常聪明的女人。"

"爸,她现在又不是要申请进入大学。"

"她很漂亮。"他看着照片低声说。

"爸!"我气得大叫,"别再说了,好吗?我们在谈的是妈妈,她一直想到瓦特曼家去!如果那些药没效,她会怎么做?那是我想知道的事,没有别的!万一它们没效呢?"

"应该有效,他是精神科医生,莱丝莉,他习惯这些问题了。他说那些是特别的药丸,是镇静剂,而且它们药效很强,是专门开给精神分裂患者服用,让他们停止产生幻觉的。"

"但是妈妈并不是出现幻觉,她之前吃过好多镇静剂,万一这些对她没效呢?我厌烦等待了!我现在就要知道接下来可以怎么做,如果这个没有效的话!"

"你必须有耐心,莱丝莉。"

"今天坐在那里的人不是你,爸爸!你没看见她欺骗了他们。你也不需要每天整日和她在一起,日复一日,一直试着比她早一步采取行动;你也不需要因为她而放弃上学和工作,还有你的朋友!"

"你妈妈并没有欺骗任何人,莱丝莉。那个人是精神科医生,是一个受过专业训练的专科医生,如果妈妈想骗他,他会看出来的。"

"她没告诉他托比的事。"

"他已经知道托比的事了。"爸爸有点生我的气,由他的声音可以听得出来。

我很生气,转身走到书柜那里,浏览那堆书:"我只是不再对任何事有信心了,爸。我需要知道这个方法失败时,我们该怎么办。"

他用厌烦、防御的姿势耸起一边的肩膀:"船到桥头自然直,女儿。"

我回去站在桌子前。

他转头过来看我,他看到我的脸时把脸撇开,摇摇头:"别那么难相处,莱丝莉,我们是很辛苦,这个我知道,但别人家也会经历这样的事,而且比我们的问题还要多。有弱智儿童的家庭;有年迈的双亲;有要帮十二岁大的人换尿布的,就像马丁斯家和肯尼一样,或是贝利·艾德尔曼和他患有自闭症的儿子。那并不轻松,不过如果你不希望家人被送进机构,莱丝莉,我们就得做我们所能做的一切。有时候我们确实得吃尽苦头,但那是爱一个人不可缺少的一部分。"

我什么都没说。

"莱丝莉,我爱你妈妈,她不属于医院或任何机构,那会害死她的,所以即使要拼上最后一口气,我也绝对不会让她住进医院或其他机构里。"

"爸，我没有想要那样做。"

"你有，因为如果你、我还有梅根无法应付她，那么那就是最后的办法了。"

我低下头。

"但我不会让那种情况发生的，我不在乎会有什么样的牺牲，我不会让你妈妈发生任何事。她现在会这样，并不是她自己的错。"

我立刻泪眼盈盈，事先没有任何征兆。甚至在我感觉到它们之前，泪水早已模糊了我的视线，也流下我的脸颊。

爸爸立刻走到我身边，我摇摇头，无法说话。

"我很抱歉，这件事让你那么辛苦，我真的很抱歉。"

"不是那样的。"我说，压抑着自己的情绪。

他的眉头皱了起来。

"她告诉我……"我说，"今天下午我们在外面的时候，她告诉我有关旅舍和约瑟夫的事，还有她是怎么到拉文斯布吕克的。我试着不去想，但做不到，我的心里只记得这件事。"

药丸让妈妈无精打采，昏昏欲睡，医生的处方是一天两颗，它们立刻就产生效用，让她无法张开眼睛。她会坐在客厅的沙发上，双手放在头的两侧，想保持清醒，但最后她总是放弃并躺下，时醒时睡。

爸爸打电话给卡瑞拉医生，告诉他，他认为那药丸太强了，但医生说她会适应那些药丸的。

经过两个星期的缺席，星期二我终于回到学校。感觉很怪，我原本以为自己会想念学校，但事实上，没有之前预期的那么强烈。德语课的老师泰南先生点到我时，仿佛我一直都来上课，一句话都没问。没有人问我去了哪里，或是回到校园上课的感觉如何。这天让我觉得又孤独又沮丧，我感觉自己仿佛在两个世界之间漂流。

那些镇静剂简直让妈妈无法动弹，所以并不需要太担心把她一个人留在家里会发生什么事，即使药丸没让她睡着，也会让她不想动而无法去做太多事。我早上要上学时，她会躺在沙发上看电视，等我下午回来时，她还在那里，她甚至不想帮自己做午餐。

梅根对妈妈在吃下镇静剂后的迟钝行为，感到相当的紧张与不安。她一直觉得妈妈处在如此恍惚的状态下，需要有人照顾她。当梅根注意到妈妈白天没有帮自己弄咖啡时，她相当苦恼，因为她知道妈妈有多爱又黑又香的咖啡。梅根哀求着，如果我们可以不让妈妈服用那些药丸，她自愿留在家里照顾她，她不介意没去上学。想到梅根之前的成绩单，这或许是她的真心话。

星期四，妈妈显然习惯镇静剂了。早餐时她比较有活力了，而且到我下午放学回来时，她已经差不多恢复原样，在厨房里闲逛，哼哼歌曲。我在吃三明治时仔细地观察她，看是不是能察觉到任何她对托比恢复兴趣的迹象，但没看出任何端倪。

她穿着一双旧的有孔网球鞋，不是散步鞋，她的谈话大半和最近的时事有关，而且是开开心心地用英文来讲的。

稍后我在客厅时，注意到脚踏垫上积了厚厚一层灰尘。我真的变得很爱做家务，而且我知道妈妈这个星期什么都没做。

我走到后面的橱子里拿吸尘器，当我双手着地，拿着吸尘器跪在沙发后面吸地时,偶然发现一张纸条,那是从桌子下面一堆杂志和报纸里掉下来的。

我将它捡起来,翻到背面,上面有妈妈的笔迹,她是在一张梅根的作业纸后面写的。作业上的日期是星期一,所以这是妈妈最近写的。我仔细看它,上面是德语,而且是妈妈用她那敏锐、看起来像外国字的笔迹写下的。她写的字活跃、有特色,尽管是欧洲的语言,字体却又大又容易阅读。

显然,那是某种清单,上面写着:棕色鞋子、三件衬衫、面包。

"妈妈?"我问,我走进厨房,"这是什么?"我拿出那张纸。

她看着它,但并没有从我手中将它拿走,她摇摇头。

"你写的,是什么?"

"我不知道。"她说,"这个药,它让我的头脑变得迷糊,我做了什么都不记得了。"

"这看起来像是某种购物清单,还是什么的。"

"那应该是我写的吧。"她说,表情很诚实,"这个药不好。它让我做一些事,但我不知道自己做了。"

我扬起一边的眉毛,可是她坚定地看着我。我妈妈像狐狸一样狡猾,不管有没有药丸。

晚上大约八点半时,我走进书房找爸爸。他正在看杂志。

"爸,"我说,"我做了某件事,你听到时不会太开心,但我认为那是应该要做的事。"

他抬起头。他下班回来时在浴室洗过头发,而且头发没怎么梳就让它干了。乱乱的、又黑又卷的头发，让他看起来像爱尔兰的爱因斯坦。

"我拿了奶奶的债券，而且把它兑现了，我买了到韦尔斯的票。"我把旅行社的票夹放到桌上，"可是只有两张。我原本希望我们全都能去，但票太贵了。旅行社那个女孩说，她已经算我很便宜了。还剩下三万块，而且这里还有我工作赚的钱，看到了吗？这里。"我把钱也放在桌上，"我希望你和妈妈到韦尔斯去，我会照顾梅根的，但我希望你带妈妈回来。"

爸爸什么都没说，凝视着票夹和钱。

"我知道你会生我的气，因为你不希望我做这件事，但我必须这么做。我必须想点办法，我就是没办法站在那里，呆呆地看妈妈经历这件事，再说，毕竟那是我的钱，我有权利决定怎么使用它。"

他微微地摇了摇头，然后脸红了："哦，莱丝莉，你不应该这么做的。"他的声音勉强只比耳语还大声一点。

"我知道你会生气，但是你经常跟我提到爱。你总是说我们会做这做那，只是因为那是当你爱某人时，就会做的事。所以我也一样，因为我爱你们，所以我觉得这是我该做的。"

他用手遮住嘴，慢慢吐出一口长气，他并没有抬起头来看我。

"是六月的票，我至少必须提前二十一天买票才能拿到折扣，那样可以吗？你可以向修车厂请假吗？"

"哦，莱丝莉，你不该这么做的。"他又说了一遍，"现在我们要拿什么付你的大学学费？学费怎么办？"

"这个嘛，就像你常说的，船到桥头自然直。一定有办法的，我可以去打工,可以边上课边打工。但现在,我只希望你和妈妈去花之林一趟。"

我希望他能多讲一点什么,我已经准备好听他的长篇大论,但没准备好面对他坐着,什么都不讲。

"爸,我得想点办法。"

"我只希望你能先跟我讨论这件事。"

"我不能。"我回答,"你不会答应让我这么做的。"

第二天早上,我回到楼上的房间。这纯粹只是碰巧,我应该在上学的路上了,但才走没几步,我就想起我把法文作文放在桌上,所以又跑了回去。

我的卧房就在浴室隔壁,我很不喜欢这样,因为我可以听见里面的所有动静。因此,那天早上回去拿作业时,我停了下来,我听见有人在浴室里呕吐。

我走到卧房门口往外看。我进来时,梅根正在楼下的厨房里,但出于以前的经验,我直觉认为那是她在吐。"梅根?"我对着浴室门说,"你生病了吗?让我进去。"

没有人回答。我试着打开浴室的门,但门是锁着的。

我跑回房间里,拿了一支衣架。浴室只用一个钩扣上锁,因为爸爸觉得浴室是个危险的空间。他经常警告我们,可能会有人在浴缸里滑倒或发生其他意外,所以他得确定在危急时可以很快推开门,轻易拉开锁。

在里面的是妈妈,她坐在马桶旁的浴缸边,她的表情十分谨慎,马桶已经冲水了。

"你在做什么？"我突然顿悟，"你把药吐出来了，对不对？"我气疯了。

她的脸颊变红，舌头正在嘴里转啊转的。

"哦，天呀，妈妈。"我沮丧地垂下手，"我们该拿你怎么办？"

"它们让我太想睡了，我没办法思考。"

"你不应该思考的，可恶！我们不希望你思考，就是你的想法让我们有这些麻烦的！妈妈，那些药是为了你好！"

她真是令人难以置信，凡事总是比我们抢先一步，和爸爸说的不一样，照顾妈妈和帮肯尼或贝利·艾德尔曼患有自闭症的儿子换尿布，根本就没办法相比。照顾妈妈可不是在保管一样物品，她太乐意照顾她自己了，因此照料她就变成一场漫长、没有希望的机智之战。

我叹了一口大气："你等着我跟爸爸说吧，等着我告诉他这件事。"我看着她，"我今天不去学校了，如果你认为你可以这样做，可以骗我们，然后侥幸逃脱，那么你心里一定有更多点子。"

"你在想接下来要做什么吧？去瓦特曼家，我想一定是这样。你打算要去看托比吧？"我双臂交叉放在胸前，"你可以不用计划了，妈妈，因为你逃不了的，我不会让你得逞的。"

我非常气愤地冲出浴室，冲回我的卧房里。我用力脱掉上学穿的衣服，将它们丢在床上，再套上一件T恤和一件脏牛仔裤。我下楼时，拿着早上的报纸，还坐在餐桌旁的梅根惊讶地抬起头来。

"你不去上学吗？"她问。

"不去。"我说，但声音里还带着没有耗尽的怒气，"可是你最好去,马上就去,如果你知道怎么做对你比较好的话。"

她想了一会儿,接着站起来:"我知道了。"

我站在厨房门口时,正巧注意到前天在打扫客厅时发现的那张纸条。我走到另一边的料理台去把它捡起来,拿着它苦苦思考。妈妈在写这个时,她心里想的是什么?那只是一张清单,用蓝色彩色笔写的,但我看着它时,它变得不祥。她打算离家出走吗?诱拐托比,然后到别的地方?

我拿着那张纸时,突然间明白了。即使是现在,即使她和自己的家人生活在堪萨斯这里,但是对她而言,一切仍然处于战争状态。她经历了在旅舍的那段惨痛岁月而活了下来;她熬过了集中营;她逃过武装党卫队;所以,她当然也会逃过我们。这是种勇敢的特质,一种坚忍不拔,但也是一种残忍的坚忍不拔,完全不带慈悲,她在残害我们。

然而,这里并不是德国,战争结束了,我们也不是敌人。我拿着那张清单,颓然地坐进一张椅子里。

过了一会儿,妈妈走进厨房里。显然她的肚子还是不舒服,因为她的一只手还是放在肚子上。她拿出一个玻璃杯,走到冰箱那里,帮自己倒了一点牛奶。她没跟我说什么,甚至连看都不看一眼,因为她觉得我伤了她。我们之间的沉默存在着一种令人受伤的刺痛,那么明显,甚至好像摸得到。

我仍旧无精打采地坐在椅子上,看着她。她有什么好难过的?被毁掉一天的人是我,我一点都不想原谅她,事实上,我想让自己进到厨房里时所感受到的痛苦、愤怒继续燃烧,那样一来,我就可以针对那张愚蠢的清单再次质问她,质问她为何要以她愚蠢的想法,把我的整个人生弄得一团糟?

但她进到厨房几秒钟后,我的愤怒在不知不觉间消失了,就像烟消散到黑暗之中。

"我们该拿你怎么办,妈妈?"我问,我看着她时,手撑着下巴。

她转过来,我们隔着一张桌子、两张椅子的距离看着彼此。那股令人感到极为痛苦、不开心的沉默持续着。她把头转回去,然后拿起牛奶盒,帮自己倒了第二杯牛奶。

"我不是小孩了。"她说,她没看着我而是看着杯子,声音里充满了愤慨。

我被一种真正令人气馁的绝望感给打败了,它突如其来,而且没有丝毫预警。绝望之强烈令人难以置信,或许同时也是一种生理上的打击吧。妈妈仍然站在桌子旁,脸上写满了痛苦,而在那一瞬间,这些事对我们家所造成的损害已经相当明显了。我的世界已经颠倒了,乱七八糟了,我们被毁了。

就像最近以来的第一百次,我知道自己就要哭了。除了让泪水出来,我没有其他办法。这突兀、凄凉的深刻理解淹没了我,我已经到了精力耗尽,只能瘫坐在椅子上的地步。

妈妈看着我,继续拿着那杯牛奶,慢慢地喝掉,然后透过杯子的边缘看着我。她暂时带着一道牛奶胡须,之后她把它擦掉,但她的表情很谨慎,仿佛不信任我为何突然安静下来。

"我们为什么会变成这样?"我问,我的声音哑了,我用一只手擦掉泪水,"妈妈,我们是怎么了?"

她的眼中仍然保有谨慎的担忧。

"这对我来说太过了，我不喜欢事情变成这样，我只是希望我们家是个正常的家庭。我并不想一直伤害你，也不希望你伤害我，我只是希望一切正常，像以前一样。但我再也不知道该怎么办了，这一切让我害怕得要死，妈妈。"

她的脸上充满了怜悯，一种雨水对干土壤的怜悯。控制她稍早动作的谨慎、迟疑不见了。她将我们之间的椅子推到旁边，走到我身边，用双手紧抱着我的脸一会儿，接着张开双臂抱着我。她以强而有力、坚定和安慰的母亲的拥抱，将我深深埋在她的胸前。

"哦，我的爱，亲爱的孩子。"我紧靠着她时，她小声地说，"亲爱的孩子。"她紧紧抱着我，手指头缠绕着我的头发，唇靠着我的头。我感觉到她呼吸的热。

接下来，她轻轻往后退，用两手抬起我的脸。"我真的很爱你。"她笑着说。她亲吻我的唇。

我也可以看见她眼中的泪水。

21

杀人犯玛拉

就在我扣上衣的扣子时,一位警察来到堤岸的顶点。我有点慌张,心想或许保罗和我做了什么违法的事,但我一直忘了自己已经成年了。

我告诉爸爸关于妈妈在吐镇静剂的事,也把那张清单告诉他,还说妈妈不肯说明那是做什么用的,我说我赌她打算诱拐托比。

我讲完时,他大声呼唤妈妈,妈妈的头出现在门的附近。"来这里,"他说,"我想和你谈谈。"

爸妈早已争吵过无数次,但这是唯一一次,爸爸提高声音,但妈妈却没回答任何一句话。稍后他们走出书房时,妈妈没有哭。她的脸因为激动而变红,但她没发作,而是走进厨房里,帮自己泡了一杯咖啡。然后她坐在餐桌旁喝咖啡,用一只手指描着桌上看不见的图案。

我没理会他们两个人。梅根要我帮她绑辫子,所以我和她一起上楼到她房间里,直到睡觉前,我们两个人都在一起。

妈妈摇醒我时,我正睡得很沉,没有做梦。她将一只手放在我的肩膀上,我吓了一跳,猛然跳起来。她靠得很近,她的头发松散,垂下来碰到我的脸颊。

"怎么了?有什么事吗,妈妈?"床边的时钟显示现在是三点四十七分。

"下来陪我。"她说。她的声音低沉,由于抽烟的关系变得沙哑,所以当她轻声说话时,你听到的是字里的爆破音。总之,她说"r"和"t"时都很怪。

我疲倦地坐起来,揉揉眼睛。

我走进厨房时,桌上的烟灰缸里还有一根香烟在燃烧,所以我知道她会叫醒我,一定是个冲动的决定。她泡了一壶印度红茶,配着牛奶一起喝。她没问我就拿了另一个马克杯到桌上,也帮我倒了一杯。

"你睡不着吗?"我坐下时问。

"我不知道是怎么了。"她说,还是很小声,虽然在厨房里没必要这么小声。我可以察觉到,隐藏在她声音里未流出的泪水。

她若有所思地一口接着一口抽着烟,两眼盯着厨房的另一边。我心想是什么事让她把我叫起来?这很不寻常。

平常,我们之中会有人听见她的声音,然后起来;但如果我们没听见,她很少会把我们叫醒——特别是最近,特别是我。如果她觉得需要有个伴,通常都会找爸爸,而不是我,因此让我觉得很纳闷。

是因为吵架的关系吗?或许那件事对她的伤害,比表面看起来还要严重,所以睡不着,但害怕叫醒爸爸。我不知道是不是这样,而且我也看不出来,她静静地坐着抽烟,穿着一件洗过很多次的旧印花睡袍，披了一件羊毛衫在上面保暖。她的睡袍前面是解开的，我可以看见胸部的轮廓。

"我在做什么？"她含着香烟，小声地说，"我问我自己，我说：'玛拉，你对他们做了什么？'欧麦利，他好气我，气得发狂。我怕他开始讨厌我了，也怕大家都讨厌我。我问自己：'你做错了吗？'"

她转头看我："我做错了吗？"

终于，她开始失去信心了。她用平静、硬邦邦的德文音节说话，努力压抑它们背后的情绪。她继续说，大半都是含着香烟说。我们仍然没有说服她了解托比不是她儿子；但是，这几个星期以来的头一次，她开始失去勇气了。要回克劳斯的代价对她来说变得十分明显，她可以看到我们所有人对此的反应，而她的信心没了。

宽慰像冰冷、清新的水冲到我身上。我一直在等她说这些话，甚至曾梦见我听到她说出这些话。我的肌肉因为突然放松而下垂，紧绷的状态开始慢慢解除了。

她拉出睡袍上的一条长带子，将它绕在她的手指上。"我现在不知道该怎么办才好。"她说。

"该是忘掉它的时候了，妈妈，回到以前的样子吧。"

她看着我，深深吸了一口气，伸手去拿另外一根烟："我也希望事情有那么简单，宝贝。天啊，我真的很希望。"这番话背后又隐藏了许多没说出口的事，她将一只手塞进头发里。

我起身去准备另一壶茶。

"实际上是罪恶感。"她说。

我从炉子那里转过身来。

"带着罪恶感活着。"

"是什么罪恶感,妈妈?"我问,我以为她的意思是指发生在约瑟夫身上的事,或者只是过去几个星期来她所造成的破坏。

"我不知道。"她说,"应该是活下来的罪恶感。"

我将刚泡好的那壶茶拿回来,再次坐下。

"我在拉文斯布吕克时,很气艾烈克。"她说,"因为我在受苦,但他却好好地待在家里。我当时心想,为什么我一辈子都过得没他好?他是个捣蛋鬼,总是会想出可怕的鬼点子,总是害我被骂。我们会做一些事,而且每一次我都会因此被处罚。

"爸爸的皮带是为我准备的。'艾烈克不懂事。'爸爸总是这么说,'可是你,玛拉,你不能不懂事。'看在老天的份上,我只大他十三个月啊!而且想出那些事的人不是我,是艾烈克。"

她暂停了一会儿,用一只手指头抚摸着马克杯的边缘:"但它们都是小事,对吧?都是小孩子的事,没什么好计较的。不过,当时我并不这么想。我在拉文斯布吕克时,我很气他,我心想,这就和以前一样,我在这里受苦,但他却安全地待在家里。"

"后来,"她说,"我知道他们射杀了他,我活了下来,但他们却冲进家里,把他推到磨坊工厂的墙上,然后射杀了他。欧麦利和我回去时,血渍仍然留在那里,仍然在石头上,我永远无法原谅自己的心胸竟然那么狭隘。"

我看着她,她坐着,仔细研究着桌面。

"你无法想象,为了可笑的小事而希望人死掉,然后得知他们真的死了,是什么样的心情。尤其在你自己做了那么多不好的事情之后。

"我很想活下来,你不了解,我有多渴望活下来,不计代价。你必须身处那个可怕时期,才会了解平凡的世界有多么珍贵,你会希望再次生活在平凡的世界里,再次做平凡的事。

"我因为太想活下来而背叛了他们,艾烈克、爸爸、妈妈。我也背叛了匈牙利。我想让自己变成德国人,因为只有那样,我才能活下来。"

我的身子往前靠,伸出一只手抱着她:"哦,妈妈,我不觉得你有背叛任何人。"

"我有,只要我活下来,就等于是背叛了所有人。"她看着我,"我一定有,对不对?因为我活下来了,但是别人没有。"接着她停了一会儿,"我为什么没看出来?我一天问自己一百次那个问题。为什么我没看见他们在做什么?为什么我愿意让他们带我离开耶拿?他们要我上巴士,我就上了巴士。我从没质疑过为什么他们要我这么做。我为什么不知道,那会发生什么事?"

"妈妈,你当时才十六岁,比你大很多的人也都没看出来。"

"可是为什么我那么笨?"

"妈妈……"

她将手指放在鼻梁上,吐出了长长的一口气:"然后我被带到那里,在旅舍时比在拉文斯布吕克要糟多了。在到拉文斯布吕克之前,我的灵魂就不见了,当时我背叛了我爱的每一个人,只为了活下去。

"我应该做得更多。我一直在想这件事。那些男人来时,我应该试着杀掉他们,他们全是武装党卫队的军官。我一直在想,如果当他们其中一个人和我在一起时,我杀了他,那可以救出多少犹太人?但我一直没动手。

"他们都是高阶军官，负责执行'生命之源'的任务。他们的手染了许多鲜血，如果我杀了他们，或许能救很多人的生命。我应该杀他们的，或是自杀，或其他什么的……但我好害怕……我只是想活着离开那里。"

"妈妈，你的心情我完全能理解。"

"夜晚来临之前，我会坐在小房间里等待。我会坐着想，只有我是真实的。只有我的身体、只有我的思想、只有我的感觉是真实的，其他都不是真的。那些男人会来，我会让他们进来，而且在我心中——mein Verstand（我心中）我知道他们在这里。

"但是对我而言，他们变得非常不真实。我会让他们变得不重要，而且这样做的确有效，这样一来，我就感觉不到他们正在对我做的事。"她摇摇头。

"不过那样是不对的，我现在明白了。我应该想办法杀了他们的。"她下了一个结论。

"妈妈，你当时不过是个年轻的女孩，你所做的，大部分的人都做过，我不认为你故意背叛任何人。"

"他们把我绑起来，脱掉我的衣服，就像动物一样，而且我让他们那样做。我让他们在我身上尿尿；我在他们面前爬，亲吻他们的靴子。我太怕他们了。"

"哦，妈妈，别再说了，求求你，我们别再谈这件事了，好不好？求求你，事情已经结束了，所以我们把它忘了吧，求求你，为了我好吗？"

"爸爸会因为我而羞愧无比的。"她中断了一下,这次的中断又漫长又沉重,她坐着,一手撑着头。

她看着我:"你知道吗?我该跟你说一件很可怕的事吗?"

我没有动。

"我做了一件非常、非常可怕的事。"她小声说,"很恶毒的一件事。战争之后,欧麦利和我在寻找家人时,我祷告……"她又瞄了我一眼,"你知道我祈祷什么吗?我祈祷我们找不到爸爸。那是我做过最差劲的事。每当我想到这件事,我都会觉得很羞愧。我祈祷我们找不到他,虽然他是我的爸爸,而且他爱我。"她抚摸着桌面,若有所思地凝视桌上的某一点,"但是,我怕他。"

沉默。

沉默扩大。

她动也不动地坐着,只用她的指尖感觉塑料桌布的质感。

我一动也不动,看着她。

"我永远无法成为他所希望的那样。"她说话时相当平静,"他想要的好多,我小时候,他会从托儿所把我带走,带我一起到画室,让我坐在桌子旁的皮椅里。然后他会拿出他的烟斗,坐下来抽烟斗,并且看着我。

"'在所有人当中,你是最棒的。'他会这么说,'你是最棒的。村子里好多人都对我说,我的女儿多么漂亮,好一位小淑女。大家都认为我是很幸运的男人。'他会对我说这些话,不知道说了多少次了,我坐在那张皮椅里,脚还踏不到地板。"

她停了一会儿。泪水就在她的眼眶里打转,但她没理会它们,继续盯着桌面。

"为什么是我呢?"她用哀怨的声音质问,"他为什么总是那么爱炫耀我呢?我并不好。为什么他一直要告诉我那些事呢?为什么不是艾烈克呢?或是米哈里?他们是他的儿子。我始终不了解,为什么是我呢?"

她又停了一会儿,但并没有抬起头。

"我好害怕我会找到他,他会知道的,他会看着我,知道我在战争时所做的事情。"

"妈妈,我们别再谈这件事了。"

"我为什么活下来?我应该死的,死掉总比让他们对我做那些事要好一点。"

"求求你,妈妈……"

接着是沉默,她暂时全神贯注在她的茶杯上,轻轻地抚摸它,盯着它看。

然后她转头看我:"关于约瑟夫的事,你懂吗?关于我说的决定?"

"嗯。"我说,"我想我懂。"

又停了一会儿。她似乎突然颓丧下来,用手掩住了眼睛:"但是我现在该怎么办?克劳斯该怎么办?"

我没说话。

她叹了一口气:"欧麦利很生我的气。我开始认为他很快就会讨厌我了,但是,如果我没有了欧麦利该怎么办?没有他,我要怎么活下去?"

"你永远都不需要担心这一点,妈妈,所以别想这件事了。"

"他不了解。"

"妈妈,我认为爸爸了解。我认为他的了解,比你所认为的还要多得多,我不担心这一点。"

"我担心。"她说。

"我看得出来你担心,但你就别担心了,好不好?爸爸不会放弃你的,你知道他不会的。"

她叹了一口气,表情凄凉。"可是我还是好担心。"她小声说,眼中又带着泪水,"欧麦利怎么受得了我?我那么脏,我让那么多恶毒的男人碰过我,那么多下流的猪。我是一只下流的猪,欧麦利怎么受得了和我一起躺在同一张床上?他怎么能够爱我?"

"哦,妈妈,别这样说。"我站起来,走过去紧紧抱着她。我紧抱着她的头,亲吻她的头发,"爸爸真的很爱你,你知道的,他爱你胜过世界上其他的东西。我们全都是,我们全都很爱你。之前发生的事对我们来说绝对没有影响,你一定要了解而且相信,因为那是真的。"

她往后靠,用手抹掉泪水,抽了抽鼻子,然后伸手去拿茶壶。她倒了另一杯茶,加了牛奶,搅拌它,再用睡衣的袖口仔细地清走泼洒在桌上的一滴茶,然后大口喝着。

我瞄了一下时钟,还不到五点。

"身为雅利安人,我一直觉得非常内疚。我写信给荷尔·魏利时,一直提到这感觉。我一直不断重复告诉他,那让我感觉内疚,而这样一来他就会原谅我。但事实上,一点帮助都没有。现在,"她说,"当我想到那件事时,我明白那不是单纯身为雅利安人的缘故,是活着的缘故。"

她慢慢吸了一口气："我告诉荷尔·魏利，如果我必须要活着熬过那段日子，我希望自己是个犹太人。那是真的，我真的这么希望。清白的死会比较好一点，遭受他人恶毒双手的迫害，比自己变得恶毒还好一点。这样一来，我就不会有羞愧感了，也就不需要去想，爱我的人希望那些人能停止迫害他们。"

"求求你，妈妈，求你别再想这件事了，好不好？我真的了解，关于约瑟夫，关于旅舍，关于拉文斯布吕克。我了解你做的事和你做的决定，它们是可理解和被接受的，妈妈。"

她看着我："那么你可以原谅我吗？真的吗？我做的事，你可以原谅我吗？"

"哦，是的，妈妈。我可以原谅你。"

第二天早餐之后，趁着梅根到外面去玩时，我告诉爸爸，妈妈昨天晚上睡不着，和我们之间的对话。他知道那些事，我想他一直都知道。

他告诉我那段时间的其他事情，关于她得了斑疹伤寒后漫长和缓慢的恢复期，还有在拉文斯布吕克两年半的副作用。

妈妈在那里的大半时间，都和洁德薇佳这类的波兰妇女在一起，做一些粗重的农务。他描述他们回到列别尼备受折磨的旅程，还有他们在德国废墟寻找克劳斯，长达十年却无结果的搜寻。他说，那是他们留在韦尔斯的真正原因，因为那样要追欧洲大陆的线索比较容易。

还有件事是我一直都不知道的，那就是爸妈在战后随即到美国和奶奶住了一小段时间，但是妈妈一直担心可能会漏掉克劳斯的行踪，所以相当烦躁,她说服爸爸回到欧洲。然而,不管是透过孤儿院、红十字会,或其他为家庭重聚而服务的代理机构,都不曾出现过有关克劳斯的资料。

所有有关"生命之源"的记录都被毁了,而且似乎是在盟军逼近时,旅舍就先行销毁的。不管克劳斯是被谁带走,或是被强迫弃养,统统没有一丝线索。

妈妈仍然非常痛苦,她在每群学童当中看到他——每个金发蓝眼的小男孩都是他。她到每个地方时都在搜寻每个孩子的脸,而有孩子出没的每间商店、每条街道、每个家庭都会吸引她的注意。

最后,爸爸不得不坚持离开欧洲,回到美国。当时是1957年,他认为必须在这件事毁掉他们两个之前,重新开始他们自己的生活。

这个星期六,爸爸留在家,不像平常一样到修车厂去。我告诉他有关妈妈那天晚上告诉我的那些事,让他难过了。他在厨房里不安地踱步,用力清洗碗盘。接下来我看到他时,他正坐在客厅沙发旁的地板上,妈妈则睡在沙发上。他轻轻地、温柔地抚摸她的头发,他的脸离她的脸只有几公分而已。

保罗在中午过来找我,并留下来用午餐。他和亚伦前一天晚上去抓老鼠,所以他答应今天中午会过来。我并没有特别想做什么,只想到阶梯小溪和他独处。

他大约十一点到的,心情相当好。他和亚伦打赌他可以连续打到五只老鼠,不会失误,而他赢了,所以亚伦得买三盒点二二的子弹给他。保罗开心地把它们拿进来给我看,我告诉他,他的娱乐好恶心。那毫无疑问是他最不可爱的兴趣,我拒绝听他美化它,但我自愿协助他把枪和其他子弹放进屋子里。

我说,我不想带着那堆垃圾去兜风,因为那是很危险的。他同意了,但是我知道,事实上,他是担心有人会偷走这些宝贵的东西,破坏了他娱乐的主要来源。

经过前一晚的折腾之后,妈妈起床时心情非常愉快。她只比保罗到达之前早一点起床,当我们在厨房里切蔬菜当午餐的沙拉时,她刚洗好澡闲逛进来,头发还包在毛巾里。

"哈,你在示范印度最新的流行样式吗?"保罗看到她时说。

"你在哪里找到这个笨蛋的?"她问我,"在垃圾场里抓老鼠?而且他一点都不尊重长辈。"妈妈把临时充当头巾的毛巾拿掉,湿头发披散下来。她用毛巾突然在保罗的背部打了一下,他则跳了起来,抓住屁股上的裤子,他们两个都像黑猩猩一样乱喊乱叫。

午餐生气勃勃,休息过后和放松下来的妈妈和每个人开玩笑;爸爸和保罗很严肃地讨论芝加哥小熊队(Chicago Cubs);希望得到注意的梅根则来回摇动椅子,在我们的对话里插进一些不合理的话。

之后,保罗和我离开了,爸爸则答应梅根会带她到市区去。梅根在过去几个星期一直很想要一双鞋,那是一种其他学校小朋友都穿的运动鞋,而且梅根真的认为,如果她没有那种运动鞋,她的社交生活就完蛋了。

一开始,爸爸告诉她这种想法很愚蠢,而且我们没有钱能买那种鞋,再说,其他鞋子也都还可以穿。但是后来爸爸领到一些加班费,而且梅根一定是拿那件事把他烦死了,所以最后他答应带她去潘尼的店。

当保罗和我走出来时,梅根正光着脚站在走廊上,因为爸爸告诉她要检查袜子,确定袜子没有破洞或有臭味。她站在那里,将袜子脱下来好好检查一遍,爸爸走过来大声喊要她动作快点。

"我一定要买到那些运动鞋。"梅根说,"即使它们要一千块,我还是要买。"

爸爸小声地说,才怪,她一定有其他想买的东西。

保罗和我沿着阶梯小溪来到熟悉的地方,我们从车子的后座拿了毛毯,把毛毯铺在薄薄的草地上。保罗脱掉他的衬衫,我们躺在一起。我可以看见热浪从大草原上升起,我们静静地抬头凝视着天空。四月和五月是龙卷风的季节,而在堪萨斯,你会很注意当下的天空是什么样子。天空晴朗无云,我在想,雷暴云还要一阵子才会形成。

我们聊了一下,但聊得不多。主要的话题是保罗要离开这里去念大学,还有我也得离开。事实上,我们将去不同的地方。我们用冷静、超然的语调谈着未来的发展,仿佛如果我们之间的感情消逝了,对我们任何一个人来说,都不会有太大的关系。

然而,事实上是关系重大。我告诉保罗,我甚至不确定自己会去上大学,因为我已经把那笔债券兑现了。他说他也不再对去念俄亥俄州立大学那么确定了,他希望自己能去读天文学,或者至少是物理学。然后他暂停了一会儿,接着用悲伤的语气说,小的时候做什么事都比较容易,从来不用担心工作或钱这种事。

这句话让我们脱离原先讨论的主题,开始谈到童年的事。我说梅根的童年比我轻松多了,我总是觉得对家里有相当的责任,而我并不认为她有。保罗说,以他的想法,那只是个性的问题,不同的孩子用不同的方式反应。他说同样的事情也发生在他和亚伦身上，亚伦也是没有半点责任感，他活在此时此刻，对未来一点意识也没有。

这段对话，让我想起梅根，和她沉迷于阅读有关战争的书籍。那件事已经平静一点了，但我知道她仍然在读。我不了解的是，她从哪里借来这么多书？我说我不用再读，也已经知道太多了；还说我认为"无知"在许多方面反而是件好事。

保罗则认为，也许有时无知真的是好事，但无知就像站在一间没有上锁，却始终没打开的牢房里。

然后他伸手过来解开我的上衣，当他再次躺下时，我可以感觉到他温暖、赤裸的皮肤。我们在炎热午后的寂静之中做爱。这样好多了，轻松多了，我终于能够放松下来。炙热的天气也有帮助，空气沉闷而且让人想睡，我的思考渐渐迟钝，而身体则放松地回应他。

之后我们变得昏昏欲睡，小虫子成群飞过，你可以听见它们尖声、遥远的嗡嗡响声对照着寂静。我们躺着，眼睛闭上，手臂抱着彼此，身体因为布满汗水而滑滑的。由于半夜被叫醒，我在激情之后变得很累、很想睡。我的耳边传来保罗心脏有规律的跳动声，渐渐地，我几乎快睡着了。

有辆车子开过来。我听见它在路上。保罗撑起一只手肘来听时，我也起身坐起来。我们在下面，从马路上看不到我们，因为小溪岸边坡地的关系。那辆车子放慢速度，但继续开着。

我躺回毯子上，然后我沉入梦乡，而且还做了一个梦。那是个乱七八糟的梦，一个爱丽丝掉到兔子洞里之类的梦，直到醒来，我才知道自己真的睡着了。但是醒过来之后，我却很想再回到梦里，我闭上眼睛。

保罗仍然保持泰然自若,撑着手肘,像只长耳大野兔一样警觉。声音消失时,他说,或许是某个小孩想偷我们的车。我问他是否上了锁,他说锁了,而且幸好他把枪放在我家。

我们这时懒懒地谈到小孩、车子还有像药物之类的事,这些事在学校到处流传,只要你知道到哪里去找。我问他知不知道珍妮弗·奥森,因为我知道她有一半的时间都是恍恍惚惚的;保罗则告诉我,他母亲不久前逮到亚伦有违禁品,她说如果他再做那样的事,他就得去和他爸住。

我问保罗有没有试过大麻。他说有啊,有次和亚伦的几个朋友试过,他并没有想太多,也没有得到什么高潮。"那你呢?"他问,我说我从来没去过有供应大麻的地方。

这时我们听见那辆车子回头,保罗确定跟刚刚是同一辆车,因为引擎的声音一样。他说他要去看看是什么人。我没穿衣服,所以翻身去拿牛仔裤,以防万一我们得在人前现身。

就在我扣上衣的扣子时,一位警察来到堤岸的顶点。我有点慌张,心想或许保罗和我做了什么违法的事,但我一直忘了自己已经成年了。

"你是莱丝莉·爱莲娜·欧麦利吗?"那位警察问。

慌张的感觉又回来了。我还在努力扣好扣子,保罗则站在警察和我中间。

"你是柯文·克里斯多佛和玛拉·爱莲娜·欧麦利的女儿吗?"他又问。

"是的。"我说。

"请你和我来一下好吗？"

我呆呆地站起来，恐慌已经升高为恐惧，我不知道他要我做什么。这使我更加害怕。我心想，莫非妈妈又发生了什么事……一瞬间，我甚至想逃跑。

"发生什么事了？"我等到能发出声音时，这么问他。我们上到堤岸的边上，接近马路。

那位警官帮我开车门，他示意我进去，但是当保罗弯身向前想一起进去时，那位警察伸出他的手。"不，孩子，"他小声说，"这位小姐一个人就好了。"

接着他进到车子的另一边，保罗走下堤岸去拿我们的东西，我看到他的最后一眼，是他正努力爬上来，手中还拿着一团乱乱的红色毛毯。

警车发动，我们上路了。

我全身麻木，频频发抖，但恐慌就像它来时一样突然地消失，取而代之的是焦虑、不安的平静，我的头脑不合理地清楚起来。"你找我有什么事吗？"我问。

警察的眼睛盯着后视镜，并没有看我。"你妈妈……"他说，"她刚刚杀了三个人。"

22

被恐惧笼罩的姐妹

> 我生气了,我不希望卡罗琳姑姑过来,她根本没来过我们这里的家,而且我现在并不需要她。

妈妈等到保罗和我走了,还有爸爸也开车带着梅根到市中心后,利用这段空档,带着一支保罗抓老鼠的来复枪到瓦特曼家去。

显然她先杀了托比,当时他在前院和他母亲在一起,她将他推到屋子里面去,然后对他射了一枪,接着是瓦特曼太太。最后,妈妈射杀了瓦特曼先生,她重新装填子弹,开枪射了他两次。

警察抵达时,爸爸已经在那里,正试着让她把枪交给他,但是妈妈看到警察手上拿着手枪,她慌张了,所以失去理智地朝着他们开火。警察说他没得选择,只好回击。他开了三次枪,射中她两次。她倒下去时,仍然握着那把来复枪。

从阶梯小溪回去的路上,时间以异乎寻常的方式呈现,既太快又太慢，就像一部靠不住的电影放映机，景色以不平稳、吉斯通式（Keystone-Kops fashion，老式默片中一群愚蠢的警察，像无头苍蝇般追赶逃犯的画面）的方式飞快经过车旁；但车子里面，事情慢慢变成慢动作。我以一个镜头接着一个镜头的方式，详细看着我身旁警察的每个动作。

他瞄了瞄后视镜，看着旁边的镜子，看前面，搓揉他的脸颊。他打了方向灯，将车子转上主要的快速道路。他转头看我，很有礼貌地微笑。他的皮肤非常黝黑，仿佛有中东血统。他的制服似乎令他不太舒服，因为他一直抓他的衬衫，并把领子往脖子外面扯。

我呆呆地坐在他旁边，所有的注意力都放在表面的事情上、每个外在的刺激物上，从他胡子的残渣到警车的味道，全都在我眼前，相当地生动、清晰。但在内心里，我什么都感觉不到，我整个人空空的。

警局外面有一大群人，有三辆警车和一辆救护车、两辆快速道路巡逻车，以及一辆标示着七号频道新闻（Channel Seven News）的休旅车，妈妈为这个小堪萨斯边远地区提供了多少令人兴奋的事——这个想法拐弯抹角地进到我的心里。

"哈喽！哈喽！"我们下车时，一位妇女大叫。她拖着一条麦克风的线，朝我们跑过来。和我在一起的警察抓着我的手臂，将我推到他的另一边，挡在那个女人和我之间。

"你是凶手的女儿吗？"她大叫。这时，第二位警察打开警局的门，用力拉着我上衣的袖子，把我拉进去。我转头去看那个女人，她的问题在我的脑海里回响着，像是外国话似的。

爸爸也在这里。警局不过比我们家的大房间还大一点，里面用木头隔板隔开,隔板上开了一个门,所有警察的办公桌全集中在一边。大房间后面,有一个比较小、用玻璃隔开的办公室,而且只有一个房间。

爸爸正坐在一张靠近墙壁的桌子旁的木椅上。我进去时他转过身来,稍微从椅子上站起来。然后他停住了,动作做到一半呆住了。他目瞪口呆地看着我,仿佛看到陌生人似的。接着,他又坐了回去。

就在那时候,我才想到妈妈刚刚犯下的滔天大罪。那像是一种身体的感觉,像是被热水烫到一样,那股震惊如此之大,如此令人受不了,根本超越了情绪。我觉得自己在下沉,仿佛我的双脚融化,穿过警局的地板。麻痹、迷幻的亮度不断在我的四周坠落而下,我的膝盖变得十分无力。

爸爸冲到我身旁,双手紧抱着我,支撑我的重量,好让我能站着。然后那一刻过去了,那种感觉像呕吐后的恶心,慢慢消失了,但我嘴里仿佛留下了某种肮脏的残渣。

那天下午剩下的时间,我几乎都记不得了。关于从阶梯小溪回来后,所有深深刻印在我记忆之中的详情,几乎没有在警局里的那几个小时清晰。我只记得保罗和他母亲进来,妈妈使用的,是他那把点二二来复枪。保罗站着,脸色苍白,双手放在背后。

他和警察谈话时,我看见波转头过来看我,接着看着爸爸。她紧盯着我们看,而且当我转向她时,她并没有把目光移开。相反地,她继续盯着看,仿佛我是陌生人似的,或者更确切地说,仿佛我不是人似的,所以直盯着看也没什么关系。

她穿着一件红色丝质上衣,她曾让我试穿过一次。我心想,我现在坐在爸爸旁边,红色再也吸引不了我了。保罗也瞄了我们这边一眼,但是我们一直没有近到可以讲话。

我还记得我走出去想上厕所时,走廊里压在玻璃上的许多脸,几乎就像是超现实主义的画作。但最主要的是,我记得咖啡。他们一直用小保丽龙杯装咖啡给我们,咖啡很淡,而且喝起来有种化学味。我一直在想,上个周末它是如何让我妈妈肚子不舒服,现在我会不会也因为喝了它而不舒服?

另外一个清楚的记忆,是对警官的记忆。我走进警局时,他和爸爸正在谈话,爸爸必须把妈妈那些小秘密都告诉他。他的个子矮矮的,开始秃头了,身材圆滚滚的,还有红红的脸颊,就像圣诞老人。稍后,我们在大桌子前的长木头凳子上等待时,他前来找我们,对爸爸伸出手。

爸爸握住他的手时,他只是回握着爸爸的手,没有摇动它。

"这是我听过最悲惨的事。"他对爸爸说,"我希望你了解我满怀敬畏,任何人听到发生在你太太身上的这些事,都会给予她最大的同情。"

爸爸没有抬头,只是点了点头,他还是握着那位警官的手。

我清楚记得这件事。

那天晚上,天刚黑没有多久,我们就获准离开警局。爸爸直接到医院去,妈妈还在医院的加护病房里。他开车,所以其中一位警察送我回家,以避开仍然聚集在警局外的人群。

对我而言,一切仍然是那么的不真实。我坐在车里,想着这件事究竟有多不真实,在我能了解之前,我把事情看得和平常一样。

我仿佛看见自己到了前门,打开前门。在前廊的黑暗之中,汤和刚做好的面包香味混合着熟悉的家的味道扑面而来。对我来说,一切都历历在目:前门地板上微暗的玫瑰色小地毯、梅根肮脏的套鞋、走廊里爸爸心爱的立钟轮廓、楼梯底下挂钩上一堆凌乱的外套和夹克。

房子里没开灯,唯有厨房是亮的。我可以清楚闻到汤的味道,还有扁豆,因为那是爸爸最喜欢的口味,妈妈每个星期都会煮来吃一次。我可以听见她的声音,先是哼歌,然后变成唱一两句,然后再哼。那是她只唱给自己听的歌,她的声音和歌都不是相当优美,而且我从来不知道那是什么歌。楼上,梅根在玩。我可以听见她穿着袜子的脚在楼上跑来跑去的声音,全都好清楚。

但是,现在……

我谢谢那位警官送我回来,然后下了车,仍然陷在想象里。那些景象、声音和味道,甚至我回到家时总是会有的感觉,是那么强而有力,我几乎相信那是真实的;而这件令人厌恶的事则不是真的。那只是有人在我身上开的可怕玩笑,煞费苦心,但是是假的,而且品味很差。我知道当我转开门把时,会看见走廊的黑暗和从厨房洒出来的灯光,还有我的妈妈。

当我打开门时,这场梦突然碎了。当然,房子里没有人,而且没有点灯,沉默像一堆从负荷过重的柜子里掉出来的书一样,掉到我的头上。我在门阶上坐了好久,感觉又痛苦又丢脸。

关于这件凶杀案,我不知道爸爸是怎么跟梅根解释的。当我最后去隔壁赖利家接她时,我并没有问。我不知道爸爸是怎么做到的,但梅根确实知道发生了什么事。

一股强而有力的不实际气氛,继续感染着那个晚上。梅根和我做平常要做的事,没讨论过发生了什么,更没有去想其他的事。梅根很努力地在假装,希望能熬过去。有一次,她转头看着我:"就像是妈妈发作了一次,很糟糕的一次,而爸爸在楼上照顾她,仅此而已,而我们则在楼下,像平常一样。"

保罗的一支来复枪仍然放在走廊外面的外套柜旁。我原本以为警察已过来把它带走,因此当我意外碰到它时,我吓了一跳,仿佛它是个活着的东西埋伏在那里。我往后跳,吓得大叫出来。

那几盒子弹也在。我看得出来它们已经被人搞乱了,但我没办法让自己把盖子打开,看妈妈是从哪个盒子里拿走子弹的。我甚至不愿去碰这些东西,但是它们存在的事实让我很不安。

决定要想点办法的人是梅根,她拿出一个塑料垃圾袋,小心翼翼地把那几盒子弹放到袋子里,然后我们把袋子还有那把枪拿到后面的阳台,把它们放进柜子里,和吸尘器放在一起。梅根关上柜子门,将脏衣服篮子靠在门上,接着她停下动作,若有所思地看着那个篮子,然后她到车库里找来一些绳子穿过门把,将柜子牢牢地绑起来。

"好了。"她说,同时试试看柜子有没有关紧,那条绳子紧紧地拴住门,她继续若有所思地研究着它。

"你想,他们会不会以为是我们把它们藏起来?"她问我,"他们会逮捕我们吗?"

"不会。我们只是把它们放到一个安全的地方,他们会知道的。"

我们两个都凝视着那个柜子。

"不管怎样,他们有另一支枪在警局里。"我说,"我看到它了,他们或许并不在意这一把。"

梅根继续看着柜子,接着转身走进厨房里。"我们来把门锁起来。"她说,而且在我进来时把厨房门紧紧关上,她将门闩滑进去。

我们吃了冷肉片和面包当晚餐,那是妈妈买来准备当星期日午餐的食物。我很饿,但对自己的饿很不好意思,因为现在似乎不是该有好胃口的时候。

大约八点时,爸爸回家了。妈妈的情况并不像医院里的人原本所想的那么乐观,他们正打算叫一架直升机,送她到威奇塔(Wichita)的圣约瑟夫医院(St. Joseph's)。医生动了三个半小时的手术将子弹取出来,可是她持续在出血。爸爸说他在那里时,她一直都没有意识;但现在她仍然在麻醉药的影响之下,所以他不必担心她会乱来——至少他是这么说的。

爸爸在喝过一杯咖啡,吃了一个三明治后,就打电话给芝加哥的卡罗琳姑姑。卡罗琳姑姑是他的大姐,而她是我父亲的家族中,唯一和我们还有联络的成员。

我生气了,我不希望卡罗琳姑姑过来,她根本没来过我们家,而且我现在并不需要她。我把我的想法告诉爸爸,还告诉他,每次卡罗琳姑姑在时,她会对他和妈妈还有我们的生活方式冷嘲热讽。

爸爸说他知道,但那只是卡罗琳姑姑的风格。我说我不喜欢,而且不希望梅根听到那类的话,尤其是现在。他怎么能提出这种建议?再说,我很难过他甚至都没有和梅根还有我商量这件事,他只是走进客厅，打电话给她。

没有什么好商量的，爸爸回答。他还能怎么办？不会有别人过来的，他甚至没和基卜叔叔还有米奇叔叔互寄圣诞卡；卡西姑姑仍然和仁爱修女在哥伦比亚服务；而顾及柯林叔叔喝酒的方式，他帮不上忙；最后，自从那次妈妈将小红莓汁扔到葛瑞倩婶婶身上开始，爸爸就没有和派蒂叔叔讲过话了。整体而言，妈妈并没有给爸爸的亲戚留下什么好印象。

我说我们不需要任何人，如果我以前能够应付所有的事情，现在依然做得到。"不，"他用没有商量余地的声音回答，"如果你妈妈到威奇塔，我就得到那里去陪她，而我不希望你们单独留在家好几天，有卡罗琳姑姑在这里，你可以回学校，继续过平常的生活。"

好极了，回到学校去正是我想做的事？才怪。在我早先挣扎着要回去之后，现在我甚至无法忍受这个提议。以妈妈刚刚才做的事，我唯一想上的学校是在另一个国家，也可能是在另一个星球。

我叹了口气，转身离开爸爸。我愁眉苦脸地想着，这根本是人本身的问题。你想做某件事时，你没办法做；当你可以做时，你却不想做了。

后来，爸爸也上了楼，他洗了澡，刮好胡子，穿上一件干净的衬衫，接着他亲吻我们两个，回到医院陪妈妈度过那个晚上，梅根和我再次被单独留下了。

因为发生了凶杀案，一直不断有媒体来骚扰我们。警局派了一辆箱型车守在我们家外面，防止他们打扰梅根和我。他们也告诉我们要把电话拿起来，但爸爸在和卡罗琳姑姑谈过话之后，不假思索地就把话筒挂回去。他回医院大约十五分钟后，电话响了。

当时是九点四十五分，我记得自己看着时钟，心想谁那么晚了还打电话来。之后我才想到我们不该接的，但梅根已经接起电话了。

以她脸上浮现的困惑表情，显然打电话来的人我们并不认识。她用两手拿着话筒，专心地听那个人说的话。

他一定知道妈妈有小孩，而且不知道要挂断电话。他讲了好久，我可以听到他声音微弱的嗡嗡声，我示意梅根赶快挂掉电话。

"是谁？"她继续在听时，我用嘴形问她。

她微微摇头，仍然专注地听打电话来的人说话。

我就站在桌灯投射出来的小光圈外。不久，全身闪闪发光的梅根开始哭了，泪水从她的眼角涌出，它们在灯光下闪烁着。

我伸手把她手中的电话抢走，将话筒放回托架上时，我还听得到那个男人的声音，我让线路通几分钟，接着拿起话筒，把它放在电话旁。

"别把它挂回去，"我说，"就把它放在那里，梅根，万一不小心挂回去了，我希望你别接电话，你听懂了吗？"

她用一只手的指尖将泪水的痕迹弹掉，我想她希望我没注意到它们。"妈妈接受耶稣了吗，莱丝莉？"

"那是他说的吗？听着，梅根，别理他说的任何话。"

"但是她有吗？他说妈妈身上有魔鬼，是魔鬼要她出去杀害无辜的人。上帝是在试验她，她必须接受耶稣。"

"梅根，忘掉吧。我们的想法和那个男人不一样，别理他说的话。"

她的脸担心得皱了起来："但是他说妈妈会死，会下地狱，还会因为她做的事永远被火烧。他说我必须立刻到医院,告诉她接受耶稣为她的救世主,这样万一她死了,她就不用下地狱。"

我跪下来,用双手抱着她:"梅根,那是那个人的想法,不是我们的想法。妈妈是无辜的,梅根,即使她做出这种事,她也不是故意的。她只是把事情搞混了,但她并不是故意的。她不会下地狱,而且妈妈还没死,所以忘了他说的话吧,别担心了。"

她很难控制泪水,它们始终没有掉下来,但它们一直涌上来。她一把它们拭掉,它们又回来了。"可是我认为他可能说得对,莱丝莉,那是一种罪,杀人是违反十诫的。我不认为耶稣会很开心,即使那只是妈妈做过的事情当中的一件,我们不该为任何理由杀人的。"

那通电话让我们两个都很难过。梅根几乎无法忘掉这件事。时间已经很晚了,早过了她平常睡觉的时间,而我们两个早已丧失理性判断的能力。我现在觉得很难过,被单独留在家里让我感觉很受伤,所以,或许有卡罗琳姑姑在这里,并不是太糟的主意。

上床前,我检查了一遍房子,确定所有的窗子和门都上了锁,窗帘也都拉上了。虽然有一辆警车和两位警察继续留守在外面,但因为某种理由,我并没有感觉得到安慰。我在楼上刷牙时,瞄了梅根一眼,她正在换衣服。我们都没有讲话,之后,我下楼把椅子挡在所有的门前面。

我们睡在一起,一开始,我们原本打算睡在她的床上,然后是我的床上,最后,我们睡在爸妈的床上。"要是爸爸回来的话,怎么办?"梅根满怀希望地说,"我不认为他会回来。但如果他回来了,还是有足够的空间可以让他睡。"我说。

我们三个人,梅根、我和大虎猫,一起紧紧地躺在黑暗中。在宜人、有春天气味的夜晚,所有的窗子都是关上的,所有的窗帘也都是拉上的。梅根的头发又长又黑,像是另一张额外的被子披在我们的身上。她闻起来好香。我离她好近,鼻子里都是她温暖、熟悉的孩子味道,那一瞬间,这只不过是个噩梦,而我们可能很快会醒来的可能性似乎仍然存在。

我睡不着,动也不动地和梅根躺在一起,那只填充虎猫仍然在我的手臂里,但我连眼睛都没闭上。梅根也躺着没动。过了很久之后,我以为她已经睡了,但她却开口说话。

"你还醒着吗,莱丝莉?"

"嗯。"

"我好害怕。"

我把她拉得更靠近我。

"你害怕吗?"她问。

"有一点。"

沉默。

"他们死了。"

"什么?"我问她。

"我说,他们死了。我一直看到他们,就是那个小男孩,那个小托比。我记得第一天,当时我和妈妈在一起,我们看到他。我可以像看任何东西一样清楚看见他,好像他就在我的眼前,然后我看见他被枪射死了。就在那条小溪旁边的灌木丛里,我知道事情并不是那样发生的,但我一直看到这个画面,而且他看起来就像贝克曼太太的猫被辗过的样子,被压扁了。"

"梅根,别乱想象了。"

沉默。

"莱丝莉,那支枪就在那里,在柜子里,我们应该叫爸把它拿走。"

"梅根,不是那支枪,别想了,忘了吧。"

沉默。

更多沉默。

"你忘得了吗,莱丝莉?"

我没回答。

"你能吗,莱丝莉?"

"不能。"

23

看望受重伤的妈妈

> 她靠着管子挣扎着想呼吸深一点,我伸手穿过栏杆握住她的手,知道自己在发抖。

由于床垫的中间早已下陷,我睡觉时不滚到梅根身上几乎是件不可能的事。梅根不断打到我,她为防止尿床而放上去的防水床单,则在我们的身体下面发出嘎吱嘎吱声,所以我很早就醒了,仿佛一整晚没睡似的。

梅根放松的身体在大床上踢来踢去,我爬过她身上时,她动了一下。她迷惘了一会儿,撑着手肘看着我,但我还没叫她再睡,她就已经又睡着了。

时间还不到六点十五分,万物仍然沉浸在早晨的宁静之中。天已经亮了,而且非常晴朗和凉爽,太阳好大,在带着露水的草地上闪烁。我想都没想就直接下楼,走到前面的阶梯上去拿星期日的报纸。我身上只穿着一件爸的T恤和我的内裤,所以一开门,发现警车里两位警察当中的一位正看着我时，我吓了一跳。我手中拿着报纸抬起头，他挥挥手，我尴尬万分地回到屋里，把门关上。

我在厨房里弄了一杯苹果汁，坐在餐桌旁打开报纸。报纸上，斗大的头条跃入我的眼底：当地妇女被控谋杀三人而遭拘留。

文章旁边有一大张妈妈的照片，我想到的第一件事，是谁提供他们那张照片的？那是去年我们在史考特水库野餐时拍的家庭快照，妈妈穿着她那件旧的红色方格衬衫——不论她用电熨斗烫多少遍，领子都会卷起来的那一件。照片里，妈妈的微笑那么随兴和即兴。她的长发往后梳，太阳在她的后方，在她的头部四周形成一个光圈，让她的金发显得比实际上更亮。

太阳光也让她看起来像来自国外，高耸的颧骨和大眼睛，微笑时变成细长形，这让妈妈更像外国人。然而，那是一张没有什么敌意的友善照片，是那种让你相信，你真的可以信任她推荐的洗衣粉、裤袜或香肠品牌，而不是她刚刚杀了三个人的照片。

想念妈妈已经变成一种清晰的痛楚，爸爸反正总是来来去去，他不在家是常见的，但也是可以接受的。然而，妈妈一直都没有离开家。我意识到现在是早上，但妈妈却不在家的残酷事实。她已经不再疏远我和我的想法，现在我只知道两件事：她是我妈妈，还有她不在家。

我认为是这种感觉，使得看报上那篇文章比我原先所预期的要困难得多，因为文章里，他们所谈的那个女人是我妈妈，但同时也是个陌生人。

那篇文章很长，但有很多错误。他们弄错她的出生日期，还把她是匈牙利人这件事搞错了，说她是德国人。他们对妈妈待过集中营的经历，报道得简短却相当精确，但他们没提到旅舍，也没提到那些过去和瓦特曼一家人的关系，谋杀看起来好像完全没有意义。

报道中，唯独有关谋杀的部分描述得十分详细。我在报纸上看到这些，感觉它们似乎不是真实的，仿佛瓦特曼一家人是电视节目上的人，生死一点都不重要。理智上，我知道我不应该这样想，他们是真实的人，而且被杀害了，是我妈妈做的。她拿了一支来复枪，蓄意射杀他们。

所有屏幕上假的血和血块，都是为了那个发生在小堪萨斯农场房子的那一瞬间所准备的。但是，这是一件真实存在的事。

我试着让自己去想象那件事，想象瓦特曼太太无助地蹲伏在儿子身上，就像那篇报道描写的那样。我试着去想象他们的身体，血流了出来，染红了同样炙热的阳光，而保罗和我在同样炙热的阳光下做爱。我试着想象其他瓦特曼家的孩子，他们吓坏了，一起缩在后面房间的一个柜子里……但是我做不到。他们仍然像凭空想象出来的，像曾经幻想过的某种记忆，不是真实的人。

我拿着一杯苹果汁和摊开的星期日报纸，坐在餐桌边，只能想起我从牙医那里回到家的那天，托比出现在这里的影像，我对面是那张他曾经坐过的椅子。他是那么一个可怕的孩子，有着肮脏的头发和奇怪的眼神，还有那过于自信和确信他和妈妈有关系的坚持。他曾经让我觉得恐惧，从在树干那里第一次看到他的那一刻起，他那么轻易就相信我妈妈告诉他的话。

而现在他死了，就那么简单，他永远不会长大变成大人，永远不会去上学，了解念书的单调，也永远不会知道这个亮丽的春天早晨是什么样子。在这之前,他醒来和我醒来的每个早晨都一样。

你怎么能真正了解这样的事呢?

卡罗琳姑姑搭乘巴士,在十一点半左右抵达。在那之前,爸爸曾经回来过一次。他又刮胡子又换衬衫,所以我知道梅根和我也得换上比较好的衣服,但我们留在家里,让爸爸一个人到巴士站去接姑姑。我看到爸爸从医院回家,车子在百利街那里转弯时,记者跑到他的车前,所以如果有可能,对梅根和我来说,避开他们似乎是明智又谨慎的。

卡罗琳姑姑和爸爸抵达前门时,他们已经在吵架了,爸爸一手拿着她的行李箱,另一手拿着一个飞行提袋。

"柯文,你应该告诉我玛拉的状况已经变成这样,假装事情没有变坏是没有什么好处的,至少不能在家人面前装样子,你应该早一点跟我说的。"他们进门时,卡罗琳姑姑正这么说。爸爸把行李箱放在楼梯下面,将飞行提袋放在上面。

"卡罗琳,"他说,"玛拉并不是像你认为的那样,我告诉过你了。"他的声音因为克制而变得紧紧的,他们一定已经吵上一阵子了。他走过梅根和我身边,走进厨房里,然后将茶壶装满水,"砰"的一声放在炉子上。

"她一直都相当紧张,柯文,打从一开始就是如此,打从你第一次带她回家时就这样,你记得她是怎么一直和妈妈吵吵闹闹的吗?"

"卡罗琳,任何人都会和妈妈吵吵闹闹的,再说,看在老天的份上,她那时还在生病,还在恢复当中,老实说,你能期待她什么呢?"

"然而,她有太多偏见了,而且非常敏感,每一个字都会让她不开心。"

"嗯,妈妈有必要一直念叨她吗?妈妈有必要随时都在唠叨信仰的事吗?"

"没错,柯文,但玛拉有必要一直说那些无聊的想法吗?她应该知道,信仰对妈妈来说有多重要。"

"那妈妈应该也很清楚她的感觉吧?老实说,卡罗琳,她是来我们家做客的,她是一个生活在国外的陌生人,还在生病,还在半饥饿状态,刚刚走过你我都活不下来的经历。妈妈有必要对她说那些事吗?"

他停了一会儿,低头看着地板,接着又开始说:"我娶了她,卡罗琳,她是我的妻子,而且我爱她。妈妈说的那些话,对我来说是很强烈的抨击,对玛拉来说也是。"

卡罗琳姑姑只是摇摇头。

"是那样没错,卡罗琳,妈妈再次试着让我看起来像个失败者。"

卡罗琳姑姑转过身:"你太敏感了,柯文,你一直都很敏感。"接着,她看到梅根和我就站在厨房门口。她突然露出微笑,那种使人消除敌意的微笑,她张开双臂,抱着我们两个。

爸爸立刻回到医院,甚至没和我们一起吃午餐,所以梅根和我只好协助卡罗琳姑姑把东西弄好。姑姑必须睡在书房里,睡在从沙发下拉出来的床上,所以梅根和我把她的东西拿上去,拉出床来,铺上床单,卡罗琳姑姑则留在楼下帮我们做饭。

她把房子里的家务打理得很好。这个星期没有人去采购东西,所以没什么太多选择。由于妈妈对淀粉类的东西有着莫大的需求,这让我们在没有其他食物吃时,还可以依靠许多面包、意大利面和马铃薯。

因此卡罗琳姑姑在一大堆的Rice-A-Roni（一种米饭混合了小块意大利面再加上一包调味料，煮上二十分钟即可上桌的快餐食品）、盒装的通心粉和干酪中间，试着做出一顿晚餐。

卡罗琳姑姑的生活方式和我们截然不同。她的先生，也就是罗杰姑丈，是温内特卡（Winnetka）的一位牙医，而且他们在同一条街上的同一栋房子里住了三十四年。他们的孩子全都是在那里长大的，而且也全都结婚了，有着自己的家庭。

卡罗琳姑姑大部分的时间都在打桥牌，其他时间则花在教会或减肥中心上。卡西姑姑以及卡罗琳姑姑和爸爸家所有的男人都不一样，她们的身材是40-40-40。卡罗琳姑姑一定是那间减肥中心的创始会员，因为打从我有记忆以来，她就去那里了，然而她还是超重。她来看我们时，总会对妈妈如此迷恋碳水化合物感到生气。

妈妈和卡罗琳姑姑就像杰克·斯布拉特（Jack Sprat，儿歌里的小矮人，很胖，他的妻子很瘦）和他的妻子，一个胖不了，一个瘦不了，而且两个人都不是那么光明正大地羡慕对方。

卡罗琳姑姑以前常来看我们，虽然罗杰姑夫很少陪她一起来。姑姑说，那是因为他要看诊，但我怀疑大半是因为妈妈的关系。妈妈憎恨牙医，她曾接受过几次实验性的牙齿治疗，但是是在没有用麻醉药的情况下，所以我不认为她会放下"所有牙医和武装党卫队都是同伙"的想法。

她可以用一种复杂、没有瑕疵的方式争辩这个逻辑，她经常这么做以捍卫她的信念，这使得我们几乎不可能反击她的论点，而且她从来不会让辩论停止。她会一直让罗杰姑夫陷于绝境，告诉他，一个人要是选择从事会让大部分的人害怕他,还能让他以合法的方式伤害人们的职业,那他一定在心理性格上有着某些残酷成性的地方。

这种观点让罗杰姑夫不喜欢妈妈是可以理解的,虽然罗杰姑丈是个说话相当温和、谦虚的人。我记得有一次,妈妈追着他进到厨房里继续讨论这个话题,他用平静、有耐性的声音对她说,"牙医是想让人们的疼痛停止,并不是真的想让人怕他们。"妈妈大笑,她像土狼一样,将头往后仰然后大笑,之后罗杰姑夫就再也没来过了。

卡罗琳姑姑做好午餐,但我没胃口吃下任何东西。我走进厨房里,坐下来,拿起姑姑给我的那份砂锅菜,但要是我吃了,一定会吐出来。

卡罗琳姑姑坐着,从桌子另一边,妈妈专属的椅子上看着我。

"我觉得没什么胃口。"我只好坦白告诉她,我已经到了连食物的味道都会让我感到恶心的地步。

"我认为你应该试试,"她回答,"你看起来就像个会走路的骷髅头,莱丝莉。你最近有照镜子看看自己吗?你一定没好好吃饭。"

"我有好好吃饭,只是现在不饿。"

卡罗琳姑姑叹了一口气。

"我很抱歉。"我说,"不是食物或什么事的关系,只是我……"

"你看起来像厌食,如果你问我的话。"她说,还扬起一边的眉毛,"是吗?"

"什么是厌食,姑姑?"梅根问。

"神经性厌食症。"卡罗琳姑姑说。

"哦。"梅根说,仍然感到困惑,她仔细思考了一下这个讯息,"那个意思是紧张吗?神经紧张?神经性?"

"某种像那样的东西。"卡罗琳姑姑说。

"没错,我认为莱丝莉也是神经紧张。"

我把食物随意推来推去。

"你最好多注意一点,"卡罗琳姑姑对我说,"不然最后你会像你妈一样。"

大约五点三十分,爸爸回来了。医院里的医生们决定将妈妈转到威奇塔,他打算开车过去,那样直升机抵达时,他就在那里了。他说,如果我想的话,可以在她被转院之前,到医院去看她一下。

坐在我旁边的梅根立刻跳起来,说她也要去,甚至在爸爸有机会告诉她不行之前就流下眼泪。他跟她说,"甜心,你还不够大。"他把她的头发往脸后面拨,她继续哭时,他坐下来,把她抱到他的腿上,"改天等妈妈好一点时,我们会去,卡罗琳姑姑可以带你们搭巴士到威奇塔。"

医院好安静,对一般的访客而言,现在已经太晚了,所以走廊上只有我一个人。我走路时,脚步声发出的回声充斥着整个空间,这间医院好小。

加护病房里只有两个小房间,由一张护理桌和医疗监控器区隔开来,只有妈妈的房间有人,另一个房间则是空的。有两位护士正专心写东西,一个抬起头对我微笑,并说我只有十分钟的时间。

妈妈一个人在病房里,那是个小地方,勉强够放一张床。病房面西,当我进去时,它被笼罩在深奥而阴暗的星光之中。房间里没有开灯,我突然想起上个周末,我打开爸妈卧房的门时,看到她睡在爸爸的臂弯里。她现在是在睡觉,还是处于昏睡状态?我不知道是哪一种。

爸爸说她今天时而有意识,时而没有,但现在她躺在床上,安静而且动也不动,就像白雪公主躺在她的玻璃棺材里。

房间的一边,留有爸爸在此守护的迹象:报纸、一个饮料罐、几个空咖啡杯、一本封面被折到的书、许多盐味花生袋被揉成球、一小袋吃了一半的豆形糖。他的手表也在那里,显然是随意拿下来放在床边的桌子上,然后忘了戴回去。

我走近妈妈时,看到一团乱糟糟的现代科技从床的另一边溢出来,像意大利面。她的鼻子里有根管子,管子连接到桌上的一个瓶子,随着她肚子的活动而浮出泡泡;有一袋血挂在我这一侧的床上,另一边则有另外两袋装了透明的溶剂;心脏监视器穿过床单下面,从床另一边的栏杆穿出来。

我小心翼翼地把手穿过那一团乱乱的管子和线,试着摸她的脸。她的脸发红,当我摸到她的皮肤时,可以感觉到热度。我看了看四周,想找到一块可以用冷水把它弄湿的布,但我没看到。我不敢走到外面请护士给我一块布,怕万一她不让我再进来,所以只好把手指放进床边桌子上那壶冰水里,再用手指将她发际旁的汗水擦掉。

"妈妈?你听得见我的声音吗,妈妈?我是莱丝莉。你听得见我的声音吗?"我害怕的是,即使被关在一个迟缓、受伤的身体里,她却什么都知道。如果是那样,她会被这一切给吓坏的,她一个人在这里,身体很痛,旁边却没有我们和她熟悉的东西。

我知道爸爸也担心这一点,所以他想尽办法获得准许陪着她,即使是在加护病房里。我很想到床上和她睡在一起,用我的手臂抱着她,但我只能弯下身子亲吻她。我亲吻她的额头和脸颊,还想亲吻她的唇,但那根胃管让我没办法亲到。然后,我坐在床边那张椅子上。

她动了,用缓慢、笨重的动作转过她的头,张开眼睛。她试着说话,但没有声音出来。

"你想喝水吗,妈妈?"我问。我想找出杯子,但显然那里没有,只有水壶。这时我才想起来,带着那根管子,她没有办法喝水的,所以水壶一定是爸爸在使用的。她的嘴唇因为发烧而裂开,我想或许凉爽会让她感觉好一点,因此我从水壶里拿出一个冰块,碰触她的嘴唇,那个抽吸罐在我身旁发出一声很大声、令人厌恶的咯咯声,我吓了一跳,还跳了起来,妈妈露出微笑。

我有好多事情想跟她说,我站着看她,将冰块放在她的双唇之间,而且很想说话。我希望她知道,她所做的事对我来说并不会改变什么,我还是爱她,我不在乎人们说的可怕事情。除了她好起来,回到爸爸、梅根和我身边之外,其他事都不重要。我希望她放心,我真的不在乎那些在家照顾她而没去上学的日子。我想告诉她,我不在意我所抱怨过的任何事,我现在才知道它们根本不重要,她才是一切。

问题是,我不能说。我心里很害怕,怕这样一来我就是和她讲和,而且如果我那么做,她就会死掉;但如果我不说出来,那她就可以活下来,我可以等之后再告诉她。比较困扰我的问题是,我现在无法发出声音来,或让我的嘴巴张开,我只能站着。

"欧麦利呢?"她小声说。

"他现在在家,妈妈,和梅根在一起。他们打算带你到圣约瑟夫医院,到威奇塔,那样你会好得快一点。你要搭直升机,而爸爸想要开车过去,那样你抵达时他就会在那里。"我想办法露出微笑,"你之前搭过直升机吗？我没有搭过。听起来令人兴奋，对不对？"

"我好累。"她说，闭上眼睛。

"你可以睡觉，如果你想睡的话，妈妈，我会和你在一起，你可以睡一下没关系，我在这里。"

她靠着管子挣扎着想呼吸深一点，我伸手穿过栏杆握住她的手，知道自己在发抖。我害怕她也会注意到，所以将另一只手也穿过去，让那只手保持稳定，但她还是注意到了，转过头来看我。

"我得承认，你有点吓到我了，妈妈，你伤成这个样子。"我说，"我不希望你发生任何事，我爱你。"

"哦，亲爱的，"她说，"宝贝，让我摸摸你。"

我把栏杆放下来，然后坐在床边的椅子上，把头靠向床单。她将手放进我的头发里，静脉的管子掉到我的脸上，沉默也像张被子一样披在我们的身上，我们好久都没有再开口。我只是将头靠着她，她的手压在我的耳朵和头发上，是我再熟悉不过的重量。

"你现在看到了吗，宝贝？"她小声对我说。

我不知道她指的是什么。那一刻，心里涌上的情绪让我受不了，我根本没办法开口问，当我终于能够移动，抬头看着她时，她已经睡着了。

记忆将我拉回到很久以前，在西德州的时候。那时我迷失在向日葵森林里，她冲进那些花茎里拯救我，将我高高举在她的肩膀上，那样我就可以看到在花另外一边的地方。

我不认为那是她问出那句话的意思，我不是很肯定，但当我坐在密集、粒状的四月星夜里时，我只能想起这些。

永　别

我认为那是她离开的最好方式——在爸爸温暖的臂弯里离开人世。

第二天早上我进到厨房时,发现卡罗琳姑姑正用燕麦片做早餐。家里除了妈妈之外,没有人喜欢燕麦片。燕麦片是她的,我们其他人都不吃,梅根更是特别讨厌它。

我看了卡罗琳姑姑一会儿,她仍然穿着浴衣,而且在厨房里忙进忙出的,像是她已经住在这里好几年了。

"梅根真的很不喜欢吃燕麦。"我说。

"难怪这个屋子里的每个人看起来都像竹竿。"卡罗琳姑姑回答。

"我可以帮她炒个蛋或什么的。"我提议。我不想看到梅根在知道除了燕麦之外,没有其他东西可当早餐时会是什么样子。梅根并不喜欢当众吵闹有关食物的事,但最重要的是,我知道她不会忍受这件事。

卡罗琳姑姑也不会:"我在里面放了葡萄干,我确定她没吃过加葡萄干的，她会喜欢的。"

"我不觉得。"我说。

"嗯，如果她不喜欢，可以选择饿肚子。"

我双手放在牛仔裤的口袋里，站在那里。梅根和我今天都决定不上学，突然间，我觉得今天似乎会漫长得没完没了。

"卡罗琳姑姑，我可以问你一件事吗？"

她转过身来。她头上有个发卷夹子垂在她的左耳上。

"你为什么愿意过来？我的意思是，如果你不喜欢和我们在一起，为什么愿意来照顾我们？"

她露出微笑，那是个温柔的微笑，像是忽然解除了武装似的："我其实喜欢来这里，莱丝莉，而我来是因为你爸爸请我来，因为无论如何，我们都是一家人，而这是身为家人应该做的。

"但我不打算以特别待遇对待你们，我打算以对待我自己孩子的方式对待你们，因为你们的妈妈做的事，不是你们为自己感到难过的借口。她做那件事是因为她身上有其他问题，但你们有自己的生活要过下去。"

我转身走到餐桌旁坐下，一股沮丧感突然袭上："我并没有要求特别待遇，卡罗琳姑姑，我只是想要蛋而不是燕麦。我们不喜欢燕麦，没有人喜欢，除了妈妈。那是妈妈的燕麦，不是我们的。"

卡罗琳姑姑将松开的发卷重新卷上去，接着叹了一口气，看着炉子。好长一段时间我们谁都没有开口："嗯，我想就这一次就算了吧。不过我得提醒你们，你们应该吃燕麦片的，要不然每个人都瘦得像铅笔一样，特别是柯文，他可能还有贫血？不过，今天我们可以不吃燕麦片。"

即使如此，这一天还是让人难以忍受。没地方可去加上没事可做，梅根和我很快就觉得非常无聊。我们两度拿出棋盘游戏开始玩，但两次都没有玩完就把它丢在一边。之后我们打开电视，但都太令人烦躁了，所以最后又关掉。

大约十一点时，卡罗琳姑姑和我听见楼上传来一声可怕的当啷声。我们上楼去，发现梅根拿着缝纫机站在走廊上。她把线卷、布料还有图案散了走廊一地，混乱还延伸进她的房间。

"你到底在做什么？"我问，"看你弄得乱七八糟的。"

"我想把缝纫机组好，妈妈说她会用这个图案帮我做一只填充狗，记得吗？我只是想帮她把材料剪好。"

卡罗琳姑姑摇了摇头，接着走过去，想拿走那台缝纫机，但梅根不给她。

"你妈妈不会再缝东西了，梅根，好了，我们暂时把这个东西放下来吧。"

"我要剪图案。"

"你可以在楼下做那个，我们会拿剪刀和大头针给你，你可以把材料拿下来，到厨房桌上做。现在，先把其他东西收起来。"卡罗琳姑姑仍然想夺过缝纫机。

"梅根，"我说，"妈妈应该不会帮你做了，她只说或许会帮你做，而你上次看妈妈缝东西是什么时候了？"

"她帮你做过一只这种狗，莱丝莉。"

"天啊，那是好几年前的事了呀。"

"可是，如果她帮你做过一只，那么我也要她帮我做一只。"她仍然紧抓着那台缝纫机不放，脸上还摆出任性的表情。卡罗琳姑姑只好放弃，走过去把她洒了满地的器材捡起来。

"梅根，妈妈做那只狗给我时，我比你现在还要小。"

"所以呢？"

"所以，快长大吧，梅根。你已经差不多十岁了，你不需要麻烦妈妈帮你做一些愚蠢的玩具吧？"

"可是我想要一个！你小的时候什么事都有人帮你做，可是妈妈从来都不帮我做这些事！"

"哦，梅根，求求你，妈妈不在这里！"

"可是她回来时，我希望她做一只狗给我，和大猫咪配在一起，那样我就有一只猫和一只狗了，妈妈说她会帮我做的！"

"她只说她可能会！"我回答，"那是两回事！"

"孩子们，孩子们！"卡罗琳姑姑大喊。她抱着一堆东西回到我们身旁，然后将所有的东西都放回走廊的柜子里，"别吵了！"

梅根突然大哭起来。

"梅根·玛丽！你真让我不敢相信。"卡罗琳姑姑说。

"别哭了，梅根，你在哭什么？为了某个愚蠢的狗图案？天啊，梅根，妈妈在两百多公里以外的医院里，至少她现在没办法帮你做愚蠢的玩具！拜托你成熟一点吧！"

但梅根的哭声愈来愈大，她丢下缝纫机，粗野地踢它。

"梅根·玛丽·欧麦利！"卡罗琳姑姑震惊地大叫，"你马上给我停下来！"

还在放声大哭的梅根"砰"的一声,用力坐在走廊的地板上。

"好,我真是大开眼界了。"卡罗琳姑姑说,"看看你,这么大了,竟然还这么任性!"

"我就是想任性!"梅根大叫。

午餐时,卡罗琳姑姑建议梅根和我应该回到学校去,因为我们是那么的不听话、不守秩序,她认为回学校可能会好一点。

对于这个建议,我甚至连考虑一下都没有就拒绝了。我就是无法想象自己得在德语课里,回答泰南先生每个星期一下午都会问的问题:你这个周末做了什么?

梅根则用吐了整个厨房地板的方式,回答了卡罗琳姑姑的建议。

随着下午缓慢过去,我的思绪变得愈来愈不安。原先保护我不因为妈妈做的事而感到震惊的麻木开始退去了,在那之下,是可怕的现实。托比那双瞎眼狗般的眼睛,和他无礼、稍微邪恶的无知影像一直出现在我眼前。

我可以相当逼真地想象出谋杀的细节,把我从在报上看到的、从我所知道的瓦特曼家的事情,还有从我自己的想象中出现的所有东西拼凑在一起,我可以创造出一个似乎相当逼真的情节。

我大部分看到的是托比,在我的想象里,他总是已经死了,他那没有颜色的眼睛张着,脸上都是血,就像西西·史帕克(Sissy Spacek)在《魔女嘉莉》(Carrie)中的角色。理智上我知道,尽管这些印象有多么真实,它们可能都不是相当准确,不过那似乎不重要,就像坏掉的放映机里的影片一样,那些思绪一而再、再而三地在我脑海中重复播放。

和这些可怕幻想连接在一起的,是关于妈妈会发生什么事的焦虑,焦虑感不断增加,那个下午,我坐在客厅里,看着窗外,我坐得愈久就感到愈难过。他们会怎么对她?他们会把她带到哪里去?即使他们了解她和瓦特曼一家人一样,都是发生过的事情的受害者,但有关当局还是不会原谅和忘记的。

最后,当卡罗琳姑姑走过客厅,准备上楼去看梅根时,我问她,她认为妈妈会怎么样?他们会把她送进牢里,还是州立医院?她认为去哪个地方比较好?

卡罗琳姑姑走到一半停下来,张着嘴露出震惊的表情,然后对我说:"你居然会想到这些事,真是个铁石心肠的孩子。"

我开始哭了起来,她的五官因为同情而变柔和了。她走过来,把双臂放在我的肩上,她告诉我别担心。她说:"我们不知道,不是吗?所以在我们需要担心之前,是没有必要担心的。"

但我无论如何都感到担心,我被担忧一点一点地吃掉了、侵蚀了、吞没了。整个下午我都无法想别的事。

两个问题不断浮现在我的脑海里。第一,这是我妈妈第二次失去自由。对我来说,这非常不公平,因为如果不是有第一次,或许就不会有第二次。第二,我了解妈妈很喜欢现在的生活。妈妈时常意识到,她和我们在一起的生活,与她在战时的生活是不同的。对她来说,平凡的日子是一份最珍贵的礼物。

而且,妈妈相当喜欢她那小小的自由。大的自由对她来说并没有那么重要,我认为不管她被囚禁在一栋建筑或某个地方,都可以安然活下来。但当她想要一杯咖啡、洗头发或者帮自己的日子做点小安排，却无法拥有这种自由的话，她会非常痛苦。

我的思绪被这种残忍的方式折磨个不停，她的喜好、她的欢乐、她的感觉在医院里都变得不重要了。对在那里工作的人来说，她不过是另一个中年妇女。她会受到像我之前在疗养院里打工时，住在里面那些女士一样的对待：早上起来，匆匆过着别人计划好的一天，被喂食，被刺激，被带去上厕所，像个不被信任的宠物一样被看守着。

我们会在她们的背后嘲笑她们，嘲笑她们愚蠢、老迈的样子。我们不是故意取笑她们，只是因为她们很好笑，而我们并不爱她们当中任何一个。她们在我们眼里是没有尊严的，照顾她们是我们的工作，虽然我们对她们很好，但那不一样，即使我们之间最善良的女孩也是这么想。

那一整天，爸爸都没有回家，他留在威奇塔陪妈妈。他打电话告诉我们，他准备早上才回来，然后他会带梅根和我一起去看妈妈，我们还可以在那里过夜，然后搭巴士回家。

我问他妈妈怎么样了。"好一点了，"他说，"她现在大部分的时间里都有意识。"她害怕吗？我又问。他说不，他不认为她害怕。接着他不自然地大笑，说关于这件事，妈妈比他还要坚强。那或许是事实。

卡罗琳姑姑也和他讲了几句话。她跟他说了有关晚餐后，有两位新闻记者来敲门的事；还有梅根的事，她整个下午都在吐。听到有人叫爸爸柯文，还是让人觉得很怪。

夜晚再度来临，但我没办法入睡，我好累，事实上，我神经衰弱，而且感觉毛骨悚然，我躺在床上很久，还是睡不着。

梅根还是很不舒服,而这让我更难睡着,因为每次她进到浴室里,我都可以听得见。卡罗琳姑姑曾经上来陪她一次,她们站在我的卧房外面讲话。梅根再度放声大哭,怕自己早上不能和爸爸一起到威奇塔,因为她吐得那么厉害。

卡罗琳姑姑用温柔、像母亲般的声音告诉她,别担心还没发生的事,而且毫无疑问地,一到早上她就会恢复正常了。不过,梅根显然不相信她说的话。

卡罗琳姑姑回到她在书房的床上很久之后,我还是能听见梅根在她的房间里哭。书房在走廊的另一头,所以卡罗琳姑姑可能并不知道梅根有多难过。最后,在听到她起来又吐了一遍,然后塞着鼻子走过我门口时,我下床去看看她。

我坐在她旁边的床上:"要不要我帮你弄点姜茶或什么的,梅根?汽水好不好?"

她摇摇头。

"来,转过去。我帮你揉揉背,这样你会觉得舒服一点。"

"不要。"

"要是妈妈在,她也会这么做的。"我伸出手摸摸她的头发,"快点,转过去。"

她半勉强地转过去。她抱着大猫咪,它有毛的耳朵靠在她的脸颊上。

"你知道吗?"我帮她揉背时,听见她这么问。

"知道什么?"

"是我的错。"

"什么？"

她转过身，不让我继续揉，她把被子盖在自己身上："妈妈做的那件事，她出去，还杀了瓦特曼那家人的事。"

"哦，梅根，那怎么会是你的错。你为什么会这么想？"

"是我要爸爸带我去市中心，记得吗？他原本只是要载我过去，然后就马上回家，但是我求他跟我一起进去。我拜托他一定要和我一起进去，因为，我想让他看看他们也有卖凉鞋。我希望他能买那些凉鞋和运动鞋给我。"

"梅根，那和妈妈做的事一点关系也没有。"

"有，如果我没那么做，他大概只会去个二十分钟，然后就像他原本计划好的，在妈妈到那里之前回家。他会逮到她的，如果我没要他跟我一起进去的话。"

"梅根，即使这样，但那仍然不是你的错。"

"但是，如果我没那么做，事情就不会发生了，我们就会像平常一样，对不对？我太自私了。"

"别这么想，梅根，无论如何，妈妈都会那么做的，她总是喜欢孤注一掷。梅根，别再怪自己了，好不好？我认为事情不管怎样都会发生的，那并不是你的错。"

梅根疲倦地揉了揉自己的眼睛，她累坏了。她将那只虎猫靠在脸上，闭上眼睛一会儿，然后又张开眼睛："或许会下地狱的人是我，因为我好自私，让妈妈去杀了那些人。"

"梅根，那不是你的错。"

"你不知道上帝会怎么想。"她平静地说，"你永远不会知道。"

妈妈过世了。

在早上五点三十五分，五月的第一天，妈妈在睡眠中安详地离开。前一个晚上，她大半时间都是醒着的，和爸爸聊些平常的事。他们聊梅根在学校的表现，她的表现并不是很好；聊天气，威奇塔那段时间很潮湿；还聊到爸爸，说他因为穿袜子，脚没办法透气而长了疹子。

她的喉咙因为胃管的关系而觉得痛，爸爸便喂她吃糖果以缓和不适。深夜一两点时，她睡着了。

爸爸原本以为她在持续复原当中，她是那么有活力、那么健谈，所以他认为最糟的情况已经过去了。大约五点，他伸手去拉毯子时觉得她好冷，但他并没有想那么多。那个晚上很冷，所以他没叫护士，只是将被子往后拉，偷偷爬上病床和她睡了一会儿。我认为那是她离开的最好方式——在爸爸温暖的臂弯里离开人世。

在经历过如此激烈的人生之后，她平静地走了，要不是有监视器，他们不会知道发生了什么事。她没有再醒过来，没有再动，没再说出一句话。爸爸最大的遗憾，是妈妈最后和他讲的话，竟然是有关他脚上的疹子的事。但我觉得那样也许是最好的，妈妈至少是在小小的、世俗的忧虑中离开人间的，这是种平凡的幸福。

第二天早上，爸爸哭着回家，他走过走廊，进到厨房里，然后坐在他习惯坐的位子上。他用那种我认为不是男人会哭的方式哭泣，很小声但激烈地啜泣着。他的肩膀不断抽动着，我们没有人安慰得了他。

梅根和卡罗琳姑姑继续待在厨房里，陪着爸爸。我先走进客厅，最后走到外面，走到前面的台阶上。我坐在最上面的阶梯上，两手捧着下巴，看着街道的对面。厨房里，他们全在哭，三个人都在哭，包括卡罗琳姑姑——妈妈在世时,她可能从没爱过她,但她也在哭。我坐在外面的台阶上,觉得好空虚。我坐在那里,有知觉而且在呼吸,但内心没有任何活力。

我想着,现在我没有妈妈了,我该怎么办?我想着,等到夏天时或十年后,我会在哪里?我想着,事情如何再度恢复正常?但事情似乎突然有可能会永远都不会变回正常。

在我内心的一个小角落里,我想知道有关妈妈的事,关于她没有宗教信仰的灵魂会到哪里去呢?她会下地狱吗?人真的会因为不信耶稣而下地狱吗?或是因为杀人而下地狱?我试着想象她冰冷而且静止不动的样子。我在疗养院里曾经看过尸体,死掉时他们的嘴没办法紧紧闭起来,但妈妈一定不会那样的。

我也想到,引起这所有一切,而且避掉这所有一切的克劳斯,还有妈妈对他的爱和痛苦。如果我是第一个出生,而不是第三个出生,那可能就是我被偷偷带走,然后继续活着,爱着其他人,而且永远不知道我的存在造成别人极度的痛苦,也永远不认识为我而死的那些人。

25

葬礼音乐

《云雀飞翔》让我们在那天晚上吃晚餐时，再度陷入麻烦。自从星期一午餐过后，那是梅根头一次和我们一起吃饭。

妈妈过世的那个晚上，爸爸和我吵了一架，吵架是从和我们周遭的事完全无关的某些事开始的。

梅根已经预约好星期五要去看牙医，但是那天——那个星期二晚上，我说，我认为她不应该去。我们还不确定妈妈的葬礼会在什么时候举行，况且杀人案引起的骚动还没平息，我认为梅根不适合去牙医那里。

但爸爸不觉得有什么，"她只是去清洗和治疗牙齿。"他说。而且因为那位牙医的门诊很难挂到号，他不打算毫无理由就取消。

毫无理由——就是这句话引爆争执的。当他说出"毫无理由"时，他真的认为发生在我们身上的事，根本不足以构成取消挂号的理由吗？

我质问他,而且声音非常大声,接着我又说,反正他总是无法弄对事情的先后顺序。

他大声回话说我太年轻了,无法了解,再说,从什么时候开始,他得和我商量有关梅根牙齿的事?那关我什么事?这时,卡罗琳姑姑听到吵闹声,来到了书房门口。她要我们闭嘴,以神之名。"可怜的玛拉,"她说,"她才刚死,但你们马上像海鸥一样尖声叫喊到牙医那里检查的无聊事。"

姑姑这句话,马上让我和爸爸转而大声对她吼叫。我不确定原因究竟是什么,也许只是因为她说妈妈死了。在我听来,直接说出这项事实简直可恨至极。但那之后,我和爸爸没再吵了,虽然我们都还是很生气。

第二天早上,保罗过来一趟。因为这天是星期三,所以我知道他逃课了,我们坐在前面的台阶上。

"我之前就想过来了,"他对我说,"但我妈不让我来,我想过来跟你说,我有多遗憾。"

我用双臂抱着膝盖,然后将下巴靠在膝盖上。马路的另一边,贝克汉太太正在洗窗子。她的花床里开着红色的郁金香,所以她得小心地移动梯子,避免踩到它们。她很胖,所以在我看来那是个滑稽的景象。我想到了《踮起脚走过郁金香》(Tiptoe Through the Tulips)这首歌。

"我想来跟你们说我很遗憾。"保罗又说,"但我不是很确定,我坐在家里想这件事……天啊,莱丝莉,你无法想象我是怎么想这件事的。"

"我可以想象。"我说。

"也对。"他停了一会儿说,"我想你可以。"

沉默在我们之间蔓延着,我很惊讶自己多么容易就迷失在看贝克汉太太洗窗子这样乏味的事情上,但我确实可以。我可以看着她,然后什么都不想。

"不过我真的很遗憾,莱丝莉。"

我点点头。

再度沉默。邮差走在另一边的马路上,他走过一间又一间的房子时,我把注意力转向他。会有人因为妈妈过世而寄同情卡片给我们吗?当一个人被警察杀死时,你会那么做吗?

"你知道我妈走了吗?"我问保罗。

"知道,我从报纸上看到了。"

那名邮差在吹口哨,他吹着《我在铁路工作过》(I've been Working on the Railroad)这首歌。

"感觉糟透了,莱丝莉。"保罗说,"我爱你妈妈,我真的爱她,她很棒,我认为她是我这辈子碰过最棒的人之一。"

"托比也这么认为。"

保罗没再说什么,邮差走到贝克曼家,贝克曼太太费力地爬下梯子,然后小心翼翼地走过郁金香,摇摇摆摆地走到前门。"早安!天气真好!"邮差开心地说。

我想他们两个都知道我们正坐在台阶上,所以才没有交换这里最近发生的八卦,他们不敢这么做。我看见他们往我们这里瞄了一下,然后又把头转开。他们的声音放低了,他们原本并没有打算这样做,但却又表现出来，人有多恶毒啊！

"我了解。"保罗说。

"了解什么？"我看见邮差为了贝克汉太太，正快速翻他的邮件包。

"了解你妈妈为什么会那样做，我的意思是，我可以了解她是怎么想的。"

贝克汉太太把其中一封信拿起来，然后拆开。那可能是她儿子薛利寄来的信。她以前总是跟妈妈说，薛利老是和奇怪的女孩在一起，她始终不了解像薛利这么好的一个男孩，怎么品味会那么差。

"那不是罪，真的，我认为。"保罗说，"不是抢劫 7-11，然后用枪射杀收银员那样，你妈妈做的是不一样的。"

"你不能这么跟警察说。"

"但是不一样啊，她有理由的。"

"抢劫 7-11 的人也有理由。"

"不，莱丝莉，这不一样。她所做的事，嗯，以其方式，是有点值得尊敬的。你知道我的意思吗？她是到那里拯救他，她不要他被养成纳粹，在那样的世界里长大。这个嘛，几乎可以说是崇高的。"

"杀人无关崇高，保罗。她杀了瓦特曼家的人，他们死了，那不是电视上演的戏。"

"但是她相信她做的事是正确的，她认为那是她的儿子，她认为他们是纳粹。她只是认为，对他来说，死会比较好。那就是为什么我说它崇高，如果你真的认真去思考这件事的话。"他耸耸肩，"这件事或许是错的，但仍然崇高。"

我往后坐，瞄了他一眼，心想这对话是怎么在我没有注意到的情况下，进行到这里的？为什么这个论点会出现：保罗护着妈妈，而我却站在相反的立场？

"关于这件事，你完全不了解，保罗。"

"嗯，我的意思是，我只是想想而已。"

"保罗，我说你对这件事完全不了解。你不知道我妈是什么样子，你不知道和她一起生活是什么样子。关于她在战时所经历的事和战后那些年，我们仍然深受其害，即使是我和梅根，还有和那件事一点关系都没有的人，也深受其害。

"你住在塞德街上一间不错的大律师房子里，你们有两辆车，而且你的弟弟在房间里有一套音响。此外，你们养狗，但我们在比菲死掉之后，就连只狗也不能养。在比菲被车碾过，被一辆垃圾车碾过，它让自己被一辆恶毒的垃圾卡车碾过之后。

"因为我妈好难过，我爸就不再让我们养狗了。你知道，一直以来我有多想要养一只狗吗？你知道吗？比菲被撞死时，我只有十二岁，但爸爸从此不让我们再养一只狗，他说'失去'会让妈妈太难过。我当时十二岁，而在过去这六年来，我每天都想养一只该死的狗，但就是不能，而你家却有两只狗。"

"哦，莱丝莉。"他小声说，伸出一只手放在我的肩膀上。

我立即闪躲开来："所以，你怎么能说你了解什么事？你一点都不了解。"

"莱丝莉。"

"是我那愚蠢爸爸的错，他从来不会停下来想想我们。他一辈子除了担心妈妈之外，什么事都不会做。他可以不用这样的，他可以带她到某个地方，或是搬家，或找人帮她。天啊，甚至把她关起来都比让她死掉还好！他可以改变事情的。他可以用某种方式阻止她的，那样一来现在她还会活着，而不是死掉！"

保罗试着用他的手臂揽着我，我在大叫，我知道我在大叫。原本在洗窗子的贝克曼太太停了下来，或许邮差也停下来了。但有什么关系？反正他们已经认为我们是这里的疯子，我这样可能也满足了他们的期待。

"他应该想点办法的，但他就是没有！因为他不想受到伤害。不是因为妈妈，妈妈很坚强，虽然她受到伤害，但是她活下来了。是爸爸的关系，他受不了看到妈妈不快乐，即使有些事让她一开始真的很快乐，他也无法忍受如果她之后不快乐。

"她会爱上另一只狗，这样她就不需要去找某个奇怪的小孩，把他当成自己的儿子，但爸爸拒绝了。不论我要求过多少次想养一只狗，他都说不。妈妈也想养一只，她知道东西会凋谢，天啊，她比我们任何一个都还要清楚。他可以给她一只狗的，或者至少他可以给我一只。"

"听着，莱丝莉，我很抱歉。"保罗说，他已经放弃碰我了，他坐在台阶的另一边。

"走开。"我说，"你不了解。"

"我很抱歉。"

"走开就是了，别管我。"

"好。"他站起来，"反正我得回去上课，虽然我已经翘掉历史课了。"他用手摸摸我的头，"我晚一点再来看你，好不好？等你感觉好一点的时候。"

"快走。"

那天下午，梅根来到我的房门口时，我正躺在床上看书。她的病毒还是什么的还没好，所以她一整天大部分的时间里都穿着睡衣，无精打采地在屋子里四处走动。我的心情既没有比稍早更好，也不开心看到她在我的房间，因为她在吐之前并不会出现什么征兆。我告诉她，如果她在我的房间里吐了，我会要她把它清干净。

不管我怎么恐吓她，她还是执意进来，坐在床上和我在一起。她背靠着墙，问我："妈妈那张《云雀飞翔》的唱片呢？"

"可能在唱片柜里吧。"我说话时头还埋在书里，继续看书。

"没有，不在那里。我已经找过了，可是它不在那里，卡罗琳姑姑也不知道它在哪里，我问过她了。"

"嗯，我也不知道。"

"你觉得它可能会在哪里呢？"

"梅根，不论你有没有注意到，我正试着看书，现在不想讲话，所以快离开，好吗？"

她的背靠着我的枕头，脚对着我，这使得她的脚差一点就撞到我的脸。她的脚好臭，梅根正值那种如果没人说她，她可以一个月不洗澡的年纪。我用力打她的脚踝，这让她的膝盖缩了起来，把脚移开。

"我的肚子还在痛。"她凄凉地说，两眼瞪着上面的天花板，"我在想，它真的会好吗？"

"可能不会吧。"我说，然后把手放在正在读的那行字底下，试着对抗让我分散注意力的事。

"莱丝莉,这一点也不好笑。"

我继续看书,没理她。

"你到底怎么了?"她问。

"因为你一直烦我,我说我想看书,不想讲话。"

"哦。"她回答,仿佛那是一个全新的想法,她静静地躺了几分钟,"莱丝莉,你想知道我在想什么吗?"

"不想。"

"嗯,我在找《云雀飞翔》,那样殡仪馆的人过来时,我就可以拿给他们,我希望他们在妈妈的葬礼上可以放这首音乐。"

我抬起头:"梅根,《云雀飞翔》太长了,再说,他们在葬礼上是不会播放这种音乐的。"

"为什么不会?那是妈妈最喜欢的曲子,她喜欢它胜过其他音乐。所以我认为他们应该放这首,这样一定会让妈妈很开心。"

"妈妈现在不会在乎了,梅根。"

她突然坐起来:"我最近真的无法理解你,你对每一个人都好可怕,我无法理解你是怎么了。"

《云雀飞翔》让我们在那天晚上吃晚餐时,再度陷入麻烦。自从星期一午餐过后,那是梅根头一次和我们一起吃饭。她的病并没有严重影响到她的胃口,这使我觉得她这么做,全是为了博取同情。我很生气,因为似乎没有人在乎她那么做只是为了引起别人的注意。这时,她又开始讲起《云雀飞翔》这件事。

"我们可以放这首吗,爸?"她问他。

"他们不会在葬礼上放那种音乐,笨蛋。"我说,"我已经跟你说过了。"

"我是在问爸爸,不是问你。"

"你不可以让她那样做,爸。"我阻止爸爸听从她的意见。

"我找到唱片了。"梅根又说,"它在唱片机的后面。所以我想殡仪馆那个人过来时,我可以把它交给他,他可以听听看。如果它太长了,他可以用一部分就好了。"

"哦,老实说,梅根,"我说,"这个主意真蠢!你真是个白痴,难怪你一年级会没过!"

"那不是个愚蠢的主意!"梅根大叫。她站了起来,对着我挥舞着叉子,"蠢的人是你!因为那是妈妈最喜欢的曲子,所以我希望让她听最后一遍,那是个好主意!"她转过去面对爸爸,"告诉她,爸爸,告诉她那不是个愚蠢的主意,它不是!"

爸爸和卡罗琳姑姑两个人的脸上,都带着震惊的表情,在他们还没搞清楚发生什么事之前,我们的争执已经逐步升级为大声嚷嚷的吵架。

然后,爸爸用力地往桌上一拍,所有的盘子都发出碰撞声,肉汁洒到了桌布上。他没说半句话,只是看着我,手指着楼梯的方向。我坐着,沉默了好长一段时间,思考着是否提出异议。但最后,我决定以行动反抗他。我厌恶地丢下叉子,起身冲了出去。

我没有上楼,爸爸原本要我上楼的,但我反而走到前门去。我把手放在口袋里,透过纱门盯着街道和贝克汉太太的红色郁金香看。

我不知道自己为什么会那么生气,就像稍早和保罗谈到有关狗狗的那段话，我也不是故意要那么生气的。我并没有那么在乎不能养狗，但就在那一刻，和保罗谈话时，我始终没有得到的狗，似乎变成所有生活问题的根源，现在也一样，《云雀飞翔》并不是一个那么不合逻辑的选择，它曾经是妈妈最喜欢的曲子，这点我无从否认。

可是我并不想在葬礼上放它。

那首曲子让我想到列别尼和庄园的花园、磨坊池塘还有露台。它有一部分听起来很像土风舞，而且当我听到它时，我总是会想象模糊、没有脸的男人，还有穿着白色套装和用花装饰的洋装的女人，就像《了不起的盖茨比》(*The Great Gatsby*) 里的有钱人，他们是美丽和金色梦想中的人。我会想象妈妈童年时的样子，在生命之源、拉文斯布吕克和战争之前的样子。我无法忍受我会失去这些影像，只记得《云雀飞翔》是妈妈的葬礼音乐这种回忆。

但是，这首曲子也有另一个部分。前面的部分，我想是艾烈克经常演奏的那部分。后面的部分，有民间风味的插曲是由管弦乐曲编成的，但是前面的部分是小提琴独奏，一段令人心碎的美丽独奏。云雀悦耳的高音，在其他乐器青涩的音色加入之前，萦回又孤寂。

我小时候听到这个部分时，总是会数秒，像羊一样，等待小提琴的凄凉、勇气被比较友善的音乐吞没。比起失去美丽舞者的意象，我更无法忍受妈妈在那令人心碎的小提琴独奏下离开我。

但我没办法向爸爸或妹妹解释那首曲子对我的影响，所以我只能把双手放在口袋里，一个人站在前门，盯着外面看。

对父亲的埋怨

> 我突然希望他可以大声对我吼，那样我就可以大声回敬他，但他没有，愤怒让我们之间变得不友善，焦躁不安。

葬礼在星期五早上举行，所以梅根终究还是没有去看牙医。那天早上，我坐在床上穿裤袜时，还在想爸爸是否记得打电话给汤普生医生，告诉他梅根不去了；然后我很惊讶地发现，我竟然在埋葬妈妈的这个早上，还能想到如此愚蠢的事。

我们搭一辆黑色大轿车到殡仪馆。我第一次搭这种车，我抚摸着门边的柔软皮革，看着路过的景色，那景色反射在车子的铬镀上。

一到那里，卡罗琳姑姑、爸爸、梅根和我就坐在和大厅隔开的一间小房间里，我得弯身向前，去看其他前来哀悼致意的人。

人不多，休森先生和修车厂的几个人在那里。休森先生穿着西装，打了领带，还把那头黑发往后梳得十分光滑，害我几乎快认不出他来了，他看起来跟平常好不一样。

我记不得大部分和他在一起的那些男人的名字，我只见过他们几次，但我看到鲍比在那里。鲍比是休森先生的侄子，他有一点轻微的弱智，但是有张讨人喜爱的脸。有时候他会在汽车下面给爸爸帮忙，但大半时候，他负责跑跑腿，和帮其他人泡咖啡。

我还看到赖利先生和他的太太，我们的邻居，他们在第二排。更远的地方是超市的收银小姐，而保罗一个人坐在后面。我一开始以为他一定又翘掉历史课了，但后来看他穿了一件西装，我知道他一定是翘了整个早上的课。最后一个，是那位警官，那位很有同情心的警官。他看到我在看他，于是露出微笑。我不知道还能做什么，只好也对他微笑。

妈妈对这场葬礼会有什么想法，我无从想象。如果她对这件事有发言权，我认为她不会想要仪式，妈妈不是客套的人。

葬礼主持人选择使用《云雀飞翔》，而且就如我所害怕的，他选了小提琴独奏的部分。我看到负责演奏的那个人，他站在房间前面，慢慢拉着小提琴。他的眼睛闭着，他又瘦又小，在我看来就像个外国人，像是从南欧来的人。或者，也许他是犹太人——我希望他是，因为这样可以让妈妈开心。

他像抚摸爱人似的拉出音符，但声音被困在那个小房间里，变得十分悲伤，我原本以为自己会哭的。梅根、卡罗琳和爸爸都在哭，但我只是安静坐着，觉得孤单，然而没有眼泪流下来。我非常想念妈妈，她把我留在这里，一个人走了。

虽然爸爸曾试着不要让仪式带有宗教色彩，但他还是失败了。即使《云雀飞翔》取代了圣歌；莎士比亚《暴风雨》(*The Tempest*)里的一段话取代了圣经诗句，但主持仪式的人仍然提到了上帝。

他在说话时，我想着妈妈真正的信仰是什么。我不知道。她非常蔑视宗教，但她是否认为仍然有某个东西，或某个人负责安排这个世界，这就很难说了。妈妈会对一些事情直言不讳，那让人认为她讲得很多，我认为这正是她所希望制造出的假象，然而事实上，我认为她大部分的想法都没有被说出来。

对我而言，最糟的部分，是我发现棺木是打开的。爸爸之前没有告诉我它是打开的，所以当我看到时，觉得非常反感，为什么妈妈死掉了，人们还会想看她？再说，那看起来根本就不像妈妈，反而像是蜡像馆里的人物之一，栩栩如生，但毫无生气。梅根亲吻她的唇，放了一束紫丁香花在她旁边。我没有碰她。

下车后，我直接走进屋子里，再由后门进到院子里。我走到后院的另一边，走到标示我们家房产尽头的紫丁香花丛旁。我只是想逃避梅根和爸爸空虚的对话，我想一个人好好独处，但我们家里，并没有太多地方可以独处。

我还没换下衣服，还穿着一双卡罗琳姑姑的高跟鞋，并且很不稳地晃来晃去，因为我自己没有高跟鞋。我在洋装上披了妈妈给我的那条土耳其蓝围巾，这是我唯一披上它的一次。它是一片黑色、棕色和灰色衣服当中唯一鲜亮的颜色，不过我认为妈妈会希望我披着它，所以关于这件事，我不在乎卡罗琳姑姑会怎么跟爸爸说。

从我站的位置望去，并没有太多可以看的东西，只有篱笆、巷子，和另外一边尼尔森家房子的后面。远远地，在更远的房子之间，我可以看到平原，它们的空旷从未受到阻挠，即使在城镇里也一样。

我脱下高跟鞋，只穿着袜子，感觉脚底传来潮湿的凉爽。空气中都是紫丁香的味道，令人陶醉，这使我想起妈妈在列别尼的故事。她的妹妹乔安娜死于猩红热的时候，妈妈在楼下大厅悲伤哀悼着，而四周洋溢着紫丁香花的香味。

我心想，妈妈是否曾想过她也可能死于紫丁香花开的时候？我心想，也许她会难过自己竟然是在春天过世的，所有她在冬天时那么想念的花好不容易活跃起来，但她却无法好好欣赏它们。然而，最后我认为也许这样才是最好的，在春天时过世的话，她会永远不知道另一个冬天。

时间流逝，我继续待在那里，用手指摸着篱笆。

"莱丝莉，你为什么不进屋子里？"是卡罗琳姑姑。

"我不想。"我说，"我想一个人。"

"好了，亲爱的。"她回答，把一只手放在我的肩膀上，"我知道对你来说一定很难过。"

"求求你，不要管我。我想留在这里。"

"我做了三明治。"她说。

"我不饿。"

我听见她仍然站在那里，虽然她只是站在那里，什么都没做。我没有转身去看她。

"那不是任何人的错。"

我没回答。

"当一件真正可怕的事发生时，我们会很容易想责怪某人、某件事或是自己,那是很自然的事。不过你千万不要这么做,不要这么做,莱丝莉。现在别生气,别折磨你爸爸,别把事情弄得更糟糕,好吗?"

我心不在焉地将手在篱笆冰冷的金属上来回移动。

"你妈是个很难一起生活的人,莱丝莉,我知道你非常爱她,我知道你们全都非常爱她,尤其是柯文,但她是个很难相处的人。"

"别管我了,好不好?"我仍然背对着她。

"或许她一辈子都是个很难相处的人,或许连她小时候在匈牙利时也是一样,谁知道?但她在战后确实如此,她是个聪明、有天分又敏感的女人,但很难相处。"

"我不需要你来跟我讲我妈的事,卡罗琳姑姑,我了解妈妈的一切,不需要你来告诉我。"

"需要有人告诉你,莱丝莉,你不再是孩子了。"

"我知道我需要知道的事,谢谢你。"

"但这不是你爸爸的错,我不想看到你为此责备他,因为他不该负责任的。如果他真的有错,那也只是爱上了一个比我们其他人都更不完美的人。"

我把自己关在卧房里,换下衣服后,我拿出之前一直在看的书,蜷缩在床上。那是一本好书。它一定是本好书,因为我发现它相当引人入胜。

梅根来到我的房间门口,说晚餐准备好了。我说我什么都不想吃,也不想下楼。她想要打开我的门时,我跳起来,"砰"的一声把门关上。门打到她的头,我可以听见她痛得倒抽一口气,但决定不让我听到她的大叫声，以免让我称心如意。最后，她下楼回到厨房里。

不久之后，换爸爸上楼来，他没有敲门，直接就走进来，然后将门紧紧地关上。他走过来，抓住书桌旁的椅子，把它放在床边，然后坐下。

"不知怎么搞的，"他说，"我感觉你相当生我的气。"

"没特别气。"

我继续看书。

"我知道对我们来说，这段时间真的很难熬，莱丝莉。"

我不仅能够继续看书，还能继续专注在故事的重点上。

"这几乎令人难以忍受。"他说。

我毫无反应，仿佛他不在那里。

"我必须坦白说，别用这种态度对待我，莱丝莉。"

"我没做什么。"我说，然后继续看书。

爸爸看了我几秒钟，我可以感觉到他在看我。然后他靠了过来，将一只手放在书上，我抬起头，他离我的脸只有几公分的距离。

"如果你一定要知道，"我说，"我真的认为如果你愿意的话，你可以救她的。"

他退缩了。不是他的身体，而是他的眼睛。他的瞳孔缩小，然后又放大，接着他摇摇头。

"你可以的。"我说。

"不。"

"你可以的，如果你真的愿意，如果你真的试过。"

他再次摇摇头。

"你可以让我们搬家的,爸,就像我在冬天时提到的那样,我们可以搬到新墨西哥或佛罗里达或某个地方,离开瓦特曼一家人。"

他仍然摇头:"不,她不会走的。"

"你可以要她走,或者你可以要她早一点去看精神科医生,但你为什么没有那么做?你还记得吗?三月时,我说她可能需要去看医生!你还记得吗?你可以要求她去的!"

他低下头。

"天啊!如果她被安置在医院或什么地方,也许会好一点。我知道她会害怕,但她可以住进医院一阵子,等她忘掉这件事之后,我们再把她接回来。如果你爱某个人,有时候你必须做出一些他们不希望你做的事,不管你采取什么行动,都比现在发生的事要好!你应该想点办法的!"

"莱丝莉,我从来都没办法要求你母亲做她不想做的事,从来没办法,任何人都没办法。"

"你可以试试看啊!你可以鼓励她,一次就好了。你可以让她看到事情的真相!她会相信你的!不是我、梅根或某个医生,但她会相信你!她当然会怕精神科医生和警察,还有怕被关起来,我知道她会怕,而且我很清楚原因。但是必须有人强迫她了解,她不能做她在做的事,即使是在美国,如果那样做警察还是会来找上门的。可是,你从来没有把事情跟她解释清楚,如果你试过,她会听你的!"

"你以为我没试过吗?你真的这么想?"

沉默卡在我们两个之间,我让他生气了,在这段沉默的时间里,怒气突然升起,然后又突然消失。最后,他低下头,吐出一口长长的气，疲惫地摇摇头。

"莱丝莉，你一定得了解我有多爱你妈。对我来说，她就是全世界，打从我遇见她的那一刻起，我就爱她胜过一切。她是如此令人难以置信、如此与众不同、如此活跃。莱丝莉，我跟她不一样，我很平凡，爱她是我这辈子唯一一件不平凡的事。"

接下来又是一阵沉默。

"但是，亲爱的，你妈妈是非常自我的人。她控制她自己的生活，她一向如此，我从来不曾拥有她，而且我不认为有人能够拥有她。"

他将视线移到我身上："我带她远离发生过的那些事，那是我唯一可以为她做的。我带她离开，而且试着尽可能地保护她。我愿意花上一辈子的时间保护她的安全，我不后悔，但那是我成年后所有的人生。"他暂停了一会儿，"所以，你认为我没问过自己那些问题吗？你认为如果没有你提醒，我对发生的事一点也不觉得糟糕吗？"

我捡起床单上的一小块软麻布。

最后，我耸耸肩："我只是说，我认为你应该做得更多，如此而已。你并没有面对事情，而且那些事情很明显。我一直跟你说我们必须做某件事，也试着让你了解，我们不能只是让她想做什么就做什么。"

"事情发生之后再来看之前的事，我们会了解得很清楚，莱丝莉。但未来会发生什么，我们根本不知道，我尽力了。"

"你什么都没做。"

他叹了一口很大的气，把头转向窗子。我看得出来，吞噬我的紧绷、绝望和愤怒，同样也令他憔悴无比。我突然希望他可以大声对我吼，那样我就可以大声回敬他，但他没有，愤怒让我们之间变得不友善，焦躁不安。

"你必须了解，你妈妈确实有些严重的问题。"

"我不需要听妈妈的问题，卡罗琳姑姑今天已经告诉我，所有关于妈妈的问题了。"

"我要说的是，莱丝莉，我已经跟你妈一起生活超过三十年，而且如果想了解某个人，你得花上一段很长的时间。在那些年里，我在各种生活的起起伏伏里看到她，在多次情绪好坏当中看到她，在我认为可理解的情况里看到她——包括我们曾有过关于克劳斯的所有其他创伤。

"但是，莱丝莉，我仍然不是她。我仍然没办法进入她的脑子里，思考她的想法，感觉她的情绪。她确实有些真正的问题，你无法否认这一点，而且有个困难是，我们就是无法以自己的方式来帮她处理她的问题。

"但她是个好女人，即使有这么多的问题，她还是个好人。她个性当中从来不曾有过一点，让我认为她会做得出这种事。天啊！如果我知道我得做得更多，如果我有想过怎么做会更好，我当然会去尝试，我会的。但情况是，我从来不曾想过。"

我叹了口气，低头看着我的书。

"她是个相当复杂的女人，我尽力陪在她身旁。或许这一路走来，我犯了许多错误，我本来可以做得更好。但是，莱丝莉，我已经尽我所能了。"

我用指甲快速翻阅那本书，疲惫的沮丧取代了心中的愤怒，我感觉好累，跟不上爸爸说的话；我太累了，所以哭不出来；我太累了，甚至无法对这一切有任何反应。

爸爸仍然坐在床边的椅子上，双手放在大腿上。

"那件事为什么会发生，爸？"

他转头看我。

"她是个好人，可是为什么她必须受到这些残酷事情的折磨？他们毁了她的人生，也差不多毁了我们的人生，为什么这些事要发生在我们身上？"我问。

他摇摇头："我不知道。"

"我一直想知道，为什么我们该承受这些。"

他耸耸肩，那是个轻微的动作，只是肩膀抽动一下。"我不知道。"他说，"我想它就是发生了。"

"一定有原因的。"我说。

他没有回答。

"一定有答案的。"

"不。"他说，"我不确定有，或者至少，我不确定我们有必要知道。"

我低下头："只要我知道原因，我想我就可以接受。"

爸爸只是叹气。

旁人的冷眼

> 我也可以听见她的声音,她的笑声相当特殊,当她真的很开心时,她的笑声会变成高音,然后突然爆裂。

表面上,正常的生活回来了。隔周的星期三,卡罗琳姑姑回到温内特卡,留下爸爸、梅根和我试着过没有妈妈的生活。星期四时,爸爸认为该是梅根和我回学校的时候了。迟早总是要面对的,他说,而且愈快愈好,尤其是我妹妹,因为她的学习状况在凶杀案发生以后下滑得更严重。

第二天早上,爸爸带梅根去学校,那样他可以和她的老师还有校长谈一谈,我则自己回到高中。

然而,内心里,至少对我而言,甚至连正常生活的假象都没有出现。我没有想到的是,我非常想念妈妈。摧毁我的是她不在的感觉,我带着它一起工作,那是一种说来奇怪的泄气情绪。

我躺在床上,听着爸爸先起床。我无法忍受自己比他先起来,然后在经过他的卧房时,看到他一个人蜷缩在大床里,仍然小心翼翼地睡在他那一边,另外一边则没有碰过,所以我会等着,即使周末我通常会先起床,我还是会醒着等待。

然而,一天里最糟糕的时候是傍晚,我总是会在放学回到家时,期待妈妈在家里迎接我。在我有意识地放弃期待之后很久,某个时刻我在开门时还是会紧张地期待,然后我会看到只有梅根一个人坐在厨房餐桌那里,而泄气的感觉再度一拥而上。房子沉浸在一种失去了什么的不完整里,我的日子全都变成灰色了。

我感觉心事重重,那几个星期很温暖,充满了紫丁香和山楂的香味,但是每过一天,似乎又更沉重了一些。日复一日,这负担变得愈来愈重,我的肩膀疼痛,背也非常痛,我站着时觉得十分痛苦。

我把这件事告诉爸爸,他帮我准备了热敷包,也揉了揉我的肩膀,当这么做也没有帮助时,他帮我挂号去看医生。然而,这是因为生活的沉重,问题不在于身体。我把这件事告诉医生,他点点头,给了我Valium(一种安眠镇静剂)作为处方。

让我的背和肩膀不痛的唯一方法,就是在床上躺平。这样做确实有帮助。我把愈来愈多的空闲时间都留在房间里的床上,只要我完全静静地躺着不动,就会感觉一切没有问题,但我必须把门关上,以防梅根打扰我,因为和梅根讲话会让我动作很大。过了一阵子,我发现和保罗、布莉雅娜或爸爸讲话也会让我疼痛,所以最后我把门锁上。

大部分的时间里我什么都不做,只是躺在那里,盯着床上天花板的那条裂缝,因为害怕疼痛的关系而不敢移动。我只能思考,一开始,我只是想着有关妈妈的事。我的脑袋创造事情影像的能力向来不错,我可以非常清楚地想象她：她的头偏向一边，她挂衣服的方式，还有她动作的活泼和敏捷。

我也可以听见她的声音，她的笑声相当特殊，当她真的很开心时，她的笑声会变成高音，然后突然爆裂。她很重的口音总是控制着她说话的声音，让人很容易记得她的声音。她的 r 尤其听起来像外国人，她会用一种滚动、喉音的方式发音，使它们几乎就像口齿不清。

而且，她一直有能力偶尔完全破坏英语文法，她不是使用德语的文法讲英语，让我们屏息地等待动词，就是故意误用极为可笑的词汇，像那次她告诉梅根二年级的老师，梅根受到"结婚至喜之苦"，但其实真正的意思是结膜炎。

妈妈在家时从来不会完全只讲英语，对她来说，英语一直是个麻烦的语言，她把单词弄得乱七八糟，像"quietful"和"longly"，只要变得太不好使用时，她就会舍弃不用。她的口音、她不愿意接受英语、她固执且格格不入的态度一直是我小时候的困扰，但是现在，这些事用温柔的爱浸湿了我的回忆。

我很想了解小时候的妈妈，我试着创造她绑着辫子的样子，充满了童年的热切、笨拙和天真，而列别尼和有艾儿菲姨妈的德累斯顿的全景，它们会自动且熟悉地呈现在我眼前。但后来我突然明白，我其实一直无法想出一个能搭配它们的普通女孩。

我所能想出来的，总是一个从苦难中逃出的人，只生活在极端的某个人，那里的一切始终都是忠诚或背叛，信任或背信，生或死。孩子的担忧是不可能在如此一个英勇的规模上衡量的。和学校女孩间小团体对小团体的对抗行为、在家为了最大块的蛋糕和手足争吵、为了没有获邀参加派对而沮丧——这些怎能和那样的苦难与英勇比较呢？

因此，我心中唯一能想到的女孩，她拥有清晰的雅利安轮廓，而模糊、心神不宁的聪明则显而易见，但她始终少了天真无邪。

当我无法重新创造战前的那个女孩时，我很想了解她在战后是什么样子。我无法想象那时候的妈妈，她那么高又那么瘦，竟然不到四十五公斤，此外，我也无法想象她留着短发的样子。在那段时期里，对爸爸的想象反而更为清楚。

我看到的他，是他在那张基卜叔叔婚礼照片上的样子。爸爸担任伴郎，瘦小又苗条的他穿着军礼服，站在教堂外的台阶上，站在基卜的身旁。他的脸颊像秋天的苹果一般又圆又红，双眼则被帽舌的影子给挡住了。

但他在德国那间医院里，是如何看着妈妈的？她，有她对古典音乐和芭蕾的热爱，有她对上流欧洲社会生活的熟悉，有她得不到满足、不愿服从命令的聪慧。他是怎么让她接受一个满脸是疤、来自伊利诺伊的农村男孩？他用什么样的魔术，让她愿意选择过穿着二手丹宁布、刷地板的生活；和一个唯一的成就就是爱她的男人，从一个偏远的小地方搬到另一个小地方？

我可以创造出影像来，但始终无法给予那个年轻男子和女人生命。

有时候我会想到克劳斯，他现在住在哪里？他长什么样子？他长得像妈妈吗？她有张与众不同的嘴唇，又宽又柔软，梅根和我都遗传到了，而他有吗？我在想他时，他正在做什么呢？

有天下午，我算出了时差，堪萨斯和德国有七个小时的时差。在那之后，我每次看时钟时都会很快算出克劳斯的时间。四点十五分，我会想，那里是晚上十一点十五分。克劳斯睡了吗？他在洗澡或者正在找一本书来看，或者做一个人睡觉前会做的无数小事当中的一件？他现在有孩子吗？或许他有一个儿子或女儿，他正在跟他们亲吻、道晚安吗？

或许想到克劳斯和约瑟夫最迷人的部分，是知道妈妈愿意杀掉他们两个，我一想到这件事就会起鸡皮疙瘩。当我彻底细想，如果我的母亲是一个愿意杀掉孩子的母亲，那是个几乎令人动弹不得的概念；然而，因为我并没有置身危险之中，所以我得以用着迷的恐惧来看它。奇怪的是，会有那种举动的女人离我妈妈很遥远。同样地，对我而言，克劳斯和约瑟夫也离我妈妈很远。

最后，我的思绪产生出一种想追踪过去的欲望，而且无法控制。我不仅被妈妈故事的力量，还有源自于这些故事的事件，同时也被妈妈本人所吓呆了。将我们联系起来的神奇力量是如此巨大，让我认为是她创造了我，当她在自己的身体里怀着我时，我在成为我自己之前，已经是她的一部分了。

所以，我有权利进入她的世界、她的梦想还有她的记忆。我清楚地感觉到：它们是我的，它们是我的记忆。

我考虑去匈牙利和列别尼，我考虑去北德追溯爸爸和妈妈的旅行，他们在那里相遇，再经过奥地利和捷克斯拉夫，我考虑去看拉文斯布吕克的所在地，我考虑自己去找克劳斯，或许最重要的是，我考虑到花之林，也就是妈妈复活、重生的地方。无论在什么情况下，我知道我一定要去。

对我来说，回到学校的前几天是一堂了解现实社会的速成课，我很快就认得所有的小暗示：眼神、眼神的逃避、立即闪人，只要我在场，就能引起周遭人的强烈不满。而我对谋杀还有每天的讲话内容相当敏感，特别是充满精神错乱等字眼的话语，甚至是随便一句话，仿佛只要我在场，那些字句就会呈现出完全不同的意思。

我回去上课之后没几天，放学后我到法语语言研究室去问康威小姐，我没课时是否能回来使用法语录音带。我渴望有某件事能让我不去想事情，我认为或许这样做会有帮助。我仍然怀着希望，她可能还是会邀请我去她的公寓，就像她承诺过的一样，去看她在巴黎拍的幻灯片。

事实上，我厚脸皮地梦想这件事成真，想着或许我们可以成为朋友。她只有二十三岁，这是布莉雅娜告诉我的，布莉雅娜在学校管理部门打工，她帮我查到这个资料。我认为现在我是成人了，而且就快毕业了，如果她和我在学校外面见面的话，我们可以一起用法语交谈，成为真正的朋友。

我进去找她时，时间是下午四点，学校里一片死寂。康威小姐正有条不紊地把作业放进档案夹里，一个接着一个。研究室里好安静，我可以听见她的指甲碰到档案夹的声音。

"你的法语很好了。"当我要求使用录音带时，她对我说，"你何不去找泰南先生呢，莱丝莉？我想你最好继续研读高阶德语，以你的背景……"

她那句话没讲完，她不需要讲完，因为我知道接下来是什么，现在大家都知道我的德语是从哪里学的，只要有看报纸的话，你就会知道。

"我真的对法语比较有兴趣。"我回答,"而且我需要更多练习。"

她有好一会儿都没有开口,但是继续收拾作业。我看着她,她的个头娇小,大约只有一百五十几或一百六十公分,我比她高很多。我在她身边,感觉自己很笨拙。

她抬起头来:"我真的很抱歉,莱丝莉,但我真的没有时间和你一起听那些带子。你知道,学期末会有很多事要忙……"她露出微笑,那是个礼貌性的微笑,那么无可挑剔,你几乎无法辨识它是否友善。

我假装不经意地拨弄上衣的一颗扣子:"我可以自己听,如果你不介意的话,就像三月时那样,我可以在这里自己听。"

我突然很想哭,我希望她能了解我有多痛苦,我有多需要某件事来转移我的注意力,而法语对我是多么重要,只因为法语和妈妈没有丝毫关系。或许,我还希望她为我感到难过,能够抱抱我,告诉我她了解这一切。我泪水盈眶,但是没有流下来,然而,我并不想对她隐瞒我的眼泪。

她看到我的眼泪了,却没有表示什么,相反地,她转身走到档案柜那里。"不行,"她说,"我不在时,研究室要锁起来。一定要有老师在才能进来,你知道的,这是学校的规定。"

我仔细看着她的脸。以前我认为她很漂亮,现在还是这么认为,她的头发很黑,眼睛很大,这暗示她身上有着拉丁美洲血统,她的五官有种陶瓷娃娃的精美和鲜明。

"你能了解吧?"我没回答,她又问了一遍,"你何不去找泰南先生?我想他星期三和星期五通常都会留到很晚,那么你就可以使用德语录音带了。"

"我之前曾经一个人在研究室里,康威小姐。那个时候,我都自己听带子,而且你并不在场。"

"但是现在不行了。"她说,而那是谈话到此为止的意思。

那天晚上,爸爸和我一起坐在厨房里。他在晚饭后泡了一壶妈妈喜欢喝的浓烈欧洲咖啡,而且甚至还允许梅根喝一点。接着梅根走到屋子其他地方去了,只留下我们喝剩下的咖啡。

那个晚上很热,所有的窗子和后门都开着,而且爸爸还把电扇放在料理台上面。电扇来来回回地呼呼作响,把我的头发吹到我的脸上。我们两个坐着,额头上冒着汗珠,喝着一杯又一杯热腾腾的咖啡。

"嗯,我在想,"我说,"也许等学期结束时,我会离开一阵子。"

他突然抬起头来。他一直小心翼翼地把量好的糖放进他的马克杯里,搅拌它,盯着它看,然后再加一点。妈妈从来不加糖,只加奶精,但爸爸始终没办法适应那种浓郁、强烈的味道。

但是现在他停了下来,拿着汤匙、糖和所有的东西,在马克杯上定着不动。

"你的意思是去念大学吗?"他的声音里带着疑惑,他知道我并不是指大学。

我摇摇头:"不是,就是离开。"

"去哪里?"

我耸耸肩:"我不知道,我只是需要离开。"

他的眉头皱了起来,把汤匙放进咖啡里搅拌:"我现在不想听这种话,莱丝莉。过去这几个星期已经发生太多事了,我想我们需要再次安定下来,所以别任性了,好吗?"

"这不是任性,我只是想离开一阵子。我需要出去,需要思考,我感觉像是有块大圆石压在我身上。"

他没说话。

"我再也无法忍受这里了。"

他抬起头来:"你无法忍受什么?"

我凝视着厨房的另一边,料理台上到处都是准备晚餐时留下来的东西:脏的器皿、半颗洋葱、在沥水板上的马铃薯皮。我怀疑,十年或二十年后,我会记得这间厨房吗?我在想,我在这里的那么多时间里,我究竟会记得哪一段?

"你无法忍受什么?"他又问了一遍。

我把头转回来:"你记得康威小姐吗?我的法语老师,你知道她。"我看着他,"记得她以前放学后,都会让我在研究室里听录音带吗?记得我三月那时的事吗?"

他点点头。

"是这样的,我今天问她我是否可以再回去听录音带,我在想,如果我可以忙着做某件事,嗯,或许可以让我分心……总之,我去问她。你知道她说什么吗?她说不可以。不是或许,不是等一下、不方便,是不可以。她说她不能再单独留下我一个人,她也不想陪我留下来,所以她得把研究室锁起来。天啊,爸,她以前让我单独一个人在那里很多次!"

我皱着眉头看着我的马克杯:"你知道那让我有什么感觉吗?"

"知道。"他说。

"我受不了了,大家总是看着我,总是小声地说'玛拉的女儿在那里',光是这样就已经够糟了,但是现在,不仅康威小姐不想单独和我在研究室里,她甚至不相信我真的有使用过她那愚蠢的录音带。"

他耸起一边的肩膀,示意他真的了解:"情况会好转的,但我们必须给它时间。"

"那很丢脸。"

"是的,没错。但除了熬过去,并证明他们全都错了之外,我们没有太多事情可以做。"

我露出痛苦的表情。厨房里热得让人喘不过气来,我突然知道流汗有多让自己不舒服。我到底为什么要喝咖啡?我把马克杯推到一旁。

"我以前很喜欢她。"我说,"而且我原本以为她喜欢我的,我是全班最好的学生,我努力做个最好的学生,只因为我知道法语对她来说很重要,而且我喜欢她。要不然我念好德语就行了,反正我不用带书回家,就可以把德语念得那么好,念好德语对我而言,简直易如反掌。"

爸爸用手擦了擦他的额头,然后叹了口气:"所以,你想要逃开。"

"不,不是逃开。我的意思不是那样,我只是说我想离开这里,让自己振作起来。"

"反正你秋天就要去上大学了,莱丝莉,那时候你就可以去堪萨斯市了。"

我摇摇头:"那并不是我想要的。"

我们两个都没讲话时,一阵辛酸的时刻到来。我绝望的强度在沉默中增强了,而且爸爸和我一样知道这一点。他叹了口气。

"不是逃开,爸,那是不一样的。"

"当你因为学校有人羞辱你而想离开,那就是逃开。"

我吐出长长的一口气,肩膀垮下来:"那不是我的意思,真的不是,事情只是看起来很像那样,但那不是我想离开的理由。"

"那么理由是什么?"

我用手指摸着桌布。

"这是个好家庭,莱丝莉,我们经历了很多不堪的日子,但它仍然是个好家庭。"

"我知道,但我只是需要离开它一阵子。你不了解吗?你不懂我的意思吗?"

他转身过去,从炉子上拿起咖啡壶。先是咖啡被倒进他的马克杯里,然后是糖,慢慢地,用量好的汤匙量好倒进去,最后是牛奶,他搅拌咖啡,接着终于抬起头看着我。

当他看到我还在看他时,他又垂下眼,手中拿着汤匙停了下来。"不,"他说,"我想我不懂。"

决定出门远行

> 我心里有克劳斯、德国、列别尼、韦尔斯还有其他所有地方,就像那些事是发生在我身上,而不是在你和妈妈身上。

在我还很小的时候,妈妈曾让我和她一起睡。爸爸会微微打鼾,但我是和妈妈一起睡,所以可以舒舒服服地躺进她头发的最浓密处,被她的身体保护着。

我对那些夜晚的记忆大半是黑暗,而白天则是幸福地吃得饱饱的。午餐过后,我会靠着她的胸部打瞌睡,她浓浓、熟悉的味道包围着我。我一直到三岁以后,到我们搬到西德州时,才有我自己的床。

梅根也曾和妈妈还有爸爸一起睡,那时我已经大到能够记得很清楚,梅根始终没有真正的婴儿床,只有一个铺上条纹棉布当衬里的洗衣篮充当摇篮。妈妈白天时会带着它从一个房间到另一个房间,到晚上时,梅根会在大床上紧紧依偎在妈妈和爸爸之间。

我记得有一天晚上，我进到他们房里。我的肚子不舒服，想找人安慰。梅根当时大概两岁，她的头发已经又长又直，像妈妈的头发，她们一起睡在那里，此刻的妈妈不像她醒着时静不下来的活力充沛，她睡得好沉，呼吸又放松又平稳。而梅根，她像个小榛睡鼠，紧贴在妈妈手臂下的小洞里。

即使在黑暗里，我还是能看见她们的头发混在一起，而且我能看见她们的梦有多松弛和平静。醒来的是爸爸，不是妈妈，而且虽然他也让我进到大床和他们睡在一起，还用双手抱着我，但我还是哭了一下，因为梅根或妈妈动都没有动过。

在凶杀案发生之后，整个五月，我都不断想起那些夜晚的记忆。我睡得不好，而且当我醒着躺在床上时，我发现很容易唤起小时候围绕在我身边的黑暗，想起那些夜晚里自己绝对的安全。然而，我只能找回模糊、互相依偎的记忆，而不是实际的、身体碰触到身体的温暖感觉，因此那些记忆总是使我处于渴望之中。

有天深夜里，我下床走出房间。我的脑袋里满是和梅根睡在一起的模糊、未成形的想法，就在那时我竟然碰见爸爸，他穿着睡衣，一手拿着纸巾。

"你在做什么，爸？"我问。屋子很黑。

他摇摇头。

我自己也还在半梦半醒，所以感觉像是看见一个幻影。他没回答，而我困惑地转身，然后走回自己的床，忘了我起来是要做什么。

那是我第一次注意到这件事，但很快地，我发现在梅根和我上床之后，爸爸每晚都会走来走去。他就像个被遗弃、被遗忘的灵魂，在屋子里闲晃。白天里,他似乎一切正常,关于他的悲伤,他对我们只字未提,而他也不需要提起。当他在黑暗中,从一个房间搜寻到另一个房间时,听到他的脚步声就足以了解他有多么悲伤。

"你想知道一个秘密吗?"有天下午梅根问我。当时放学了,只有我们两个在家。我因为背痛而躺在我的床上,梅根走过来站在门口,双手挂在门框上荡来荡去。我要她走开,因为我讨厌她总是在放学后在我身边晃来晃去,可是她没走,还是在门口荡啊荡。

"什么秘密?"我问。

"你想知道吗?"

"想。"我说。

"我知道妈妈在哪里。"

我没回答,我不知道要说什么,她继续在门口荡来荡去,长发在她身旁有节奏地飘着。

"你想知道吗?"

我点点头。

她放开门框,站直身子:"跟我来,我带你去看。"

我从床上起来,跟着她。她走到走廊,走到大型亚麻布柜子旁:"好了,莱丝莉,现在你得闭上眼睛。"

"这是什么愚蠢的玩笑,梅根?"

"照我说的做,好不好?闭上眼睛一下。"

我觉得很蠢,但还是闭上眼睛。我听见梅根打开了亚麻布柜子的门,然后她牵着我的手,把我拉到里面。

"好，现在快闻，莱丝莉。眼睛保持闭着，闻闻这里面。"

我深深吸气。这里有一股污浊的香烟恶臭味，一种讨人厌的烟灰缸味道，我向来讨厌这种味道。

妈妈每天都会熨东西，她会熨床单和枕头套、毛巾，就连浴巾也熨。如果我们没有及时把梅根和我的内衣抢救下来，她连它们也会熨；而且她在熨东西的同时都会抽烟，烟的味道会随着蒸气和熨斗的热渗入布料里。

我曾对她大声吼过这件事，七年级时，那时我们的保健课正上到烟害的影响，所以每晚回家时，我都会要她别再抽烟了。

我又哭又恳求，还会带得了癌症的肺和有烟瘾的猴子的照片给她看。最后，我要她别亲我，因为她很臭，但那却让她哭了。

现在，我站在亚麻布柜子的暗处，深深地吸进这股味道。

"有时候，我会在放学后、你回到家之前来这里。"梅根说，"我只是闭着眼睛，站在这里闻，那就好像妈妈就在这里，对不对？就像她站在附近。"

我转向她，梅根拿了一件床单下来，将床单紧贴着她的脸。就像在吸可卡因似的，她深深地、有规律地吸气，接着她慢慢放下那件床单，把它放回架子上，把熨过的表面轻轻抚平。我们都没有说话，但是继续站在那个狭小、黑暗的柜子里。

梅根抬起头，搜寻我的脸："为什么会发生这种事？为什么妈妈死了，莱丝莉？"

我凝视着她。我注意到她仍然是个小孩子，她穿着一件桃红色短裤，和一件太小的T恤。她的肚子还是圆圆的，还有那种小孩子特有的后背凹陷、大肚子的体型。

"你觉得,如果我们以前没有那么烦她,她会不会比较开心和我们在一起?"梅根问,"这样她就不需要去找那个小男孩了。"

我摇摇头。

"或许如果我们乖一点,如果我在学校表现好一点……妈妈常担心我没做学校作业,她曾经跟我说,我必须做作业,这样我长大时才能上大学。你知道吗?我告诉她,我根本就不想上大学。"梅根停了一会儿,伸出一只手去抚摸架子上那件床单,"我不应该那么讲的。如果我在学校表现好一点,或许她就不需要去做那件事了。"

"梅根,妈妈生病了,就像她得了癌症或什么的,你知道的,那是爸爸前几天晚上解释给你听的。"

"那么我怎么看不出来?在我看来,她并不像生病了。"

"可是她是真的生病了,在里面你看不到的地方。而且就像癌症有时候会让人死掉一样,这让妈妈死掉了。事情就是这个样子,不是你想的那样。"

梅根疲惫地将头转开,她用一只脚的脚尖轻轻推着架子的底部:"你真的这么想吗?"

"没错。"我说。

"可是我不知道。"她怀疑地说,"或许是这样,或许不是。"

有天晚上,我梦见了克劳斯。我梦见他在一块向日葵田里,他还是个小婴儿,被弃置在一个洗衣篮里。我离他有点距离,他在那些花之间。虽然我可以看到他,我却害怕进到向日葵田里去找他;然而,想拯救克劳斯,以及想把他带去交给妈妈的欲望是如此强烈,我还是想办法冲了进去,至少我一直在尝试。

那是令人沮丧的梦之一。梦里我做的每件事都没用,我几乎无法走过那些花径,当我终于走到篮子面前时,我发现在里面的不再是克劳斯,而是梅根的填充虎猫。

我哭着醒过来,那时已经凌晨三点多,我醒来,因为泪水而哽咽。我坐起来,打开床边的灯,想将梦驱散,但它紧抓着我不放,似乎非常真实,我坐在凌乱的床单之间哭泣。

爸爸揉着眼睛出现在门口,他的头发乱乱的,还光着上半身,仅穿着那件蓝色条纹的睡裤,就是对他来说太长而且会盖住他脚踝的那件。

"怎么了,甜心?"他问,拖着脚走进小灯的光辉之中,他伸手去摸我的椅子,"你做噩梦了,还是怎么了?发生什么事了?"

我没办法回答。

"嘿,好了。"他小声说,并在床上坐下。他把手臂放在我身上,把我拉过去靠在他胸前卷卷的毛上。

我想跟他解释,我想告诉他那个梦,关于我怎么找到克劳斯,关于想要到那些向日葵之间去找他的事;以及当我找到时,却发现那不是克劳斯,那股强烈的痛苦和失望让我醒来。

爸爸把他的手放在我的脸上,对着我的头轻柔地小声说话。他亲我,但我还是哭个不停,让我那么震惊的并不是那股失望,而是当我醒来所要面对的残酷现实:即便找到克劳斯也没用,因为妈妈不在那里,她无法把克劳斯带走。

我必须离开，我一再向爸爸解释，为什么非离开不可。我无法理解，他为什么不能了解我在这个家里已经变成什么样子，我被回忆之前的事情，被那些很棒、很愉快，但背面却极端痛苦的回忆搞得透不过气来。

但我显然没有找到合适的字句能让他理解，因为每次我想讨论这件事时，他就会皱着眉头把脸转开。

"你想找什么？"他会问，"你为什么想逃开？你想逃避什么？"

与其说我无法回答他的问题，倒不如说，他能回答我的问题。

"你想要去哪里？"有天晚上，我们正在一起洗晚餐的盘子时，爸爸问我。

我耸耸肩。

"你想和卡罗琳还有罗杰住一段时间吗？我今天收到卡罗琳的信，她说你可以和他们一起过暑假，如果你想要去的话。她说他们很高兴你能过去，罗杰还说他或许可以让你在他的办公室里打工，类似整理档案和接电话，不过钱不会太多，只能算是赚点零用钱。"

"我不想去。"

爸爸看看我。他把衬衫的袖子卷了起来，双手浸在洗过盘子的水里，手肘上还有肥皂水。

"爸爸，我需要的是离开，不是去拜访卡罗琳姑姑和罗杰姑夫，你懂我的意思吗？"

"不是很懂，莱丝莉，我必须承认。"

我抓抓我的脸，转过头去，然后又转回来。我从料理台上拿起一个杯子,把它擦干,然后把它拿到灯下面,看看是否擦掉了所有的斑点。"我想的是,"我说,对着杯子而不是对着爸爸说,"我想去看妈妈曾经去过的地方,战后她去过的地方。"

"比如哪里?"

我耸耸肩:"匈牙利,或是德国,或是韦尔斯。"

"哦,当然不是去那里,你不需要去那么远的地方,我不希望你一个人到处晃。"

"我十八岁了。"

"我很清楚,而且在许多方面,你相当成熟和负责,但我们不常去度假,所以我觉得你对这种事并不是很有概念,你说的地方都是外国。"

"我可以处理好。"

我拿起一个锅,很认真地把它擦干,接着擦干盘子,并把它们放到柜子里。

"我认为你在你罗杰姑夫的办公室里打工很好。"最后爸爸这么说。他的声音轻柔,但充满了希望。

"而且你可以住在他们家,你不是很喜欢他们的房子吗?你还记得那个阳台上的大秋千吗?卡罗琳还说,她会带你到芝加哥逛一逛,或许你可以买点上大学会用到的东西,卡罗琳可以帮你,她对这种事很在行。如果你想要打扮得很好看,她一向是女孩子里面最厉害的。而且贝西和卡尔都带着孩子住在那里,你会第一个看到贝西就要来报到的小宝贝。你喜欢那样的,对不对?"

"不对。"

"你可以考虑一下,我会告诉卡罗琳你正在考虑。"

"不要,爸,这不用考虑。"

他把洗碗盘用的盆子放进水槽里,然后沥干。我们之间有段距离,或许有一公里远而不是一公尺远,或是一个月而不是一会儿。他用水冲洗水槽,让水跟着抹布一起打转。

"那么,你到那些地方去,究竟想要做什么?"

我耸耸肩:"就是到那里而已,我大半想的是花之林,不管怎么说,我们还有票,我原本就打算自己去看看它是什么样子。"

他打开水龙头。

"或者,我也有可能会去德国,我想去看看那些地方,那些营区或别的什么,那些事情发生的地方,它们对我的人生带来这么大的影响,我只是想知道它们是什么样子。"

他拧干抹布,在我们之间弥漫着一股沉默,微弱又不清楚,伴随着水龙头的声音。我在擦碗盘的毛巾上拭干双手,然后把它紧压在脸颊上。在潮湿高温的厨房里,湿湿的布让人感觉很舒服。

"事实上,"我说,"如果我到德国去,或许我会去找克劳斯。"

爸爸的动作突然停了下来,他呆了一会儿,没有出声,他脸颊上红润的颜色不见了,只剩下灰白的色泽。

"不可以!"他严厉地说。

"爸,克劳斯是我哥哥,我同母异父的哥哥,他是我的亲人。既然事情已经发生了,我真的很想看看他。我一直都在想有关他的事,他是谁,还有他长什么样子?我甚至还梦见他,我无法将他从我心里赶出去。"

"不可以！"他断然拒绝，"老天，莱丝莉，我不想让这种事也发生在你身上。如果你想离开去进行一些荒唐的旅行，如果你认为你的人生很沮丧，少了那个你无法生存所以你必须去，那是一回事，最后我或许可以接受。但不是德国，我不许你去德国。我绝不许克劳斯也把你抢走！"

"那对我来说，和对妈妈来说是不一样的，爸。"

"是不一样，他不会把你带走。但我是认真的，你不能去那里！"

他脸上的表情清楚显示没有争辩的空间，我叹气，将脸转开，把洗碗毛巾挂起来。这段谈话看来似乎又没有希望了，但我们已经用好多其他方式谈过："你不了解吗，爸？"

"不了解。"他说，"我想那是你和我之间的所有问题。"

"我心里有克劳斯、德国、列别尼、韦尔斯还有其他所有地方，就像那些事是发生在我身上，而不是在你和妈妈身上。你们的世界在我脑子里，但我需要有自己的世界，是该让我长大，和有一些自己体验的时候了，我不想自己只能拥有一些二手经验。"

他慢慢转过身，背靠着料理台，他看了我好一会儿。

"对我来说，"最后他说，"听起来像，你并不知道自己要什么，莱丝莉。一方面，你所讲的都是逃避，像是寻找新的体验，或是离开这个突然间似乎变成你负担的家。

"而另一方面，看看你想到哪里去？你想回到你妈妈曾经告诉过你的那些地方，回到你妈妈的故事里，回到克劳斯那里，在他对我们做了这些事之后。如果你想到某个完全陌生的地方，到西班牙、挪威或阿根廷，我想我都可以理解，但你所讲的这些地方都像是一种逃避，听起来就是这样。"

我很沮丧,站着没有回答。我不知道要跟他说什么,才能让他理解我的意思。

"你在那里是找不到答案的,我跟你打赌,莱丝莉。"

"嗯,"我回答,"如果我找不到答案,那么,至少我需要找到问题。"

踏上去韦尔斯的路

出发前的最后一晚终于到来,我的背包装得满满的,放在前门,旅行时要穿的衣服都烫好了,机票则放在厨房的餐桌上。

我决定选择韦尔斯,那是选项当中变量最少的,此外,行程在之前也已经敲定了。爸爸建议我写封信给花之林的主人,看看他是否介意我去拜访,还有是否能告诉我,我在那里时要住在什么地方。

那位农夫的儿子回信给我,说他父亲在1968年就过世了,他现在是农场和花之林的主人。他写道,他们很欢迎我过去,欢迎我去看那间小屋。如果我想要,还可以住在农场里。

爸爸不得不接受我去旅行的决定。

有天晚上,他坐下来协助我了解看上去很难了解的韦尔斯地名。对外国人来说那并不是一种语言,所有的字都有太多的子音字母,有时候根本没有元音。爸爸小心翼翼地将它们的音发给我听,那些音从他嘴里说出来,听起来好怪。

在妈妈含糊发音的那些年,她总是用一种语言接着另外一种语言,而且通常是一口气讲完。然而,那段时间里除了英语之外,我从没听过爸爸讲过任何其他语言。

爸爸从来都不会以梅根和我回答她的方式,来回答妈妈的话。妈妈会要我们说 ja、ja,直到我们像她一样随时说 ja,而不是 yes。后来我们去上学时,曾因为这样而惹上麻烦,因为老师以为我们就像懒得说 yes,而选择说 yeah 一样。

但爸爸不会,他从来不会用她在使用的语言来回答她的话,因此晚上妈妈累了的时候,你可以听见他们之间完全使用双语在对话,妈妈会讲德语,而爸爸讲英语,他们一来一往说着,仿佛使用的是同一种语言。

所以,听到爸爸那么轻松地讲饶舌的韦尔斯地名,让我觉得好奇怪。Llanymawddwy、Cwmystradllyn、Bwlch-llwydd-ddu。他在每个字的旁边帮我写出语音发音,而 Coed-y-Bleiddiau,正是花之林的韦尔斯名字。

我们最后还是熬过了五月。终于到六月了,所有高中毕业生等待的月份。如此专注在那些事情上的我,几乎忘了毕业即将来临。对我来说,毕业除了表示结束外,它已经失去了重要性。毕业舞会、毕业餐会、毕业礼赞全都在我没有丝毫在意的情况下过去了。然而,爸爸坚持让我一定要去参加毕业典礼。

举行毕业典礼的那个晚上,家里一团糟,只穿着内裤的梅根站在楼梯下面。"爸？爸？"她朝楼上大叫，"你一定要帮我熨这个！"

我在房间里，听见爸爸从他房间走出来，他走到楼梯口说："梅根，你不能穿那件，那件对你来说太小了。穿你房间那件粉红色的洋装，上面有蝴蝶结那件，它已经熨好了。"

"不要不要不要！"梅根呜咽说，"我想穿这件！但是我不知道怎么熨这些小东西，你帮我熨好不好？"

"我说穿另外一件。你拿的那件对你来说太小了。"

"不会，才不会太小。求求你，爸？我想穿这一件，求求你，好不好？"

我站在镜子前。我已经打扮好了，我拖着长礼服，想看看从镜子里它看起来是什么样子。我注意到帽子有一点太大，前面尖尖的地方掉到我的眉毛之间。我在镜子里看到爸爸走过去，回到他的房间，他正在努力把袖口链扣进衬衫里。梅根被留在楼梯下面站着，我可以听见她开始哭了。

"爸爸！"她号啕大哭，走廊那头的他没有回应。

我看着镜子里的自己，心想，如果连幼儿园阶段一起算，这整整十三年，所有的万圣节派对和情人节卡片，所有的圣诞节表演，所有算术技巧和社会课程用到的纸糊材料，现在都结束了。

我还清楚记得自己学习着如何阅读，记得强森太太在黑板上小心翼翼地写下字母，要我放学之后留下来，因为我一直忘记 R 的后面是哪个字母。我记得二年级时，我吐在垃圾桶里，而老师说我是个好女孩，因为我没吐在地板上。我记得我十岁时，妈妈在母亲节的游行上拍手拍得好大声，我告诉我旁边的女孩，我不知道她是谁。

现在都结束了，十三年的学生生涯结束了。不知怎的，我原本以为毕业典礼对我而言会有更好的意义，但此刻我竟然没有什么感觉。

梅根站在我的房门口，她泪眼汪汪，把那件洋装抱在胸前。那是去年复活节时，妈妈买给她的洋装，蓝色条纹棉布上有着圆孔眼的裙子。梅根那时已经进入可以穿工作裤和高领毛衣的阶段，她被邀请和她的朋友凯蒂去吃复活节大餐，所以妈妈得带她去买件正式一点的礼服。

"你可以帮我熨这个吗，莱丝莉？"她带着鼻音问。

"梅根，那对你来说真的是太小了。"

"不，不会。"

"梅根，你弯腰时会露出内裤的，你不希望所有男生都看到你的内裤吧？"

她的眼泪又掉下来了，她站着，盯着它看，嘴巴往下拉成一个不开心的表情："我不会弯腰的，求求你。"

"穿爸爸已经帮你熨好的那件，好吗？你穿那件真的很好看，它和你的头发很搭。"

"是这些东西。"她悲伤地说，用手指抚摸裙围前面的皱褶，"我不知道该怎么熨它们，才会看起来好看。求求你，莱丝莉，你帮我熨好吗？"

这时爸爸走过来了，他用一只手把他的领带调整好："梅根，我刚刚告诉过你，穿另外那一件洋装，而且我是认真的。把这件收起来，快去，要不然我们会迟到的。"

她又哭了起来。

爸爸叹了一口气，眼睛往上转了转。

"妈妈在的话，一定会帮我熨这件的。"梅根啜泣道，"如果妈妈在这里，我就可以穿这件了。"

"即使你妈妈在也无法阻止你长大，甜心，这是洋装太小的问题。现在，快到你的房间换衣服。"

我从镜子里看到全部的过程，我仍然戴着帽子，穿着长礼服，背对着门口。

"你准备好了吗？"爸爸问我，"我希望你下楼来，我们可以拍一些照片。"

我看着他。

"我想在外面那棵云杉木旁帮你拍，那会把你的长礼服衬托得很好看。"

"我不想拍，爸。"

"你是在担心梅根吗？她会没事的，不用担心。"

"她会哭得一把鼻涕一把眼泪的。"

"她会没事的。"

我继续看着他在镜中的影像，即使我离他有一段距离，还是能闻到他的刮胡水味道，那是个有着可怕的色情名字的产品，是梅根买给他当生日礼物的。那味道含有麝香味，但令人倒胃口。

"我真的不想。"我说。

"什么？拍照吗？"

"不是，这个，全部，你知道我的意思。"我拉了拉长礼服。

"不要紧，你只是有点紧张而已。等一下你就会知道没那么严重的。"

我摇摇头,两个人都停下来没说话,这暂停变得又漫长又明显。

"我一点感觉都没有,爸,什么都没有,我站在这里,看着自己,感觉像是为万圣节打扮似的。我就是不想去,这只是假装而已,在发生了这一切之后,假装这件事很重要。"

他摇摇头。

"我并不想去。"

"如果你不去,你会后悔的。"他回答,"在几年后,当事情不一样时,你会非常后悔错过毕业典礼的,如果你不去的话。"

我凝视着镜中的他,我无法想象事情有不一样的时候。

毕业典礼三天之后,我和保罗到第三街和榆树街的公园去遛狗。那天相当温暖,他放开狗狗们的链子让它们跑,而我们则坐在游乐场附近的一张凳子上。两只狗在公园里跑来跑去,急切地到处嗅闻,察看其他狗狗留下的讯息,自己也留下讯息。它们移动时,我的眼睛跟着它们,看着它们做它们的事,快活地摇着黑色的尾巴。

"我申请到那个课程了。"保罗对我说,他正在用一根小树枝刮出指甲里的脏东西,"是福特海斯州立大学开的第一个暑期班课程。"

"计算机那个吗?"

"是啊。"他说,"我原本以为我进不去的,罗勃·苏曼也想进去,而他在那方面比我强多了。他秋天时打算申请加州理工大学的计算机程序设计,你知道那件事吗?"

我摇摇头。

"总之，能够申请成功让我松了一口气，我需要学计算机方面的东西，我的意思是，如果不会用计算机，就没办法进入一个像统计这样的领域。"

我擦掉太阳穴上的汗水，低下头，看着那些汗，它们使我的指尖在阳光下闪闪发光。

"嘿，前几天我有跟你说过，"保罗说，"我卖掉了我的望远镜吗？我卖了一个相当好的价钱，差不多卖了五千元，被道奇市的一个家伙买走了。"

"天啊！"

"它原本值更多钱的，我当初花了八千元才买到，不过那是五年前的事了。但是，望远镜是不会变旧的，对吧？不过老实说，钱比我原先预期的还要多。"

我们停了一会儿没说话。我转头看他："另一个呢？"

他把头转到我的方向："什么另一个？"

"就是你和我要做的那一个，在所有的事发生之前。"

"哦，那个啊。"他耸耸肩，"反正我们一直没做多少，我们只有镜子和镜片。"

"你打算怎么处理它们？"

"我把它们放在床底下的一个盒子里。"

又停了一会儿，保罗捡起其中一条狗链，转着它。

"我不知道。"他说，"或许我也会把那些卖掉吧，我跟道奇市那家伙说我有那些东西，他听起来像是有一点兴趣。我或许也会卖吧，反正它们只会占空间，卖了还可以赚钱。"

"但是,如果我们没有做出那个望远镜,而你又已经把原本那个卖了,那你就没有望远镜了。"我说。我想到的不只是我们一起看星星时的欢乐时光,还有保罗这些年来做的那些笔记和观察数据。他从十二岁就开始观察天空,打从那时开始,每一个晴朗的夜晚,他几乎都会标出星星的位置,"如果你停止观察,你会没办法完成所有星星的轨道记录。"

他还在转着那条狗链,仔细看着它的移动。最后,他让狗链掉到手上。"是啊,但是……我的意思是,反正我在大学里也不能继续观察,不是吗?到时候我会很忙,而且他们不会让人在任何有兴趣的地方架望远镜的。"他又捡起那条狗链,把它卷起来,放在我们之间的凳子上,"管他呢,反正只是小孩子的玩意。"

我们离公园的游乐区只有几公尺远,那里有个小女孩爬上滑梯。她很小,刚会走路而已,当她走到滑梯上面时,她害怕下来。那个和她在一起,看起来像爷爷的男人站在滑梯下面,一直叫她试试看。他在劝她,但声音听起来没有什么耐心。

保罗和我坐着没讲话。几分钟过去了。他吹起口哨,要其中一只在马路边的狗回来。

"你要怎么使用那些卖掉望远镜的钱?"我问。

"我不知道。"

其中一只狗跑到我们这里来,即使它已经是大狗了,还是有着懒散小狗的步伐,还有那种拉不拉多猎犬傻傻的、快乐的开心表情,非常惹人喜爱。

"你要和我一起去吗?"我问,"如果你把另一个也卖掉,钱应该会够。"

"你说什么？跟你到韦尔斯吗？"

"对啊。"我说，露出牙齿微笑，"那一定会很棒，我们会玩得很愉快，就我们两个，可以到处闲逛。"

他也露出微笑，我知道他在考虑，那微笑一直没有消失，他把他的手放在我的大腿上。

"要不要嘛？"我怂恿。

最后，他叹了一口气，摇摇头："我没办法。"

"为什么没办法？你们家的人不会在意的。"

"他们会，我爸会认为我在乱花他的钱。"

"但那是你的钱。"

"这个嘛，那么他会认为我在乱花自己的钱，反正那是同一件事，就是不太好。事实上，或许更糟，因为那会让他认为对于我和我做事的方式，他的评价一点也没错。再说，"他说，"我还得去上福特海斯的计算机课程，记得吗？"

"放弃那个愚蠢的计算机课程吧，保罗，你可以以后再去上。"

他没有立即回答，一只狗狗在我们附近，保罗用他的手把它项圈附近的毛弄得乱乱的。我转头去看那个小女孩和那个男人怎么样了，现在他们正在秋千旁，我在想滑梯上的冲突是怎么解决的，刚刚我错过了。

"但是，"保罗说，"我真的很需要去上那堂课，就像我刚刚说的，我得知道如何使用计算机，才能在统计学上有好的表现，而这是我比别人先起步的好机会。"

"你对统计学是认真的？"

他耸耸肩："嗯，有时候你得认真，不是吗？大约有一百万人想要抢到好工作，而我想拿到好工作的唯一方法，就是不要为了混日子而毁掉机会。"

我把头撇开。

他叹了口气，接着用鞋尖踢着凳子下面的泥，又叹了口气。"世事多变，莱丝莉。"他轻声说。

"我开始了解这一点。我们一定得改变，你必须要长大。我不能一直永远玩《星球大战》。如果我今年春天有学到什么，就是这一点。

"望远镜之类的东西虽然好玩，但它们不是真实的世界。星星依然会在那上面，它们并不是我不去观察它们，它们就没有办法待在它们的位置上。没有我，它们还是会继续存在。"

他说话时，我一动也不动地坐在他旁边。阳光非常温暖，照在我的头发上、我的肩上，还有我的脚上，汗水浸湿了我手臂部分的衬衫，我盯着地上看，没有察觉到周遭还有什么其他的事。

保罗还在讲话，但连他也渐渐消失了。突然侵袭我思绪的是，他提到了《星球大战》。它出乎意料地将我拉回我们第一次约会的那个晚上，当时他带我到阶梯小溪。我在荒芜的景色当中行走，走过严寒刺骨的一片黑暗；而他则告诉我，他会一边在小溪岸上抓老鼠，一边假装自己是天行者路克，想借由打击死星，让宇宙重获自由。我记得当时自己心中想的是，和我在这里的是个什么样的大白痴。

我转头去看着他，他是个长相相当平凡的人。棕色头发、淡褐色的眼睛、T恤、牛仔裤、运动鞋。他的双手紧握，手肘放在膝盖上，专心看着他的指关节。

突然间,我好想摸他。我想伸手过去,抚摸他,带他回到我们在阶梯小溪第一个晚上的那个样子;或是在科罗拉多埃达斯路边的公园,当时我们在黑暗中摸索。

但是现在,我们不再摸索了,而我坐在这儿的阳光里,伤心地希望我们还能这么做。

"我会给你我妈的新地址,"他说,"然后我一知道我在福特海斯的住处时,我会写信给她,这样当你知道你会住什么地方时,就可以从韦尔斯写信给我。等我到俄亥俄州时,会写信告诉我在那里的新地址。"

我没说话。我没办法开口。我仍然被困在一片黑暗之中,而我心中想的是,即使保罗尽了所有的努力,他还是没有打中死星。

出发前的最后一晚终于到来,我的背包装得满满的,放在前门,旅行时要穿的衣服都烫好了,机票则放在厨房的餐桌上。

那天晚上用完晚餐后,爸爸和我一起坐在前面的台阶上。他还穿着工作衬衫,而且还把袖子卷上去。他现在下班回家时和以前不一样,很少会马上冲澡、换衣服,所以总是有一股油味和汗味。那是一种辛苦的、男性努力工作后的味道,不令人讨厌,但和我以前习惯的肥皂味还有棉绒衬衫不一样。

"你会小心吧?"他对我说,我的手指在水泥台阶的粗糙面上磨来磨去,"那里是外国,只是他们也讲英语,别忘了,那里是外国。"

"你一直提醒我这件事。"

"嗯，我希望你能小心。"

"我会的。"

"嗯……"他说。

接着是沉默，空气中充满着没被说出口的事。我把手肘放在膝盖上，用手托着下巴，盯着外面的街道看。小区里因为夏天的声音而相当热闹，声音一层层叠着。街上有一只贝克汉太太的猫在灰尘中打滚，它是黑白色的，而且比她要瘦多了。我看着它，而且得克制自己别走过去摸它。

"我希望你了解，"爸爸说，"不论你去哪里，不论多远，每个早上醒来时，永远都会发现你仍然是莱丝莉·欧麦利。你永远无法改变这项事实。"

"我没有要改变它，爸，我知道。"

"知道和了解是两件不同的事。"

又是一阵沉默，爸爸也在看那只猫。对于明天一早就要离开，我感到非常兴奋，然而，我感觉到心中有个几乎难以理解的部分——如果他现在要我别去，我就不会去。

梅根突然出现，并且坐在爸爸的另外一边。她光着脚，看起来就像在那些有插图的奇幻小说里看到的野东西。她有着又长又直的头发，还有纤细高瘦的四肢，她的膝盖上有疙瘩，双脚在晚春的高温里已经变成棕色。

即使不用正眼注视，我还是能从眼角看到她，这时我才发现她身上，确实有着她自己说的那种未被驯服、隔代遗传的特质。但我跟她不一样，这一辈子我都不像她那样。我一直是温顺的那一个，负责任又平凡。

"我很抱歉。"爸爸对我说,"很抱歉这些事情给你带来的影响,莱丝莉。不论是什么,我都很抱歉,不管是重担、期待或其他什么,一直让你感觉那么沉重。我希望我们可以是个比较好的家庭。"

"爸,我们别谈这个,好不好?"

他在台阶上重新调整坐姿。

我的手还托着下巴,看着那只猫,它还在温暖的灰尘里懒洋洋地打滚。笑声从贝克汉家打开的窗子飘出来,我抬起头去看他们电视机闪烁的影像;某个地方,有小孩子在大叫;梅根伸手去抓她的脚。

隔壁的赖利先生在屋子后面启动他的割草机。梅根从台阶旁捡起一片叶子,她把它放在手指间,想把它变成哨子,但失败了。她又试了一遍,然后爸爸伸手阻止她,她只好把那片叶子丢掉,我看见她旁边的水泥被她的口水弄湿了。

那只猫站起来,抖了一下它的毛皮,把灰尘抖掉。

"我曾离家出走过一次。"爸爸轻声说,"我跟你们说过那件事吗?"

"我不是离家出走,爸。"

"他要我当神职人员。"他的手肘放在膝盖上,双手紧握,"那是那个时候他们做事的方式,我想,是他们在爱尔兰做事的方式。我爸爸有时会想起爱尔兰,至少他认为他是想起爱尔兰。总之,根据他的说法,长子是继承人,次子则得成为神职人员。"

他停了一会儿,我稍微转过头去看他的脸,但没有直视他。

"我以前会念圣经给他听,他的视力衰退,没办法自己阅读,也或许他无法全部看懂,我不知道,他从来不看书的。所以我读给他听,我会读诗篇的内容给他听,而且全部都是诗篇,他不想听其他的。"

梅根悄悄靠近他一点,她把头靠在爸爸的手臂上,他抚摸她的头发,把手指放进她的头发里,拉出一股股头发,以前妈妈把她的头放在他的大腿上时,他也会这么做。

"我记得那天,他们带他进来。"我父亲说,"我妈到马柯尼斯去了,我在外面的甘蓝菜田里锄草,还帮忙看着米奇。米奇那时可能只有两岁或三岁。橡树农场的两个男人带他进来,我想他们的名字是比尔和塔柏,或许是塔克,比尔和塔克。

"他们两个人架着爸爸。他的手臂……像这样垂着,不受控制,而我看到他衬衫上的血。他们想把他带进客厅,我告诉他们不要。妈妈一向把客厅整理得很好,因为麦考利神父常常会过来,或是马维斯·琼斯太太。我告诉比尔和塔克那件事,而且如果我让他们把血弄到客厅地板上,妈妈会打我。"

爸爸停了一会儿,他温柔地抱着梅根,让她靠着他,手仍然在她的头发里缠绕。她坐着,检查她的拇指指甲,她的表情好遥远。

"他打我,比尔打我,用他的手背甩我巴掌,力道大到我觉得好痛。他说:'小鬼,他现在这样我们不能把他弄上楼。我们不能带他上楼到卧房里,所以我们要把他留在这里!'然后他们把他放在客厅里的长椅上,而他的血滴到妈妈的波斯地毯上。

"之后他们离开了。我猜。我记得不是很清楚,也或许他们去找医生了,那个时代我们并没有电话,所以我想比尔和塔克一定是去找医生了。"

"我记得,我知道爸爸就快死了。我知道。我记得米奇在哭,而我不知所措，只能站着，看着血滴在地毯上。那似乎有好几个小时之久。"他摇摇头，"真可笑。我记得最清楚的是屋子里好凉。我光着脚，而且脚好冷。当时是七月中，大人会去割草，牧草地上相当热，但是客厅好冷。我记得那个，记得我看着他时，想着的是脚好冷。

"他跟我说：ّ你这个没用的孩子，只会站在那里？'所以我去帮他拿圣经，念给他听。我坐在他旁边的地毯上，念诗篇第二十三篇，他说，不，念诗篇第一百零三篇。'至于世人，他的年日如草一样。他发旺如野地的花，经风一吹，便归无有，他的原处也不再认识他。'那是他想听的。当我念完时，他对我说，'你要成为牧师。你属于教会。'

"我说我会，但心里好害怕。我当时只有十三岁，而且知道他就快死在那里，死在客厅的长椅上。所以我说是的，我会成为牧师。然后他说：'答应我，把你的手放在圣经上答应我。'当然，我照做了。他是我爸爸。"

好安静，仍然靠着他的梅根正在咬她的指甲，即使我们周遭有那么多声音，我还是可以听到她牙齿碰到指甲时，那几乎有节奏性的啃咬声。

我抬起头，看着对面的街道。夏季的热情包围着我们，那不是那种会让你流汗的热，而是又干又使人宽心的热，像冬天里一个温暖的房间。

梅根微微地移动了一下："你就是在那时候逃家的吗，爸？在你爸爸过世的时候？"

他摇摇头："不，没有，事实上，我在那件事之后很久都没有逃家，但这件事是逃家的关键，因为我已经答应他和你奶奶，但我知道我永远不会当牧师。"

梅根抬起头。

"我是十八岁时逃家的,那是不用经过父母的同意就可以加入军队的年纪,所以一等到我十八岁那一天,我就离开农场,加入军队。"

"可是你的生日是在一月。"我说,"我以为你是先高中毕业的。"

"我没有毕业。"

这对我来说倒是个新闻,我瞄了他一眼。

"我没有毕业。"他又说了一遍,"虽然最后我拿到了文凭,战后一份同等学历的文凭,但我始终没有完成高中学业。军中只在乎你年纪是否够大,所以当我年纪够大时,我就报名加入了。"

他的指关节撑着下巴,凝视着街道。那只黑白猫坐在路上,舔着自己。

"我爱教会。"他说,声音十分轻柔,"那是你们奶奶永远无法了解的,她无法了解为什么我可以那么爱教会,但又离开它。我永远无法跟她解释这一点,让她能够了解。"

他微笑看着我:"后来我遇见你们的妈妈,然后就是这样了。先是你们的妈妈,然后是你,再就是梅根,而我始终没有回头看。"

"你后悔过吗?"我问,"我的意思是,没有成为牧师,你曾后悔过和妈妈结婚吗?"

"从来没有。"

我坐着,和爸爸还有妹妹稍微有点距离。我保持膝盖弯着,双臂放在膝盖上。四周的空气里充斥着赖利家院子传来的浓浓割草味,对街传来综艺节目主持人低沉的声音,就连猫咪都走了。我心不在焉地想着,我小的时候,孩子们习惯在夏天晚上的街上玩的那些游戏,现在怎么都没人在玩了?

从贝克汉家房子的另一边,我可以看见平原。它们延伸到一个接近暴风雨的黑暗里,但那暴风雨好远,我只能看到偶尔有闪电弧光,但听不见雷声,云也好远。

"如果你有过这种经历,"我说,"那你一定能了解我非走不可的原因。"

"我想我能了解。"爸爸回答,"但我现在真正了解到的是,你奶奶那时候的心情是什么。"

妈妈曾住过的村庄

> 这是个美丽的乡间。即使我很疲惫,我也开始了解到这一点。

我醒来时,对面的位子上坐了一个年轻女人。她抱着一个看不出年纪和性别的胖娃娃。当火车越过平坦、工业化的英国心脏地带时,我睡着了,除了有一次列车员戳了我一下,要我拿出车票外,没有其他事打扰我无梦、几乎像被下药般的睡眠。

在我醒来之前,火车早已经过边界,进入韦尔斯了。那个女人和小婴儿是什么时候和在什么地方上车的,我全不知道。

我迷迷糊糊地坐起来,揉了揉眼睛,然后凝视着窗外,一片灰蒙蒙的。火车的左边是起伏的山脉,它们的样子又笨重又沉闷,像被打败的拳击手,而且还穿着织得很差的毛衣。雾让它们看起来更加膨胀,在远处变成一团一团的,和云混在一起。

火车的另一边是爱尔兰海,海离轨道只有几公尺远。混乱又得不到安宁的爱尔兰海也连绵到远处,目光所及之处,根本让人分不清海和天空的界线。

"你是来度假的吗?"那个女人问我。

我原本打算再睡的,旅行、时区改变、突然身在异国,这些都让我觉得好累,所以只要一有空闲,我就会开始睡觉。但我现在得坐起来移动背包,这样才可以把脚伸出去。她显然把这个动作解释为我清醒了。

"你从哪里来的?"我还没回答,她马上又开口问。她以一种漫不经心、差不多是随便的方式,用一只脚的膝盖逗弄那个小婴儿。小婴儿的脸圆如地球,穿着一件海军蓝和红色的毛衣,上面布满了小球,"你是从美国来的吗?"

那么容易被看出来,让我觉得有点窘,我点点头。

"我想也是,你跟验票员说话时我听到了。"

我用手揉了脸,转身又瞄了窗外一下。我心想,妈妈一定也曾经历过,因为每次她一开口就会被认出是外国人。我记得她对爸爸说过,她的口音听起来没办法像其他中西部人让她有多困扰。她说一些字的方式总是让我觉得想笑,但是现在,我头一次了解到那到底是什么样的感觉。

这是个出乎意外、强而有力的启发,因为之前它始终都像是好小的一件事。但是现在,在这里,我了解了。

"你从美国哪里来的?"那个女人问,小婴儿开始抱怨,而她则更加有精神地逗弄着他。

"堪萨斯。"我说。

她的眉头皱了起来："那是哪里？"

"你知道丹佛（Denver）在哪里吗？"我问。

她摇摇头。

"在科罗拉多州，一个大城市，你知道科罗拉多吗？"

她又摇摇头："我知道迈阿密在哪里。"

"不在迈阿密附近。"

"在好莱坞附近吗？"她问。

我想了一下："离好莱坞比较近，离迈阿密比较远。"

这时，灯泡亮了起来，她笑得好灿烂："堪萨斯！就是茱蒂·嘉兰（Jody Garland）在《绿野仙踪》（The Wizard of Oz）里出现的地方！"接着，她突然露出一个困惑的表情，"是真的吗？我的意思是，那是一个真正的地方吗？"她问，仿佛我是说我来自一个被幻想出来的地方。

我点点头，转头凝视着窗外，感到有一点沮丧。

这里并不是我梦想中的地方。我把妈妈的故事想象得那么好，我是那么熟悉地幻想着那景色，我原本以为我了解它的。但这里和我的想象差好多。

火车紧紧依着一个窄小轨道行驶，轨道的一边是陡峭的岩石，另一边则是海。我们正在进入山脉的山麓丘陵里。丘陵只不过是覆盖了矮树丛的坚硬灰岩，真正的山在远处。较低的山坡被眼前的丘陵遮住了，山的顶部则被云覆盖着。

它们不是很大的山，像落基山，也不很远。但它们突然出现在那片灰色之中，阴沉沉的，不受人欢迎。除了轨道外，多岩的丘陵被时常跑上斜坡的粉碎石墙切成不规则的段落，而长满肮脏粗毛的羊在草地上四处横行,火车的声音使它们盲目地分散开来。我看着那些羊时,突然很想念堪萨斯。我好想念阳光充足、广阔和熟悉的平原。

对面那个女人不肯停止说话,不论我回答与否,她都继续聊。我始终不知道她的名字,但那个小婴儿叫克里斯多佛。她十九岁,而他则是她的儿子。她说她去了一趟里尔(Rhyl),因为她母亲住在那里,不过现在她要回丽茵半岛(Lleyn Peninsula),那是她和她丈夫,还有他的父母住的地方。她的丈夫是名肉贩。

她问我要去哪里时,我说深灰关口(Dark Gray Pass),她的表情很滑稽,所以我又说了一遍,以为她不知道那个村子在什么地方。我找出爸爸写上地名的那张单子,把韦尔斯的地名拿给她看。"哦,Bwlch-llwyd-ddu!"她说,然后大笑。

原来它真正的发音并不像妈妈说的那样,或者说,也许妈妈从来不曾正确念出过,我只是把她念错的音又翻译过来。妈妈经常以英语翻译来称呼好多韦尔斯地名,她总是说,韦尔斯人在取名字上有一种习惯,它们是描写诗意的名字,她希望梅根和我欣赏它们——花之林、雾之墙(Wall of Mists)、日眼之河(River That Lies in the Eye of the Sun)。

我原本以为,所有的韦尔斯人都会讲两种语言,所以他们也用英语名字,或者至少认得英语名字。但令我感到非常不安的是,我现在发现,如果想到一个有着 Bwlch-llwyd-ddu 这种名字的地方,不能像我妈妈那样用英语来翻译它,你得说 Bwlch-llwyd-ddu,不论你讲得有多烂。

深灰关口?那个女人还在笑我,开心又无耻地笑我,笑我的无知,她的头往后仰,因此我可以看到她所有的牙齿。

在这个以为堪萨斯是童话的一部分的相貌平常的女人面前,我突然觉得自己很蠢。我没告诉她,我一直都称Coed-y-Bleiddiau为"花之林",从大老远跑了一万公里来看一个连名字都拼不对的地方,真是可笑。

她看得出来她的反应让我受伤了,她伸出手来,说,"把那张纸给我,我来帮你拼音。"她瞄了一下那张单子,用人们对家乡所持有的独特骄傲说,即使韦尔斯这个国家已经被征服了将近七百年,韦尔斯人也从来不曾忘掉他们的传统,而且,虽然变淡了,他们古老的语言仍然在世界主要语言英语的阴影之下,被保存了下来。我对她说,我了解,这是一个民族特有的母语或方言。

我们也谈到其他事,她想知道有关美国的事,我有没有去过好莱坞?我见过电影明星吗?她显然以为堪萨斯离洛杉矶只有一条街,只要一天就到了,就像去看你在邻镇的妈妈一样。

她说将来想去美国度假,想去看电影明星,去好莱坞,然后是佛罗里达。她想躺在暖和的海滩上,把皮肤晒成漂亮的褐色。她说,里尔的海滩并不是一直都很暖和,六月还有一点冷,即使到八月也不一定会变暖,但是将来,她会到总是阳光普照的佛罗里达去。

对带着她的胖婴儿,一起坐在满是灰尘、肮脏的二等车厢里的她来说,美国是个好地方。妈妈在谈她没去过的地方,而且那个地方比之前去过的都更好时,也会出现这种迷蒙的表情,而我眼前的这个女人也是。

我试着劝阻她,我告诉她,佛罗里达有可怕的犯罪率,比韦尔斯要严重多了。在佛罗里达，到处都有人被谋杀，而且全美国都这样。有人遭到杀害、遭到行凶抢劫；人们生病时会没钱上医院；如果没有酬劳，人们不会愿意帮忙照顾其他人。

我说："钱，就是钱。在那里，钱就是一切。"女人看起来不知所措。但不久，她又漫不经心地耸着肩说，"有一天，我想把皮肤晒黑，就像你们在佛罗里达晒黑皮肤一样。"

小婴儿开始哭闹，女人从手提袋里拿出饼干来喂他。她把他抱在胸前，用韦尔斯语轻声唱歌给他听，她的声音又轻柔又高，充满了爱。火车的移动让我放松下来，我凝视着多岩牧草地上的羊，凝视着灰色石墙，凝视着海。妈妈说对了一件事：韦尔斯的一切全是灰色和绿色。

那个女人没再和我说话。她变得太专注和那小婴儿玩，她轻轻摇他，逗他，想让他微笑。从传来的一股味道来判断，显然他尿湿了，但她似乎没有注意到。

虽然我没有在看她，但我忍不住去听那温柔、连珠炮似的外国话。我开始想着她结婚了，是位母亲，而且和我的年龄那么相近。她那愚蠢的电影明星和好莱坞梦想似乎比我更不成熟，然而，令人难以理解的是，带着背包和自由坐在那里的我，却感觉自己比她更幼稚。

妈妈，你也这么觉得吗？她是一个十九岁的女人，而我只是个孩子？

我这趟车程的终点是在北韦尔斯的班戈（Bangor）。我得从那里搭巴士到 Bwlch-llwyd-ddu。下了火车后，我在车站月台的报纸摊上买了一罐微温的可口可乐，把它放进背包里，打算在巴士上喝。然后我把背包背起，走过小镇，到巴士站去。

那辆巴士好老旧,车身是绿色的,而且显得又破又烂。它以骨骼活动时咔嚓咔嚓的声音,摇摇摆摆地朝着韦尔斯的乡间前进。一开始,我们顺着一条普通的快速路走,但大约半个小时之后,受海水侵蚀的平原被抛在后面,巴士爬上了山。

那条山路实在令人难以置信,很多地方都很窄,迎面而来的车辆是不可能挤过去的,所以巴士司机会倒车进到最近的农家车道,先让对面来车通过,然后我们才能再次辛苦地往上走。我们在不断的急转弯处摇晃着行驶,然后经过小村子,爬到陡峭的斜坡上。

我拿出那罐汽水。就在我要打开它时,巴士突然又来个急转弯,所以汽水洒了一些在我的大腿上,我只好先喝了一口,以免更多汽水被洒出来。气泡跑进我的鼻子里,即使我渴得要命,但那令人作呕的常温饮料,尝起来简直像甜糖浆。

慢慢地,车子本身的移动,加上浓浓的香烟味和起泡的可乐,开始让我感觉自己似乎晕车了。我拿着那半罐饮料,等待冗长、缓慢的车程结束。

到 Bwlch-llwyd-ddu 的最后六公里,我是走着去的。我搭的那辆巴士会经过那座山谷下的一个村子,但如果我想到 Bwlch-llwyd-ddu,我得等九十分钟后才会等到接驳巴士。因为只有六公里,而且我觉得自己还在晕,所以最后我决定走路,并且希望沿途能搭上便车。

然而,根本没有便车可以搭,只有两辆车经过,而且全都是往相反的方向。

我疲惫地爬上那条路,到达山丘的顶点去看村子。我停了一会儿,卸下背包,把它放在马路旁一块石头上,然后重重地靠着它喘气。

就是这里了吗？妈妈以前常告诉梅根和我有关村子的事，关于她如何从花之林走六公里长的路去村子。她把走这段路的过程，变成听起来是如此有趣的冒险，她会说她如何巧妙地回避琼斯家的牧羊狗，因为它会咬她的脚跟；她会说她如何涉水走过小屋旁的小溪，因为她害怕自己会在潮湿的小桥上滑跤，将宝贵的配给食物给洒了出来；她还会说她有时会和老伊凡斯太太一起坐在邮局前，帮她梳理羊毛。

就是这里了吗？这就是她以前住过的地方吗？这条位于灰色、覆满苔藓的建筑之间的窄小街道，能通往她和爸爸的家吗？

我仍然站在山丘顶的石墙上，看着那个地方。Bwlch-llwyd-ddu，连村落都算不上。在堪萨斯，人们一定不会用地名抬高自己的身价，这里只有一堆用当地深灰色石板盖成的石头房子。有一间商店，外面有几箱装了绿色甘蓝菜和橘子的箱子，报纸被塞在一个附在门框的网架上，还有一个红金色的邮局标志在上面。但对 Bwlch-llwyd-ddu 来说，这里只有这些，还有少数几间房子。此外，它一无所有。

云离地面好近。一整天都是阴阴的，但比较靠近海面的部分没有特别阴。在这山谷较高的地方，我可以看到笼罩山两侧的雾都只是低云，而且现在，在这窄小的马路上和在这石板盖的房子的周遭，低云移动着，潮湿又出乎意外的温暖，就像母牛的呼吸一样。

两只羊漫步走在我面前的街上，抬头瞄了我一眼，又从我身旁分开，继续走。到处都是羊，它们显然比这里的韦尔斯人口还要多，土地是它们的，它们带着漫不经心的自信，漫步在村子的街道上、在前阳台上打盹，或是津津有味地嚼着路边的野草。

我走进村子的商店，想询问到农场该怎么走。老板是位年长的妇女，可能六十多岁，她看着欧文·琼斯给我的地址，琼斯就是那个现在拥有花之林的农夫。

她说："顺着这条路往上走，靠右边，接着在第二个转弯处左转，你会看见一棵大橡树。"她一直不停地讲着方位，讲着右转和左转，讲着在树和被弃置的小屋附近转弯，过了牲口看守处并通过大门……最后她让琼斯家的农场，听起来遥远到像是横跨了半个英国，我匆忙把她说的路线记下来。她的英语里有着韦尔斯抑扬顿挫的声调，我不是听得很懂。"有多远呢？"我问。"三公里。"她回答。

就在走过那少数几间房子后，大街渐渐变为一条窄小、单一车道的小径，两边是用石板围成的墙。没有涂上灰泥的墙，本身就是个错综复杂的拼图图案，上面还覆盖了绿色和黄色的苔藓。雾还在山的下方，所以我无法看到山，那条小径继续往上消失在一片灰色之中，我的视线停留在两边的牧草地上，在石墙上和沿着小径适当地方生长的冬青树上。

这是个美丽的乡间。即使我很疲惫，我也开始了解到这一点。但那是和我原本所想的，是非常不一样的美。我在脑子里看到的是一个沃尔特·迪斯尼的世界，开朗、快乐而且没有瑕疵；但这里很古老，而且有种极度的痛苦，一切仿佛都在雾中被粉碎，被最缓慢的东西给侵蚀了：蛞蝓、蜗牛和苔藓。然而，这里有一种那么简朴的美，让我无法错过它，而且它是那么原始，近似痛苦。

那条小径的尽头，就在琼斯农舍的院子里。那间房子并不显眼，而且就和其他东西一样，是用石板搭成的，我停了一会儿，接着上前敲门。

一位妇女来应门。

"我是莱丝莉·欧麦利。我五月时从美国写信来,是关于来看农场小屋的事。我爸妈战后曾经住在这里,在 Coed-y-Bleiddiau。"

我从她的表情可以看出我的发音糟透了,所以我拿出那张纸给她看。

她露出微笑:"那么你要找的是我先生。"她说,"我想起来了,我记得你的信,快进来。"

我跟着她走过木门、有大黑梁和低矮天花板的房间,最后我们走进位于房子后面的厨房里。那是个小小的空间,尽管墙是白色的,但看起来还是很暗,而且还有一个设在巨大、老旧火炉壁凹里的烧煤烹调用炉,这让厨房非常闷热。

虽然天气阴阴的而且有雾,但这天仍然相当暖和,所以那个炉子使得厨房里的温度大概有三十五度那么高,两个年纪很小的男孩在地板上玩,他们看到我进来时曾暂停下来,盯着我看,然后又继续玩。

我猜不出那位妇女的年纪,她有可能有二十五或三十,或是四十岁?她的头发是深色的,五官并不显著。她在准备一壶茶时告诉我,欧文正在牧草地上和羊在一起。她说,他很快就会下来喝茶休息,所以如果我愿意的话,可以在这里休息一下等他回来。

"你也喝一杯茶吧?"她说。我把背包放下,将它靠在墙上,然后坐在一张很长、擦得很亮的松木桌旁,茶已经准备好了,热腾腾地装在杯子里。

这个地方感觉真的很像外国,就好像我踏进了一个电影场景,一半在另一个国家里,一半在另一个年代里,屋子里的所有东西都不会让我想到我离开美国所抛下的东西。我坐着看那杯茶，看着茶叶打转，变成深色，然后加入牛奶，搅拌它们，好让它们复活。我好想家，现在，我好想打电话回堪萨斯。

两个孩子当中，较大的那个从地板上站起来，过来从他母亲这里接下一杯奶茶。他大约三或四岁，穿着短裤，以及在我看来像是小女孩鞋子的凉鞋，他走过来靠近我。

"姐姐，请问，"他看着我的眼睛问，"你叫什么名字？"

"莱丝莉。"我说，"你呢？"

"埃尔瑞安·韦恩·琼斯。"他回答，他的注视十分从容，"姐姐，请问你要跟我们一起住吗？"

我露出微笑。

欧文像爸爸一样，又矮又黑又结实。他的卷发被塞在一顶花呢低顶圆帽下，还有一双和这座山谷里的其他人似乎也拥有的同样不是那么蓝的眼睛。他穿着一件宽松下垂的蓝色斜纹布工作装，中间系了一条皮带，还有一件红格子法兰绒衬衫。他在法兰绒衬衫上，披了一件在我看来像是花呢的运动外套，看起来不是很协调。

当他站在燃煤的炉子旁，把茶倒进一个橘色搪瓷马克杯里时，他的妻子向他解释我是谁。她才把刚切好的几片吐司涂上奶油放在桌上，那两个孩子马上爬过来，坐在我旁边的凳子上。

"所以，你是夫人的女儿吧？"他说。他走到桌子这边，并在我的对面坐下，"我从你身上可以看出一点她的影子，你遗传到她的外貌，没错，你有夫人的样子。"他露出微笑。

"天啊，"他拿起一片吐司，"你的信让人想起了那些事，我已经好几年没想到和夫人有关的事了,但现在你却在这里。"

回忆使他的眼神变得朦胧,虽然他搅拌着茶,但注意力却不在那上面。他的嘴角露出微笑:"他们来到这里时,我还只是个孩子,大概只有七岁吧。只是个小男孩。但我记得他们来的那一天,你爸和你妈。她好漂亮,你妈妈,她有一头金色的头发。"

欧文的微笑变成发自内心的,他吃起那片吐司,若有所思地咀嚼着。他仍然在微笑,凝视着我肩膀旁边某个地方。

"我爸给他们那栋旧木屋住,反正没有人住在那,连羊都跑到里面去了。他们来时,窗子连玻璃都没有。第一个冬天,你爸爸从商店里带了硬纸板回来。他总是带着锄头,想把窗子弄好。"

他停了一会儿。"啊,但是你妈……"他微笑地看着我,"我们有三个小男孩,我和我两个兄弟。艾米尔是老大,他那年大概是十二岁;而戴是最小的。他们来的那一天,戴对艾米尔和我说,你妈妈看起来好像格尼维尔夫人(Lady Guinevere),你知道,就是亚瑟王(King Arthur)的皇后。所以我们总是那么叫她,叫她'夫人'。那样给人感觉很恭敬吧?因为她真的好漂亮。"他大笑,"至少对我们小孩子来说,真的好漂亮。"

我也露出微笑,想到妈妈让这个男人小时候很着迷,我就觉得很开心。

"你确实有她的样子,"他说,"在安哈洛德跟我说之前,我就认出来你是夫人的女儿。"

我低下头,被这含蓄的恭维弄得不好意思。

欧文伸手去拿另一片吐司:"那么,他们好吗,你父母?他们现在住在哪里？"

我没回答。

我凝视着我的茶，拿起汤匙，再次搅拌它。杯子里除了还留有一点喝的时候也会喝到的茶叶和茶水之外，已经没有其他东西了。我搅拌着，并看着茶叶在黑黑的液体里起伏。

"我妈妈刚过世，"我说，"五月的时候。"

"真的吗？"他用震惊的语气回答。接下来是一段冗长、可期待的沉默。我想他原本的意思是要我说出死因，但我没说，而他也太有礼貌了，没继续问。

"我爸爸仍然在美国，我还有一个妹妹，九岁，他在家里照顾她。"

"天啊。"欧文小声说，"夫人过世了，你听到了吗，安哈洛德？"他说，转过去对着他的妻子，"夫人过世了。"

"那是我来这里的原因之一。"我说，"我妈妈非常喜欢这里，她经常告诉我和我妹妹有关这里的事，那些故事真的很棒，所以我想多少知道这里是什么样子，我想看看它。"

有一阵子我以为他就要拥抱我了，他的眼中有一点那种心疼的同情。我想象着这位中年韦尔斯农夫伸手越过桌子，把他的双臂放在我身上。但不久，那种表情就消失了。

他叹了口气："天啊，天啊，难怪你给人感觉那么成熟。"

在一阵孤独的沉默之后，慢慢地，那习惯性的微笑再度回到他的唇上。"她是个好女人，你妈。我弟弟戴有外斜视，所以其他男生总是喜欢欺负他。他们真的是一点慈悲心都没有。

"夫人过来时，发现他躲在墙边哭。'别理他们，戴。'她总是那么对他说，'和我一起到小屋去，我会给你涂好奶油的吐司，上面还有糖。'她还会这么说：'好孩子，戴，上来，我告诉你一个故事。'很快地，我们都希望自己也有外斜视。"他露出牙齿微笑。

接着寂静吞没了我们，欧文的妻子正在切绿色的春天甘蓝菜，然后把它们放到炉子上的一个锅里。那两个小男孩回到地板上，彼此小声交谈。我仔细听他们说话，想弄清楚他们是讲韦尔斯语，还是只是奇怪、特殊声调的英语。透过我坐的凳子旁那扇小小的四片玻璃窗子，我可以看见农家庭院和再过去一点的牧草地，雾中鲜明的绿色和灰色。

比起这千篇一律的双色要更明显的，是这片土地的古老。我认为在这里，时间从来没有多大意义。二十或三十年对微微被弄脏的田，或是被云层覆盖的山来说是那么微不足道。在一眨眼的工夫之前，我的父母可能还坐在这个厨房里。

"他们曾经历过那场战争对吧？"欧文问，"我现在想起来了。刚刚我试着回想，是什么事情把他们带到这里来的。是战争对吧？我记得你爸爸被派驻在萨福克（Suffolk）的某个地方。"

我点点头。

"而夫人……"当他若有所思地搅拌第二杯茶时，他说话的声音渐渐变小。

"她也经历了那场战争。"我说。

"我不大记得他们刚来时候的所有事情，她的身体不好，我只清楚记得这件事。我妈总会要我带着刚搅好的奶油到小屋去，希望那能让她更强壮一点。我妈一直都在为夫人的健康烦恼。她好瘦，而且以我妈的想法，情况改善得好慢。我还记得我妈和我爸谈过这件事，记得她在小教堂里祈祷时，会提起夫人的名字。

"夫人的头发是短的。他们刚来的时候，看起来很像男孩子的头发，但是后来她让它长得很长，我想她应该没剪过它。可是，头发在最短的时候，都还是金色的——戴和我还有艾米尔，我们全都为此着迷了。"

他若有所思地用手摸着下嘴唇："我还记得一件事，那是他们来了之后不久的事，我想是在第一个夏天吧。有天我去小屋，她在外面的花园里和花待在一起。我想要给她一个惊喜，所以躲在墙后面，当她站起来时，我突然跳出来。"

他对着茶沉思。"我吓到她了。'天啊！'她大叫，'老天爷！'她真的大声尖叫出来。那让我好害怕，我拔腿就跑，一路跑回农场。"他对我微笑，"但是你看，那是因为战争的关系，对不对？所以那样会让她大吃一惊，因为她经历过那场战争。我当时并不了解，还以为她是在对我大声尖叫。"

接着，我们又沉默了好一段时间。欧文在玩一块吐司屑，用手指将它来回在桌上推。"他们在战争里失去了一个儿子，对不对？"他问。在我还没回答之前，他又继续说，"我记得夫人谈过那件事，关于失去他的那件事，一定很可怕。即使我那时还那么小，我也知道。他应该比我小一岁。她告诉我那件事好多次了，说她的小男孩和我差不多一样大。"

他突然露出牙齿微笑："妈妈生我的气时，如果我很难管教，她会打我。我记得有时候我会对她说：'我要去和夫人一起住，妈！'然后就朝门那里走去。天啊,我想那一定让我妈很抓狂!但那确实是我的一个梦想,梦想自己是格尼维尔夫人的孩子,是她失去的那个儿子。"

那个微笑渐渐变得悲伤:"然而事实是,当我现在回头去看当时的我,以及我自己的小孩,我才体会到那件事一定让你妈很痛苦。我当时太小,无法了解什么是错的、什么是对的,但即使那个时候,我也知道失去那个小男孩让她有多么心碎。"

我点点头:"是的,没错。她始终没有真正忘掉。"

31

花之林的小屋

> "我不记得了。"欧文回答,"我想我可能帮不上你的忙,那是好久以前的事了。"

用晚餐前,欧文的妻子安哈洛德带我上楼,到我要睡的房间。那是个贴了大粉红和淡紫花朵图案的小房间,角落有个小水槽,床又软又有弹性,上面还铺了一张色彩鲜艳的织锦床罩。安哈洛德说这是两间客房当中的一间,她在夏天时会开放这两间客房当住宿加早餐的民宿,好赚点零用钱。意思也就是说,经过这个地区的人可以开车上来,付钱住一个晚上,再享用一顿早餐。

我和琼斯一家一起吃晚上这一餐——他们称之为茶,我则称之为晚餐。跟他们一起住并非我原本的计划,但是安哈洛德邀请我,而且那么做似乎是理所当然的:我们就像远亲一样,不认识彼此,然而却有关联。欧文答应我,在吃过晚餐后会带我去 Coed-y-Bleiddiau。

在我们吃饭时,太阳探出头来,长长的金色光箭穿过温暖的厨房,那是一种怪异的光,既混浊又相当黄。那两个小男孩,埃尔瑞安和希昂就坐在太阳光的通道下,脸上呈现出一种苍白的颜色,像画像上那些圣人的脸。外面,灰色的雾在山边被阳光撕开,而草、石头、墙,甚至连羊都在夜晚的光当中被镀成金色。

晚餐后,欧文将他的 Land Rover 从谷仓里开出来,一对黑白牧羊犬从其中一间仓库的出入口跑出来,冲过院子朝他跑去,他下车帮狗打开汽车的后座,"上车。"他对我说。

我们离开农场的那条马路,不过是一条两边都是石墙的泥土小径。那辆 Land Rover 又老又破,它沿着陡峭的斜坡东倒西歪地前进。墙另一边的土地,欧文称之为空旷的高沼泽地,那里一片光秃秃的,只有沼泽,还有覆盖其上的石楠属植物和蕨丛。

接着我们离开了石墙,进入一个宽阔的高原。马路消失在草地的凹痕里,不久,斜坡突然往上,欧文换了个档,那辆 Land Rover 震动了一下,发出噗噗声,然后我们就开上去了。

那里的视野好壮观!在看了韦尔斯一整天的云和雾之后,阳光中冷酷、无情的壮观让我相当吃惊。我们可以清楚看到爱尔兰海,就在西边二十几公里的地方,山之后是山谷,山谷之后是海。山谷底有条宽阔的河弯弯曲曲通到海口湾,像是一条铺了黄金的马路。

由我们逐渐升高的高度,我了解到韦尔斯实际上是个非常小的区域。不仅在西边看得到爱尔兰海,在北边也看得到,或者说,从我们所在的位置,有四分之三的韦尔斯都可以看得见爱尔兰海,而且全都是山,从山到海。

欧文指着某处说,有个老人睡在那里。他让车子放慢速度,缓慢地前进。还躲在我们另一边一堆云里的是 Snowdon massif，那是韦尔斯最高的山。欧文说，Yr Wyddfa 是它在古老语言里的名字，意思是"墓"。

森林出现在我们的右手边。

"快到了。"他说，"从这里开始要走路。"他停下车子。

一阵沉默。欧文的身子往前靠在方向盘上，他的花呢帽往下拉到几乎快碰到眉毛，他用一只手调整帽边，"我想你应该想一个人上去。"

我点点头："嗯，我是想一个人上去。"

"你看到那里的小径吗？那棵橡树的左边？"

我眯着眼看，在我看来，从这个距离来看，每棵树看起来都差不多："嗯，我能看到。"

"顺着那条小径，注意，出了森林还是要顺着它走。顺着右边，不然最后你会走到山脊。"

"好。"

"我大约九点回到这里等你。好吗？"

我点点头。

他靠着方向盘，停了一会儿没讲话，后座其中一只狗用它的头推着他。

"那里没有太多东西，你知道，已经没有人住在那里了。有好长一段时间了，都没有人住在那里，只有羊，我希望你别期待太多。"

"我没有期待很多。"我说，"不过，谢谢你。"

那座森林的美和多岩石的山坡形成鲜明的对比，它是一座橡树森林，树木又古老又有很多节瘤。粗大的托尔金树根从森林地上冒出来，但在这些树根中间的黑暗绿色中，突然出现了一丛丛杜鹃花，现在是六月，算是过了它们的花期，但不是完全。大量的杜鹃花挂在那么高的树丛上，创造出森林里的森林。

我从没看过那样的杜鹃花。我只看过我们在亚基玛，小心呵护过一个干燥冬天的小小珍爱树丛；但在这里，它们大部分都长得比我还要高，使森林里充满了深及踝部的紫色花朵。我敬畏地停下来凝视着周遭，难怪这栋小屋会被称为"花之林"。

要顺着那条小径走很难，部分是因为森林地上的树叶和花，但主要是因为，根本没有什么小径可言。太阳继续照耀大地，但斜斜地照进来的光几乎紧贴着水平面，所以它很少照到这座森林。

我走得很小心，并没有走很快。接着，在没有征兆的情况下，小径突然变成空地，而我正站在一座山丘顶上，俯瞰着陡峭的山谷。和通往大海的那座山谷不一样，在这里我可以清楚看到左边那条小径继续延伸到山丘顶，而另外一条小径则穿过山坡，经过一座小小的桥，通往小屋。

欧文说的没错，小屋里的确没有太多东西。这栋小屋是以石板加上一层层石灰水盖成的，没有人居住的它孤独地、斜斜地站在山腰上。即使隐藏在森林里一块小小的露出来的岩石旁，它还是完全独立的。从它的名字来看，我一直以为它是在森林里，但实际上并不是。它的四周并没有树，只有它自己矗立在荒芜的大地上，周遭只有少数杜鹃花看似缩短了它和森林的距离。

小屋的四周有一道矮墙，我在那里停了一会儿，试着汇整这些年来在我脑子里的东西，和我所看到的景象，虽然这座森林的美远超过我所想象的，但这间小屋离我最低的期望还远得很。

除了它那废墟的外表代表着自身完全的孤立外，光秃秃的山坡也是人迹罕至。小屋内没什么东西，想必他们那段日子过得相当简朴。里面只有两个房间，两个小房间，整个小屋只有梅根和我房间加起来那么大。走进去时，我发现地板不过是平坦的石板盖在泥土上，而厕所位于屋后的简陋石头小屋里。如果这里有所谓的"自来水"，指的一定是小桥底下那小但强而有力的溪水。

我想我应该早就知道这些事的，即使妈妈从未提过，我也应该想到过。你很难期待你不认识的农夫能给你一座免费的城堡，而且，你或许还会得出一个结论：某个连路都没有的地方当然不会是泰姬·玛哈饭店。

然而，当我站着，目瞪口呆地看着小屋时，我知道我原本期待的真的比现实多很多。妈妈讲到它时，那些美妙、快乐故事的欢乐，让我为她和爸期待的比这个更多。

我在小屋里，试着用步伐测量其中一间房间的长度，然后再测另外一间。两间都是大约三乘五公尺。主要的房间，也就是连接大门的地方，也有个巨大的壁炉延伸到后面整面墙。它有一公尺多深，还有一个巨大、隐藏的拱梁覆盖在上面。梁上有一些旧的、生锈的钉子和钩子突出来。

我用鞋尖把羊大便推到一边，接着坐在地上，因为那里没有椅子可坐，然后我看着周遭，小屋里有一股潮湿的味道，不是森林的味道，而是像苔藓和潮湿、腐朽的木料的味道，其实并不会让人不舒服。石板地相当冷，我可以感觉得到。任何光线几乎都无法从又小又低的窗户里透进来。

我双手双膝着地，绕着房间的边缘爬，检查墙壁里的石头、石板窗台和窗子本身的深凹处，还有它们腐败、没有玻璃的窗框；我站起来，用手在壁炉上方的旧梁上摸；我踏进壁炉的凹处，透过烟囱抬头往上看，几世纪的火使烟囱变黑了，但可以看得见天空。

我小心地、彻底地搜寻整间小屋，想找到一些残存的讯息，一些过了这么多年之后，仍能安慰我的迹象。当然，我什么都没找到。

韦尔斯的蜘蛛似乎和羊一样多，而且个头很大。我靠着一座窗台时，看着一只脚一定至少有五公分那么长的蜘蛛。我打扰到它时，它匆匆跑进房子中间，然后停在那里等着，当我没再动时，它就小心翼翼地开始往回走。我原本想踩它的，但最后并没那么做。它立刻就回到我站的地方，经过我的鞋子，爬进墙上另一个裂缝里。

来到外面，我走过昔日的花园。虽然你无法从小屋看到森林，但过了山丘脊就有杜鹃花，它们像是先遣部队似的，而且再过几年，它们会抵达花园四周那道墙，然后侵入它。羊已经踏遍花园，而且已经仔细地吃掉花园里的草。旧篱笆的少数零星冬青树丛在房子的另一边，但是除此之外，看不出其他地方长了东西。唯一有关花的征兆是四处都是大量的黄水仙叶子，上面还带着春天开花过后脱落的种子豆荚。

我在本来是花园拱门的位置停了下来，就是原本上面有忍冬的那道拱门，妈妈把它编成花圈，让小屋更有特色，但现在那里只有拱门的骨架，往上拱成一个奇怪的角度，要是还有任何忍冬留在上面，羊一定已经把它们处理掉了。

拱门的视野范围比从屋内看到的更大，下方是进入山谷的巨大落差，而更远处，可以看见一排排的山脉，在夕阳之中全都变成朦胧的金色。那是个如此惊人，但却又如此协调的景色，它的美，满溢了出来。

我呆呆地靠着花园的墙，凝视着它，但是它让我觉得好孤单。如此壮观反而显得小屋更矮小，依偎在其荒芜的山腰上，甚至更远。

我努力坐上花园的墙。接下来呢？

欧文在唱歌，他的声音低沉而圆润，在森林里产生回音，所以在我出树林之前，早就听到他的歌声了。那首歌庄严得像圣歌，但当他将三只羊塞进他那辆 Land Rover 后座时，他改以强而有力的方式来唱。我走出树林时，太阳已经静止在遥远的海上，而他的狗正在四周疯狂地跳跃。

"嗯，看过你的小屋了吗？"我走近时，他这么说。我拿着一束杜鹃花，但它们已经过了全盛时期很久了，所以即使我拿着，花还是掉了下来。

我露出微笑，点点头。

"你觉得怎么样？"他问。

我打开 Land Rover 的门，爬上座位，露出牙齿微笑。"我不知道自己一直在期待什么，"我说，"但我必须承认，事实并不如想象中那样。"

他大笑："嘿，我也这么认为。"

我们在有车轮痕迹的小径上颠簸往下开，那三只羊靠着我的肩膀凄惨地咩咩叫，那两只狗则努力在欧文和我之间的座椅上稳住它们的立足点，欧文再次哼着他之前唱的那首歌。

"你和我爸爸很熟吗?"我问。

他转过头来看我。

"我的意思是,你对我妈妈有这么清楚的印象,那你记得有关我爸爸的事吗?"

他默不作声地沉思了一会儿,车子猛然往前开上一块岩石,其中一只狗滑下座椅。我急忙闪到一边让它再上来,而一只羊的鼻子靠着我的左耳大叫了一声。

"他的双手非常灵活,比我爸还要灵活。你爸老是在修理东西,所以我对他并没有太多印象,他总是在工作。你妈妈在小屋里,所以我们常常看见她,但你爸经常外出到农场上,总是和我爸在一起,总是在帮忙。我记得爸有一次曾说过这件事,他说你爸非常可靠,还说他工作之辛苦已经超越承租小屋的代价。"

我们蹦蹦跳跳地开下了山坡,下山时,欧文开得比我们上来时还要快,所以我们实际上是不断上下、来回地弹跳,我们、两只狗和三只羊。

"我记得有一次,他做了一辆小车给我们。那是一个有轮子的小木头箱子,我和戴可以坐在里面,在房子前面的小路上滚到这、滚到那。它很漂亮,上面上了漆,还画上图案。他真的非常擅长做东西,而且又很有耐心,会让我们帮他。

"我爸就不是那样,他在工作时最受不了我们这些小男生在他的脚边跑来跑去;但你爸不会,他从不介意戴把东西弄错了。戴非常喜欢他,戴的确很想要帮忙,但他的眼睛没办法对准东西,所以总是弄得一团糟。可是你爸对他一直都很有耐心,从来都不会大声对他说话。"

"你还记得其他的事吗?"

他又静下来思考,接着他的嘴唇突然往上,咯咯地笑了:"是啊,但现在听起来很愚蠢。其实,我们有点嫉妒他,艾米尔和我。"欧文停了一会儿,然后微笑消失了。他搓了搓下巴,"好啦,至少我是,或许艾米尔没有,或许只有我。"

"我记得有一次,那时我八岁,我要求你妈嫁给我,我当时真的非常为她疯狂。我跟她说,如果她能等我到我长大成人,那么我一定会娶她,而她就可以下来住在大房子里。"欧文看着我,面带微笑,"听起来让人很想笑,对吧?想起小时候说的蠢话。不过,我当时真的疯狂迷上她了。"

"但她对我说:'欧文宝贝,我已经有丈夫了。'然后,她总是会打发我们回家。当我们在小屋,而他走上小径时,你妈会很兴奋地说:'欧麦利回来了!'你可以听得出来她有多开心!她会说:'欧麦利回来了,你们现在必须走了。'"他继续说。

"有一次我问她,为什么我必须要离开,为什么我不能留下来?她说:'我现在想跟他在一起,我是他的妻子。'"此时欧文点点头,"没错,我就是嫉妒。我不喜欢欧麦利回来的时候我就得回家。"他又点了一下头,"所以那是我记得最清楚的有关你爸的事了,他总是回家!"他大笑。

之后,我们把车开进农场的院子。欧文把羊放出来时,我帮忙让车子的后门保持开着,他把它们赶进谷仓里的一个家畜栏里,我跟着他走进阴暗的空间。

"如果我在那里待一阵子,你介意吗?"我问。

"待在哪里?"

"在小屋里,我带了睡袋和一些东西,如果我在那里露营个几天,你会介意吗?"

"我们这里有很多房间,你不需要住在那里。"

"我想那么做,如果你不介意的话,只要一天或两天就好。"

"那里什么都没有,你知道的。"他说,"没有灯,没有水也没有电,什么都没有。"他拿掉帽子,用手指梳梳头发。

"我只是想在那边待几天而已,仅此而已,如果你不介意的话。我会付你同样住在这里的钱。"

他哼了一声,手朝我的方向挥了一下:"天啊,你想都别想付我钱。你想住就去住吧,除了羊之外,没人使用它。"

我们进到厨房时,安哈洛德正坐在燃煤炉子旁的一张摇椅里。她手中抱着小儿子希昂。他睡着了,头在她的手臂上摇晃,嘴唇张开着,那头黑发则由于炉子的热度而贴在额头上。

她对着我们微笑,起身把还在睡的小男孩放在另一张凳子上。她用韦尔斯语对欧文说了某件事,他大笑。他走过去,倾身看着那个孩子,用手轻轻抚平那孩子的卷发。

"我们的希昂是小熊维尼没错。"他对我说,"他又把蜂蜜罐全清光了。"他弯下身去,亲吻小男孩的额头。

安哈洛德泡了一壶茶,她拿出一个装了饼干的大马口铁盒,把它交给我,然后是马克杯、小盘子和小汤匙。我突然想起梅根和我在家里时,曾数不清有多少次一起坐在餐桌旁。

我瞄了一下时钟,在堪萨斯,刚刚过了午餐时间,梅根和爸爸正在做什么？他们是否曾想起我，因为一些不重要、偶尔发生的事而想到我？最后，就像所有的时间似乎都会影响我一样，我想起了妈妈。

"你记得向日葵吗？"我问欧文，他坐在睡着的希昂旁边的凳子上，他打开那盒饼干，专心地挑饼干、吃饼干，一个接着一个。"在小屋那里，"我说，"我妈经常提到向日葵，她说她和我爸爸来到这里时，它们开得到处都是。"

欧文陷入回忆当中好一阵子，凝视着其中一块饼干。安哈洛德过来倒茶，这次她用了一个过滤器来挡住茶叶。她将牛奶倒入她丈夫的马克杯里，把杯子交给他，他还在思考。

然后他摇摇头："不，我不记得了。我不是园丁，长在那里的有可能是任何东西，而且它们对我来说都只是花。"

安哈洛德大笑，流露出同意的表情，欧文露出牙齿微笑看着她。

我也笑了。在欧文身边不笑是很难的，他身上带着一种具有传染性的快乐特质。

"我妈常告诉我有关它们的事，很棒的故事。她喜欢花，而那些向日葵对她而言意义重大，战争期间她在营区里，你知道，集中营……"

我低头看着茶杯，茶在冒烟，我吹了几口，茶水的表面上形成了一个一个小圈圈，接着我拿起马克杯来喝。它太烫了，烫到我的舌头。然后我又加了一点奶油小壶里的香浓牛奶。

"总之，她和我爸来到这里时，Coed-y-Bleiddiau 长满了野生的向日葵，那让她立刻爱上这个地方，那些向日葵让她好开心。"

"是啊。"欧文说，"我记得她和她的花，她经常在花园里，而且她种的东西都好漂亮。有时候她会带花过来，那时候我的老奶奶还在，夫人会从小屋的花园带花来,让奶奶可以放在客厅的花瓶里。"他转向他的妻子那边,"记得吗,安哈洛德,奶奶的那些照片?记得花瓶里那些花吗?那些都是夫人的花。"

"我在找向日葵,我特别想找到它们。"我说,"但羊一定把它们都吃掉了。除了黄水仙花之外,它们似乎把所有的东西都吃了,所以我只是在想,你是否还记得它们长在什么地方?"

"我不记得了。"欧文回答,"我想我可能帮不上你的忙,那是好久以前的事了。"

那个小男孩动了一下,他睡在欧文和他的妻子之间的高背凳子上,当他动了一下时,他们两个都转过去看着他。欧文弯腰俯视他,一只手几乎完全盖住那孩子的脸,他小声地跟他说话。虽然那孩子换了个姿势,但仍熟睡着。

我感到纳闷,为何那孩子是睡在这里,而不是在他的床上?安哈洛德有想过,他会不会因为吃下一大堆蜂蜜而觉得不舒服吗?或者,或许她因为那件事处罚了他,现在正为处罚他而感到难过,所以不愿意让他独自哭着睡着?

安哈洛德抬起头,她的注意力从那孩子身上移开。她伸手过来,把盖子放回装饼干的金属盒子上,然后拿起滤茶勺,把它放在盘子上,结果在桌子上留下了一小滩茶渍。欧文注意到了,于是拿出他的手帕把它擦掉,我们周遭是一天结束时轻松而寂静的气氛。

"我从来没见过像那些杜鹃花的植物,我想到这里是花之林时,从来不曾想到过杜鹃花,它们好漂亮。"

欧文看着我,他嘲笑似的哼了一下。

"你不喜欢它们吗？"我问。

"它们是该死的麻烦，它们在我们这里四处横行。"

他的憎恶让我感到惊讶，我摇摇头："可是，美国人把它们种在花园里。"

"是啊，这里有些该死的笨蛋也这么做，但是看看后果，现在杜鹃花占领了这里所有的地方。"

"可是它们很有价值，在美国它们可值钱了。如果这里是美国，我们会把那座杜鹃花森林变成一座公园的。"

"是啊，我想你们一定会。不管你什么时候想要多少杜鹃花，我都很乐意卖给你，我总是摆脱不了它们！我砍了又砍，但就是杀不死那些该死的东西，它们到处都是，就像该死的海星，你愈是把它们砍下来，它们就会变得愈多，就连羊也没办法把它们吃掉。"

我停了一下，沉思着，然后喝完马克杯里的茶。夜晚的寂静再度包围着我们，我开始觉得累了。安哈洛德弯下身子，抱起那个小男孩。她背靠着墙，亲密地搂着他。

"不过它们很漂亮，"我说，"那些花，它们好漂亮。"

"是啊，是漂亮，"欧文回答，"但那并没有让它们大受欢迎。"

32

欧文记忆中的玛拉

> 欧文非常爱我妈妈,而且爱得很坦然。他在童年时期,就会从农场艰难跋涉到小屋,只为了接近妈妈。

我继续留在这里,不是留一天、两天或一个星期,而是整个六月和七月,然后又留到八月。我大部分的时间都在 Coed-y-Bleiddiau,但有时候我会待在下面的农场。我和琼斯家渐渐达成一个非正式的协议,以帮忙带孩子、协助整理花园或农场工作,交换住在小屋的特权,还有一些比较基本的便利设施,像是洗澡。

六月里,我把大部分的时间都耗在将小屋整理到可以住人上面,我用力擦洗石头地板,清掉大部分的蜘蛛网,还打扫了壁炉。壁炉好大,里面有内部阶梯可以让几世纪以来打扫烟囱的孩子爬进去清扫。

安哈洛德帮我在窗户上嵌入透明塑料片,而欧文在某个星期六上来,把主要房间的屋顶上,最破的那块石板盖住。尽管如此,小屋仅能提供最勉强的遮蔽形式,而我住在那里的生活质量,始终都没提升到比在野外露营还要好。

但另一方面，那样让我觉得很自由，而且让我在潮湿、绿色的韦尔斯山区里感到安全，韦尔斯山区是我想留下来生活的地方。

我学习靠着农场剩下的蛋、牛奶和奶油生存下去，我利用绿色的杜鹃花木生火，并在开放的壁炉上煮东西。我忍受从烟囱灌入的气流和雨，还有小屋后面的屋外厕所，这个厕所虽然原始而且全是蜘蛛，但很实用。

或许最重要的是，我学习以我这辈子不曾有过的努力和长期工作，让自己成为琼斯家不可缺少的人手。如果他们曾质疑我为何突然出现在他们的生活里，他们也从不曾提起过。不过我想，他们并没有质疑。在孤立的农场里，"互相帮忙"是可以买卖的商品，而且我认为他们知道，他们拿到了很好的交换价格。

不过在一开始，我被安哈洛德吓到了。她是个非常安静的女人，我在美国从没碰过这种人，所以不知道是什么事让她如此安静。我怕她不喜欢我，怕她认为我的存在是一种麻烦和打扰，或者也许她从欧文和我热烈讨论她从不认识的人当中，感觉遭到排斥。

但当夏天过去时，我逐渐习惯了她的安静，并了解到那和我并没有关系。她只是个话不多的女人，而且事实上，在安静的表面下是不拘礼节、朴实的友善。我想安哈洛德用她在产羔羊季节里给予被丢弃的小羊一样纯真的关心接受了我。欧文会把被丢弃的小羊带下来，她会把它们放进硬纸板箱子里，然后放在烹调用炉上帮它们取暖。

我知道安哈洛德感激屋子里多了一个人帮忙，因为她常常那么对我说，而且我也了解到，她是真的喜欢有我在，因为每当我提到我该回小屋时，她总是会再给我一杯茶，或暗示房子里还有一件需要做的事。但她始终不是很爱讲话，从未问过我私人的事，不管是我的家庭，还是我以前的生活。她也没有告诉过我有关她自己的事，或是在我进入她的生活之前，和她的生活有关的事。

以这种安静来取代对话，让我觉得很感激，这些年来，我头一次发现自己能够卸下防卫，放轻松，知道绝对不会有任何问题，而且这种轻松是很棒的。最后，这屋子里的宁静让我完全感到自在，而且也变得很少说话。

当我们说话时，都是谈和农场有关的事。我们的日子以食物和燃料、孩子、天气、羊和狗为中心——那些是这里唯一有重要性的东西。安哈洛德接受我为家里的一份子，教我如何在如此一个世界当中生存，而且从不质疑我为什么会想要知道。

爱讲话、富幽默感的欧文和我妈妈一样，有满脑子的故事，我们经常谈到我父母的事。我常会陪着他将羊群从一处牧草地移到另一处牧草地，就是那个时候，他最有可能讲出他童年时和兄弟在这里长大的一些漫长而杂乱的故事。

他讲话时从来不需要太多观众。妈妈会希望你紧抓着每个字，催她快讲接下来的情节，而因为你这种参与，到最后那则故事变成是你和她共有的故事。但欧文不会这样做。他一旦开始，不用任何催促就会一直讲下去。

当他走在山坡上时，有时我得跑着才跟得上他，以免错过他讲的故事。但除此之外，我只要听，什么都不用做。或许也是因为那样，那些故事感觉离我好遥远，我的爸妈逐渐变成我熟悉的人物，像是经常看的电视节目里的人物,但我不再了解他们。

在许多方面,欧文和妈妈非常不一样。尽管他有满脑子的故事,但他并不是个不切实际的人,相反地,他是个绝不感情用事,而且几乎算是冷血、讲求实际的人。对他而言,在坚硬岩石薄薄的土壤上设法维持生计,是一种极需技能的竞争,而这让他对他的生活方式或任何其他人的生活方式,没有什么和浪漫扯得上关系的想法。然而同时,他又和环境有种深切的连接,对他来说,环境的神奇力量早已存在于此,他并没有创造它。

有一天,我们到高处的牧草地去。天空正下着毛毛雨,而且云层好低,除了山腰的曲线外,你什么都看不见。我帮欧文把石块安装回一道墙里,因为墙有个地方倒塌了。虽然我穿着雨衣和雨裤,但衣服因为我努力举起石头好让他放回墙上而被汗水浸湿了,仿佛我根本就没穿任何东西挡雨似的。

我们休息了一下,我在墙的这边休息,他则在另外一边。他拉开外套的拉链,拍动着外套让空气进去,接着背向着我,半倚着墙。

"看看那些笨羊。"他说。牧草地的另一边,有一小群母羊正在吃沼泽上的石楠属植物,"它们就站在水里,它们的脚会烂掉的,绝对会。看看它们,居然站在沼泽里!笨蛋,该死的笨羊。"

我没看它们,反而试着把手臂放在墙上一道尖尖的石板栅栏中间,凝视着牧草地另一边被覆盖的山坡。从这个有利的位置看过去,可以看到森林的边缘高高耸立于山丘之上,但因为那些云的关系,它不过是个逐渐消失在灰色之中的模糊、黯淡的山脉。

我在想,这景色在阳光中有多么单调和平常。在阳光中,那不是一个你会想看清楚的地方，因为所有看得到的都是缺点。你会看到破烂的农场挤在看起来同样很憔悴的山坡上；你会看到一个世纪以来石板采矿的痕迹，和维多利亚时代过后被弃置的工业区残骸；你会看到山的本身被缩小为有点小，而且贫瘠的山坡。

但是当云下来，而且雾卷进来时，这片景色复活了。它变成在雨中闪耀着绿色、灰色及黑色的明亮对比。雾似乎充满了给人强烈感受的承诺，而在它们的覆盖之下，山变大了，也变神秘了。最值得注意的是那种不受时间影响的感觉，你不需要书本来告诉你这个地区有多老，你就能自己感觉到。而且你感觉得到，如果区隔过去和现在的那块薄膜，可能会在任何地方被撕破，那么就是在这里。

欧文还在讲羊的事，他很担心，因为他想去多尔盖罗（Dolgellau）做牧羊犬试验，那表示他得离开农场两天，但他手上有好多事要做。今年有好多羊不健康，他说，潮湿的夏天通常代表工作量会增多。

"你曾经在别的地方住过吗？"我问他。

"啥？"他转过头。

"我说，除了在这座农场之外，你曾经在别的地方住过吗？譬如你比较年轻的时候。"

"没有。"

雨变大了，欧文拉上外套的拉链，但并没有重新开始墙上的工作，在我们另一边的牧草地上，有一只母羊正在咩咩叫，一次，两次，它转头看我们，有只小羊回答了它。

"我去过利物浦一次。"他说，"大约十五岁的时候。我爸去领两匹大种拖车马，我跟着去帮他。"他吹了一声长长的口哨，然后摇摇头，

"除此之外，我再也没到过其他地方，没有，太多人了，人群弄得我紧张兮兮的，而且还会让我的胃不大舒服呢。"

"嗯，我的意思是，你除了这里，曾想到其他地方住吗？"我试着想象"当欧文"是什么样的感觉。如果你一辈子都住在你出生的地方。在这些年跟着妈妈四处流浪后，我真的无法想象那种对某个地方非常熟悉，是一种什么样的感觉，"你曾经想过吗？"

"没有。"

那只母羊还在咩咩叫，它站在深及脚踝的沼泽里，那是一种听起来会让人感觉沮丧的声音。

我们看着它，而它看着我们。

"没有。"欧文又说了一遍，"那次去利物浦，是我唯一一次离开韦尔斯，而且那样就够了。"

我没说话，墙里的岩石上有地衣，我用指甲去刮它。

"你没去过伦敦？"我问。

"没有。"他噘着嘴，沉思了一会儿。

"有一次，"他说，"我有个朋友，他的名字叫葛瑞斯，他找我陪他一起到伦敦过周末。他的意思是，我们一起去那里'好好玩玩'。你知道，到那些地方去做一些事，去一些二十几岁的年轻人会去的地方。总之，他来问我。那是很久以前的事了，1962年，或许吧，或者1963年？我不记得了。反正，他问我，而当时是夏天。

"我说：'不，葛瑞斯，别在夏天去伦敦。'伦敦的夏天又热又令人讨厌，而这里很凉爽，所以我并不想去。时间就这样过去了，过一阵子葛瑞斯又来了，他说：'欧文，你想和我到伦敦过周末吗？'当时是秋天。我心想，我不能在秋天时去，因为这时农场上有太多事要忙了。所以时间又过去了。

"这位葛瑞斯，他是个好人，而且绝不轻言放弃。所以在圣诞节过后，他在农场上停留了一下，他说：'伦敦怎么样，欧文？我们要不要到那个城市去好好玩玩？'当时已经是冬天了。我心想，我不能在冬天时去，因为冬天的农场很安静，那是我可以出去，并做我自己想做的事唯一的时间。有时候我会去散步，沿着河走下去到山谷里，或者像去年冬天，我做了后门旁的那些鸟食台。

"老实说，在所有的季节里，我最喜欢冬天。所以我得对葛瑞斯说不，我不想去。葛瑞斯最后一次问我是在来年的五月。他过来，然后对我说：'欧文，现在不是夏天，所以伦敦不会太热；现在也不是秋天，所以工作已经做完了；而且现在也不是你最喜欢的冬天。你想和我到伦敦过一个周末吗？'

"我心想，我怎么能在春天去伦敦呢？你看过这里的春天吗？所以我对葛瑞斯说，我现在怎么能离开这里？他说：'欧文，只不过是一个周末。'最后他说：'我认为，其实你一点也不想去。'他说的没错，我并不想去伦敦。"

我微笑起来，他的故事让我想起曾经听过的一首歌：那位歌手一直找不到一个离开他所爱的女人的季节，而且如果我记得没错，歌手的故事发展到最后，是那个女人背叛并离开他。

我转头去看欧文："尽管如此，你一点都不想知道伦敦是什么样子吗？"

"不想。"他也转过头来看我，"我在电视上看过，而且你从电视上看东西反而可以看得更清楚。事情总是如此,就像看橄榄球比赛也是如此,我在自己的客厅里又温暖又舒服,而且还可以比那些在球场里的家伙看得还要清楚。"

我仔细研究了一下我的指甲:"但那是不一样的。"

"对我来说,这样就够了。"

我用一块石板裂片,设法把藏在指甲里的地衣弄出来:"但是音乐呢?还有戏剧呢?你不想到伦敦去看一场伦敦西区真正的表演吗?或是一场现场音乐演奏会?或是到一间很棒的餐厅用餐?"

他摇摇头。

"你真的一点都不想离开这里,去别的地方看看?一次也不想?"

他再次摇摇头。"我为什么要去?"他问,转了个足够的角度再看我一次,"那里有什么吸引人的?那里只有灰泥和砖头,只有那些街道和建筑物,它们是老鼠的迷宫,就这样。你看到的除了灰泥和砖头之外,什么都没有。当我拥有这里的美丽时,为什么我要去那里?"

欧文对农场生活的满意程度,使他对我妈和我爸的记忆更加生动。在欧文青少年时期的大半时候,我爸妈都住在小屋里。他们对他来说似乎非常特别,不仅因为他们是外国人,同时也因为他们来到此地,而且在当地人之间生活,变得和他们一样,但到最后还是能够离开。

欧文非常爱我妈妈,而且爱得很坦然。他在童年时期,就会从农场艰难跋涉到小屋,只为了接近妈妈。他会跟她说学校、教堂和农场的事;他和她玩文字游戏来帮助她认识韦尔斯的单词;他用男高音唱歌给她听,那是她最喜欢的。而妈妈,则用她的微笑、笑声,还有她胡乱编的匈牙利和德累斯顿故事把他留在小屋里。我发现欧文知道的列别尼，和我自己知道的一样多。

至于妈妈，我认为她并没有做出什么让他难过的事。毫无疑问地，三个男孩中她最喜欢他，这从他的故事很容易就能听出来，虽然他并没有讲那么多。我认为比较有可能是因为，他和克劳斯差不多大，而妈妈愿意勉强接受一个假的儿子，但我从未跟欧文说起这件事。我了解妈妈，不管是什么原因，我不难想象当她发现这个会用天使般的声音唱歌的开朗、活泼小男孩时，会有多么着迷。

"我以前会在教堂里唱歌。"在一个下着雨的星期六下午，他对我这么说。他正在修牵引机，而我则坐在靠墙的干草包上陪他，就像我小时候，爸爸在修车厂里修车而我在那里陪他一样，"夫人喜欢我唱歌给她听。"

"有一次让我印象深刻。"他在牵引机下面说，"当时是夏天，大部分的男人都去度假了。教堂唱诗班只剩十二或十五个人，因为大家都到某个地方去玩了。通常那个大唱诗会有三十个人，但是那时连男高音也不在，所以他们选我担任独唱。通常我并没有和大唱诗班一起唱，我只是儿童唱诗班的一员，可是那一次，他们选出我在星期天早上，和那些男人一起唱。"

他特地从牵引机下面滑出来看着我。"我该骄傲吗？"他夸张地问，还大声笑，"我衬衫上的扣子都快扣不上了！"他回到机器下面，金属碰到金属的当啷声时而打断他的故事。

"我当时只有八岁，只是个男孩，我好骄傲自己能被选出来，在大唱诗班里唱歌，而且还是独唱。当然，我好希望她也来听我唱。

"我在唱诗班结束练习后回到家,然后我记得我对艾米尔说,我要请夫人下个星期天来听我唱歌。他回我:'欧文,你真笨,夫人不会来的,她从来不上教堂的。'艾米尔的年纪比较大,所以他知道夫人不信教,但我当时只有八岁,我并不知道。我的意思是,我并不了解。

"我知道她不上教堂,但我从来没有想过为什么。可是艾米尔十三岁了,他问过她,所以他知道。他说:'你真笨,欧文,如果你认为她会因为想听你唱歌而去教堂,你就和布莱奈羊一样笨。'

"我不相信,所以我去找夫人。我说:'你下个星期天一定要来,听我在教堂里唱歌。我被选去唱《Dafydd y Garreg Wen》和《David of the White Rock》,而且是和大唱诗班里那些男人一起唱哦,我希望你来听我唱。'我接着说,'可是艾米尔说你不会来,还有妈妈也说你不会来,就连戴也说你不会来。但我告诉他们,他们错了,我告诉他们你会来,因为你会很想听我独唱。'

"夫人看着我。她说:'我不上教堂的,欧文,你不知道吗?'我说:'你不能为了我而去吗?'她说:'我不进教堂里的。'我说,'连听我和所有我后面的大男人以他们低沉的声音一起唱《David of the White Rock》,你也不去吗?即使当我特别被选出来和他们一起唱,而不是其他男孩,你也不去吗?'她说:'不,即使是你被选出来,我也不会去听你唱,欧文,因为我不上教堂。'"

欧文·琼斯从牵引机底下滑出来,他静静坐在谷仓的铺石地板上好一会儿,然后用一块破布擦拭手上的油脂。"我非常震惊。"他说话时并没有抬头看我。

"我得把我的脸藏起来不让她看到。我太大了,不可以为那种事情哭，而且不想丢脸，让她看到我哭。

"但我简直是太震惊了，所以她跪在我旁边说：'可是，你可以在这里唱《David of the White Rock》给我听，那它就是一首只属于我们两个人的歌。那样会更加特别。'但我告诉她，如果我在这里唱，那我唱完时就不会有男人的声音接在我后面，那样听起来就没那么好听了。我说：'求求你，求求你下个星期天到教堂来听我唱，因为我想为你唱那首歌，求求你。'但她没答应。

"所以我告诉她，我讨厌她，我当时只有八岁，你知道，我还只是一个小男孩。我在哭，我说我永远也不要再上来唱歌给她听了。我说我讨厌她，而且和她不再是朋友了，然后我就走了。"

"那个下午剩下的时间里，我都躲在谷仓，那样妈妈才不会看见我哭。我就躲在上面那里，在干草里。"他往上指着阁楼，"而且更糟的是，我害怕看到艾米尔，或是听到他嘲笑我，因为我一直很确定夫人会因为我的关系而来。"

这时，他的嘴唇上出现一抹微笑，他看着我："但你知道最后发生什么事了吗？接下来的一整个星期我都没去见夫人。我还是不开心，但主要是我必须和唱诗班一起练习，所以我没去找她。

"那个星期天早上我走进教堂，准备开始唱歌。指挥指向我，我站出来，开始唱，然后我发现，夫人就在那里！她就在后面，你爸也在。他们两个人都穿着正式的礼服。她来听我唱歌了，我好开心，我全心全意地为她唱歌。

"之后，我对她说：'你只是在逗我！'你知道她回答什么吗？她怎么回答一个当时像我那样的小男孩？她说：'我一定要来，欧文宝贝，你是我的微笑。如果你不再到小屋来逗我开心，我还有办法住在那里吗？'"

欧文站起来，走到谷仓的门口，他推开门，外面是个光线不亮的下雨午后。"我好骄傲，"他说，走出去之前停了一下，"想到像夫人这样的人不能没有我，那使我感到比和唱诗班的男人一起唱歌还要骄傲。"

他走出去，走进雨中，到仓库去拿一个牵引机的零件，我一个人被留在暗处。我靠回会让人觉得痒的干草堆里，想着妈妈和小欧文。这一点都不困难，我可以清楚想象出那件事。太像妈妈的行事风格了，太像我自己童年时候的情景了。

妈妈从来不会从另一个角度看事情，她总是用自己的方式来看事情，而且那样就是那样。然而，因为她的自我中心是那么诚实，你永远都会因此而原谅她。一而再，再而三。事情永远不会改变。不论是欧文、艾烈克、爸爸或我，都没有差别。妈妈把我们拿起来，用她的故事、她的梦想和她美妙、没有被利用的生命力，把生命注入我们的身上，然后用同样的那一口气，将我们的生命吸出来。然而到最后，她让我们一直感觉自己像小欧文，让我们感觉，我们实在太幸运了。

我在那个夏天里，在韦尔斯度过安逸的三个月。它们对我来说几乎就像梦一般，和我家的混乱完全不同，我很难了解韦尔斯和堪萨斯竟然都存在于同一个星球上。

我付出了非常多的劳力。我砍木头、搬煤；我帮欧文把草晒干；我除花园的杂草；帮忙清理和处理好多蔬菜，把它们放进冰箱，做以桶为单位的甜菜根泡菜；我幻想着栽种西瓜，并试着描述给安哈洛德听，教她如何将硬皮水果做成泡菜。

在温暖、闷热的七月天里，我和埃尔瑞安还有希昂在山坡上漫游着。我们会吓吓愚蠢的羊，看着光秃秃、多岩石的山坡变得愈来愈熟悉。有时候，我们会玩假扮游戏，假扮自己是航天员、拓荒者或海盗。

有时候全是我自己在假扮。我会想象他们事实上是我的小儿子，像妈妈或火车上那个女人，我在十多岁时就当母亲了。有一回，在七月下旬的某个下午，当我和埃尔瑞安坐在小溪旁吃苹果时，我甚至认为我可能会告诉他，我们要假装他的名字是克劳斯，而希昂的名字是约瑟夫。

但是当那个想法在我心中形成，而且我意识到时，我发现自己光是想到这件事就觉得非常可怕，而且也感到很不愉快。我看着埃尔瑞安，他天真、浪漫又好奇，喜欢光着脚在溪里跑，这让我想到托比。我竟然想让他变成克劳斯，这样的想法让我厌恶起自己。

随着夏天缓慢过去，我开始学会说一点韦尔斯语。韦尔斯语是一种古老的语言，有些相当特别的特色，例如事实上在韦尔斯语里面，并没有"是"或"不是"这两个词。

更糟的是，发现许多字的第一个字母会有变化，真是令人感到挫败。因此，任何一个字都可能会有多达五种不同的开头字母，却仍然是同一个字——英语称这种异常为"突变"，但韦尔斯人，在他们自己的语言里称之为"漫游"。他们说，那样让句子听起来比较好听。

日子继续过去，一天接着一天，我根本没有注意到。一开始，我还记得写信给爸爸和梅根，然后我的信件简化为明信片，最后，我完全不知道日子了。我只有继续写信给保罗，即使在八月中之后，他离开堪萨斯到俄亥俄州时。

当韦尔斯对我而言变得愈来愈熟悉，堪萨斯变得愈来愈遥远时，我丧失了唤起家中鲜明影像的能力。有时候我会试着重塑某个相当熟悉的东西的影像，例如我的房间或厨房，但令人惊讶的是，鲜明的印象逐渐消退，开始变得黑暗和模糊。

同样地，在我出发之前那段时间里，围绕着我的情绪也消退了。现在我很少想到家里的事，而那片辽阔、不毛的平原变得愈来愈像梦中的某个东西。直到最后，对我来说，堪萨斯甚至并不比翡翠之城（Emeral City）更加真实。

33

狼之林

> 杜鹃花从上个世纪初才到这里的,那时小屋已经盖了好久了。那名字的意思是"狼之林"。

秋天的第一道强风,在八月底时猛然闯入韦尔斯。当风从西北方刮起而且雨开始下时,我已经在小屋里了。一开始,暴风雨带给我的只是一种惬意的幸福感,因为我还有口袋型收音机陪着我,而且炉火烧得热热的。附近并没有树被刮倒,也没有电力可中断。我调高收音机的音量,接着丢了更多木头在炉火上,并坐得更近一点。

是风的关系,让这次的暴风雨和夏天的暴风雨不同。暴风雨的强度加上冬天的寒冷,让风呼啸着吹过山坡。小屋屋顶上的石板咯咯作响,窗子上的塑料布被吹得图钉都掉了,雨也从巨大的烟囱开口打进来,把壁炉附近的炉床弄得到处都是泥巴。

我试着用一块石板将塑料片钉回窗子上,但很显然,它撑不住,所以我又拿了一条毯子加强塑料片,然后再把石头和松散的石板放到窗台上，加重毯子下方的重量。

水透过屋顶开始往后面的房间里漏，我是在进到房间里，去拿几块石板放在窗子上时注意到的，但并没有特别担心，因为那里的屋顶在暴风雨来临时总是会漏水。然而，在我搞定窗子之前，我已经看见风透过主要房间上屋顶的临时修补处，开始把雨打进来。

水开始像小溪一样，从对面那道墙上流下来。我从窗台上跳下来，走过去移动我的睡袋，然后"砰"的一阵强风，掀起其中一块石板屋顶用的砖。它在屋顶上发出"哗啦"的声音，然后掉在小屋旁的地上碎掉了。雨从它留下来的洞里凶猛地打进来，我只好再次移动我的睡袋。

这可一点都不好玩，不停流下烟囱的雨水把壁炉弄湿了，只剩下嘶嘶声，而非熊熊的火焰。地板湿了，其中一道墙变成一道来自屋顶小瀑布的背景，而且四处都在滴水。我停了一会儿，把睡袋紧紧地抓在胸前，将它拿离地板，好让它保持干燥。壁炉的火差不多就快熄了，现在除了我的手电筒之外，屋子里没有任何光。我好冷，好累，而且知道自己很快就会湿透了。

那时我想到，或许我最好下山到农场房子去。我拿起手电筒看着手表，还不到晚上十点，然而，我并不喜欢在黑暗和大雨中，步行一公里走下陡峭的山坡。我把睡袋紧紧裹在肩膀上，坐在旧壁炉的边上，躲在古老、突出的大梁之下。这是从我抵达这里开始，头一回希望这里有电话，或是一张温暖的床，或者，甚至是一盏灯。

"哈喽？哈喽？莱丝莉，你在吗？"

我睡着时，潮湿的睡袋仍然围在我的肩上。我听到欧文的声音，努力想恢复意识。他的拳头拍打在门上，传来"砰！砰！"的声音，我伸手去摸手电筒。

暴风雨的风速仍然很强，欧文把门弄得咯咯响，接着，门"砰"的一声被吹开，一阵极冷的风跟着他一起进到屋子里。

"快跟我去农场！"他说，"我把 Land Rover 停在森林边，快来，动作要快！"

我在找御寒外套。

"水已经涨上来了！"他说，"而且已经淹过小桥了。"他把提灯放在窗台上，开始帮我把东西拿起来放在窗台，或是挂在天花板大梁的旧钉子上。"把你的睡袋放上来。"他对我说，"天亮时，这里的水会淹到半公尺高。"

我以为他在开玩笑。

"把它放上来，听我的！"他说，"等你回来时，该死的溪水会帮你把地板洗干净！"

我吃了一惊，将袋子绕在壁炉里一个生锈的钉子上。

"快点，不然我们会愈来愈难涉水走过去了！"

我跟在他后面跑，把门关上，急奔到花园小径上。花园下方的小溪平常不过一公尺宽，而且只有大约十五公分深吧，但现在小溪已经肆虐到山坡那里，变得太宽而使我们无法轻易跨过去，欧文走入小溪中，并顺利跳到对岸。他一过去就把提灯提高，好让我能清楚看见，这时他斜着身子，想伸手过来牵我的手。

"跳就是了！"他说。

"我不敢！"

"来，牵着我的手，"他说，再次走入水中，"然后跳！"

"我做不到！"

我好怕那水，黑暗中我无法看到它有多深，甚至有多宽。它发出震耳欲聋的声音，这使我更加仓皇失措，因为平常它几乎是没有声音的。

"快跳！"欧文大叫，他的声音里已经没有什么耐性了。

"我要助跑！"我说，"我要先助跑，然后再跳！"我在狂风怒雨中大声喊回去。

先助跑然后再跳，是某个堪萨斯来的白痴，想在潮湿的坡地上跃过一条山间小溪时采用的方法。透过让人看不见的雨，我疯狂冲刺过容易滑倒的草地并试着跨越溪水，但我没有完全成功。我被溪水溅了一身，然后在岩石上滑了一跤，再被水流的力量推下山坡。我难堪得就要哭了，我爬上来，吐着水，而且湿透了。

"你还好吗？"欧文赶过来问，对于我的举动，他仍然惊讶地把眼睛瞪得好大。

"是啊，我还好。"我说，同时站了起来。

我大部分都还好，然而，当我跟着他走过森林时，我知道在我跌下去的时候，尖锐的岩石划破了我的脚。在冰冷的雨中，它冷得麻木了而不知道痛，但我的运动鞋黑了，全都是血。

安哈洛德披着一件旧的绒线浴袍在农舍大门迎接我们。"看看你！"我充满感激地努力走进温暖的厨房时，她对我说，"我告诉欧文要早一点去接你，我说这是个大暴风雨，会把小屋给淹了。每次遇到暴风雨，那栋小屋就淹水，这也是为什么没有人住在那里的原因。我告诉他，他是没脑袋才会放你在那上面过夜。"

在她的大笑声中,我听见了假装生气的关怀,这时她看到我的脚,血还不断从我的鞋子流出来。"天啊!"她大叫,然后用很快的韦尔斯语对欧文说了一些话,我不懂是什么意思。

"是啊,我们需要把那个洗一下。"欧文冷静地回答,"塑料盆在哪里?"他站在柜子那里,用汤勺把茶水舀进茶壶里,然后他弯下身,打开烹调炉子的火门,用一把钳子剌了块炭块。他塞了两根厚木头进去,一根接着一根。

他的妻子又用韦尔斯语和他说话,他们交谈了几分钟,我想是有关为何我会被划伤的内容。除非他们说得很慢,而且很清楚,否则我无法听懂太多的韦尔斯语。韦尔斯人有把字都连在一起的天分,比法国人想的还要严重。

"你穿着这些湿衣服会感冒的。"安哈洛德对我说。她离开厨房,我听见她的脚步声在楼梯上响起。她回来时,双手拿着满满的毛巾,"等你的脚处理好,我会带你去洗澡,但现在,你可以先用这些擦干身体。"

然后她看着欧文,他正从餐具柜里取出杯子和碟子:"欧文,快离开,那样莱丝莉才能擦干身子,茶可以等。"

安哈洛德帮我脱掉身上的湿衬衫,接着她用欧文的羊毛浴袍把我包起来,仿佛我是个小女孩似的。她以熟练、正经的动作用毛巾擦干我的头发,然后把我的湿衣服垂挂在烹调炉前面的围栏上,蒸气冒了上来。

我在餐桌旁的凳子上把背往后靠时,觉得好满足。那袍子好重,闻起来有刮胡膏和羊毛的味道。灯光朦胧的厨房对应着外面的黑暗，我觉得好温暖。突然间，我心想，妈妈全弄错了。其实我是偷来的小孩，从我归属的这个潮湿和荒凉山区这里偷来的，然后被丢去和某个堪萨斯平原上的奇怪家庭生活在一起。

欧文回来时，带着一个装满水的绿色塑料洗碗盆。他跪在我旁边，解开我运动鞋的鞋带。

"并没有真的很痛。"我说，但是等他拿掉鞋子时，我才明白真的很痛。我坐着时，我的脚麻木了。

"是的，但我们必须清洗它，不洗的话，它会烂掉的。"

那是很深的抽痛，而且似乎使房间微微地颤动了一下。欧文将我的脚从运动鞋里移出来时，血溅到地板上。这里，就像小屋那里一样，地板是石板铺成的，而我的血溅上去，成了鲜明的对比。

他小心翼翼地将我的脚放进盆子里，里面是消毒剂，我应该想到的，但我没有，所以当它接触到开放的伤口时，我惊讶得大声尖叫，不由自主地猛然把我的脚拉开。同样惊讶的欧文站着往后摇晃，然后露出牙齿微笑看着我。接着，仿佛我只是一只不合作的母羊，他抓住我的脚，用坚定的动作把我的脚塞回盆子里。

我紧咬着牙，闭上眼睛，心想我是否会痛得晕过去。我想我会，事实上，我希望我会。但我没有，最后，他把我的脚拿出来，用一条毛巾包着。

欧文并没有为他使用消毒剂所造成的疼痛道歉，但他上绷带时很温柔，他将那只脚紧紧地包起来，把它放在凳子上的一个坐垫上。

接着，几杯热腾腾的茶和一瓶香浓的牛奶被送上桌来。安哈洛德把烤面包机放到桌上,用几片吐司和奶油搭配我们的茶,欧文则用橘子果酱涂他的厚片吐司。

当安哈洛德站起来切更多吐司时,欧文把他的头往后靠,闭上眼睛。

安哈洛德转头看了一下:"你现在要吃早餐吗?"

"不要。"他回答并坐直身子,然后伸手去拿最后一片吐司,"我想上去看看布莱恩·杜尔家是否淹水了,我回来时再吃。"

我们四周的沉默变得强烈,而且令人昏昏欲睡。欧文若有所思地嚼着他那片吐司,每咬一口都盯着它看,然后用手指把果酱塞回去,我看得出他有多累。

安哈洛德也看得出来。她站起来:"你想要一杯咖啡吗,欧文?"

他摇摇头。"我在想的是,"他说,"小屋大概就完了。"

"那是什么意思?"我问。

"这是秋天的暴风雨,从现在开始,暴风雨会一个接着一个来。"他疲惫地用手抹过他的脸。我想,若是以美国的标准来看,他会被视为一个丑陋的老头,有着憔悴的身体和不好的牙齿。但在这里,他是那么自然地融入四周的环境,就像石板或地衣一样,他粗糙的外表似乎很适合这里。

他转头过来,看到我在看他时,摇了摇头:"小溪涨上来了。每次暴风雨都会这样,整个冬天,小屋里会都是水。"

"那我爸妈当时怎么有办法住在那里?"

他耸耸肩:"我不知道。那时屋顶比较好一点,你爸很会整理屋顶,但他们一直觉得小溪是个大问题。我记得很清楚,还记得有一年冬天，我去帮他们弄沙袋，而且那个地方老是有一股潮湿味，他们并没有把潮湿味弄掉。"

"哦。"

"很糟糕，真的。"欧文说，"那是个可爱的小东西，想到它被毁了真的很可惜，但无论是谁盖的，人们始终不了解山。"

"嗯，或许那个时候不一样。"我说，"或许当时森林是只到山腰那里，小溪不会涨成这样。"

欧文噘起嘴唇沉思。

"我的意思是，如果它是被盖在荒芜的山坡上，他们不会称它为Coed-y-Bleiddiau，所以我认为，经过几世纪之后，景色应该已经改变了。"我说。

"是的，或许你说的对。"他说。

我们再次陷入沉默。我调整枕头上的脚，安哈洛德把烤面包机的插头拔掉，把它移回料理台上，然后清理烹调炉上的火炉。

"你知道吗？"我说，"我现在终于知道，他们为什么会帮小屋取那个名字了。"

欧文抬起头来。

"跟我以前想象的完全不一样，妈妈一直不停地讲关于向日葵的事，关于他们来到这里时，到处都是向日葵的事；所以我以前总是以为那座森林的名字是向日葵森林，我想象着一整座向日葵森林。"

我笑着摇摇头："很好笑，真的，你在心里那么想。但现在我在这里，我可以了解以'花之林'来说，它们真正的意思是什么。当我刚来时，看到杜鹃花的时候，我终于真正了解了。"

欧文满脸困惑："你在说什么？"

"小屋，我是说，在看到盛开的杜鹃花后，我可以了解为什么小屋会被取那个名字了，它真的是座花之林。"

他的表情变成皱眉。

"我知道你并不喜欢它们，"我说，"而且或许它们真的很麻烦，但我可以了解，为什么盖小屋的人想为它取一个那样的名字。要是我，我想我也会。"

安哈洛德的脸上突然出现一抹微笑，她倾身过来，用韦尔斯语跟她先生说话，接着欧文大笑起来。呵，呵，呵，就像圣诞老人一样："你认为它是那个意思？花之林？"

"Coed-y-Bleiddiau，是的。"我回答。

呵，呵，呵，他发出轻蔑的笑声，至少笑声让他清醒过来。

"什么事那么好笑？"我问。

"你以为 Bleiddiau 的意思是花？"

我点点头。

"哦，不是。花之林是 Coed-y-Blodau。你的韦尔斯语好到可以了解那个吧？你知道的，对不对？"

我目不转睛。

他还在笑，仿佛我讲了一个世纪笑话："哦，不，那间小屋要旧多了。杜鹃花从上个世纪初才到这里的，那时小屋已经盖了好久了。那名字的意思是'狼之林'。"

"不可能！"我说。

"是真的，莱丝莉。Bleiddiau 的意思是狼，你不知道吗？"

我坐着，因为大吃一惊而没有说话。

安哈洛德露出温柔的微笑。"Blodau，Bleiddiau，它们听起来非常像，如果你不了解这个语言，很容易会把它们搞混的。"

妈妈竟然犯下如此可怕的一个错误？我愣在那里没讲话。

"犯那样的错误是可以理解的。"安哈洛德说。

我慢慢地点头："妈妈一定不知道，她是匈牙利人，我想她一定把相似的音弄混了。"

"你的意思是，夫人弄错了？"欧文问。

我点点头。

"夫人？"他开心地又问了一遍，"哦，不，夫人不会弄错，她知道它的意思。她会讲古老的语言，我们的夫人学得很快，她很快就会讲了，而且还和我的老奶奶讲得一样好。没错，夫人真是不可思议。"

我目瞪口呆地看着他："你的意思是说，我妈妈懂韦尔斯语？"

"是的，没错，我的意思就是这样，夫人她懂的。"

妈妈的谎言

眼泪在哪里?没有。我不知道该拿自己怎么办。我坐着,发呆。世上的一切似乎都是错的。

眼泪即将涌上的感觉,很像呕吐之前犯恶心的感觉。我的手开始发麻,手掌变得又湿又冷。我的肚子揪得紧紧的,突然间,温暖的厨房变得冷飕飕的,我开始发抖,喉咙变得好紧,无法吞下任何东西。

欧文仍然在格格地笑,我不喜欢他那样。

我没有向他们告辞,就起身离开凳子,站起来,挣扎着往厨房的门走去。

"你要上哪里去,莱丝莉?"安哈洛德问,欧文突然停止笑闹。

"莱丝莉?"他在我后面大喊,但那时我已经出了厨房,把门紧紧地关起来。铸铁的门闩咔嚓一声归定位,把他们的声音阻挡在门后。

我要去哪里?只穿着内衣和欧文的浴袍,我能去哪里?

"莱丝莉?"厨房的门打开了。

我一跛一跛地走上前门廊，我看见一双惠灵顿长筒雨靴，我把它们穿上，以沉重的步伐走进院子里。风停了，但雨仍然不断下着。我跛着脚，努力走过庭院。在我身后，有人已经走到前门了。

我踉跄走进黑漆漆的谷仓里，摸索灯的开关。我找不到开关，而且不论我后面是谁，我都急着想摆脱他。我在黑暗中感觉方向，最后来到后面一个羊围栏。我打开门，摸索着，然后躲入干草堆里。

谷仓的门转开了，欧文的轮廓出现在门口，他打开灯，只有一个光秃秃的灯泡照亮整座谷仓，所以我仍然在黑暗的影子里。

"莱丝莉？"他慢慢走到羊围栏和羊围栏中间的走道上。

我唯一的想法，就是觉得自己好丢脸，我穿着男人的浴袍和一双橡胶靴，然后坐在一个羊围栏里，真是可笑极了，我觉得自己像个傻瓜。我不想让别人看到我这副模样，所以我躲得更靠近里面。

欧文出现在羊围栏的入口。"我很抱歉。"他说，"我并不是在笑你。"

"走开，好不好？"

"我累了。"他说，"我只是觉得好笑，但我并不是故意要让你难过的。"

"我没有难过，我很好，拜托你离开。"

雨打在屋顶上，欧文紧张地变换站姿，他的困惑毫无掩饰。

"我很抱歉。"他又说了一遍，"我不知道是什么事让我笑成那样？"

"不是笑的关系。"

沉默。

我从一大捆干草里，摘了一些干草出来。

他看着我。

我将一支长干草绕在我的手指上。

除了拍打的雨之外,没有声音。

"她告诉我,那意思是花之林。"

"谁?"

"妈妈,她告诉我小屋的名字是花之林。"

他的眉头皱了起来:"嗯,但那不是很严重,不是吗?或许她忘了。"

"她没忘,妈妈不会忘记任何事情的。"

"嗯,"他轻柔地说,"或许她没忘,但那不是什么大事,不是什么值得难过的事吧?那只是一个名字。"

"那不只是个名字,相信我。"

他没答话。

"它是什么,对我来说是最后一根稻草。"我说,"这是我所能忍受的最后一件事。"

"为什么?"

"因为那是个谎言。"我低头看着干草,挖着干草,"因为它突然让一切变成一个谎言。"

"哦……"他的声音中仍然带着温和,过了一会儿,他想不出要说什么,只好又换了一个站姿。他移开目光,看着身边围栏的木头,接着又回头看着我,然后把姿势又换了一次。

"天啊。"他又说,声音当中还是有不知道要做什么,那种使人不得安宁的不安。最后,他拉开他防水外套的拉链,并把外套脱下来,

"来，你坐在这里会冷的，把这个穿上。"

我没有接过来："求求你，不要管我。"

他果真没管我。我的注意力回到干草上，等我再次抬起头时，他已经走了。

谷仓又湿又冷，而且还有羊的味道，这不是个会让人想停留的地方，我伸手去拿欧文的外套，把它穿上。塑料内衬靠着我的皮肤，我还是觉得又湿又冷。

眼泪在哪里？没有。我不知道该拿自己怎么办。我坐着，发呆。世上的一切似乎都是错的。对我来说，一切突然间似乎都是被污染的，没有任何东西有价值。

雨停了，我站在谷仓的门口，看着邻近山坡的雾消散。过去一个小时里，黎明已在某个片刻到来，天空由黑色变成铅灰色。接下来，可能整天都会是这个颜色。

我疲惫地靠在门框上，想着接下来要做什么。

厨房的灯亮着，希昂和埃尔瑞安起来了，我可以看见他们小小的身影在窗子旁的墙上快速摆动。我突然好想进去和他们在一起，厨房会很温暖，而且充满培根和吐司的香味。希昂会依旧睡眼惺忪，手中拿着他的泰迪熊，他不是个习惯早起的孩子，然而埃尔瑞安会叽叽喳喳讲个不停，把脚上的鞋穿错边，衬衫的下摆没塞进去，就像每个早上一样。

当我看着院子另一边时，我注意到那辆 Land Rover 已经不在了。我没听见欧文开车离开，但是泥里的轨道里都是雨水，所以他一定是在暴风雨停之前就走了。

我走回谷仓,从墙上拿下欧文的一根牧羊人拐杖。我拉上那件防水外套的拉链,关上谷仓的门,然后穿过院子里的泥浆,踏上通往小屋的那条陡峭小径。

回程很辛苦,我好累,而且脚很痛。即使有拐杖支撑着我,在湿透易滑的斜坡草地上,我依旧前进得很慢。

我在森林里,发现一棵倒下来的树挡住了我的路。那是一棵之前就已经半死的老橡树,它横躺在小径上,所以我得退到矮树丛里绕过它。森林里倒下了许多树,全都是橡树、山毛榉或枫树。在强风肆虐之后,只有柔软、常青的杜鹃花仍然站着,未受干扰。

云层还是很低、很厚,靠着山的正面。很快又开始下雨了,雨势和缓但持续下着。我到达森林边小径的岔路时,停下来并看着山坡上的小屋。

没有路可以到那里,小溪已经变成一条小河,发出很响的声音冲下山,小屋四周的地都变得又湿又软。

狼之林。

它好丑陋,丑陋极了,真的,它一直是这样,灰色的墙壁对照着灰色的屋顶,对照着灰色的岩石,对照着灰色的天空。灰色和软而湿的绿色,至少关于这一点,她很诚实。但那小屋不过是个人工碎石堆,拼命想恢复到原来自然的状况,我这三个月的停留完全未能阻挡它被腐蚀的趋势。

当我靠着那根牧羊人拐杖,不再需要假装小屋还很漂亮时,我感觉自己的心情,差不多可说是松了一口气。

我一直靠着拐杖站着,心里完全没有任何想法。雨变大了,厚厚的云在小屋四周卷了起来,灰色的石头融入浓雾之中。

我开始哭起来,小屋、山坡,还有狂怒的小溪全被融化在泪水之中。我转身,慢慢走上山脊上的小径,用牧羊人拐杖拖着自己,在那些在雨中闪烁、覆盖着地衣且露出来的石板四周摸索前进。所有的石楠属植物都在开花,对比石头和草地,那是一种柔和的紫色。

上面有只从荆豆灌木丛飞起的白嘴鸦,在我头上盘旋叫喊。

雨继续下着。

抵达山脊时,我穿过高高的牧草地。我又疲惫、脚又痛,最后只好在另一边的墙停了下来。那片牧草地的尽头突然出现在一处老旧废弃不用的采石场的边缘,而在墙的下面,山腰的凿痕往下掉了好几百公尺,形成陡峭的台地。

天气晴朗时,这个地点提供一个小小的、采矿石的办公室,它拥有一种特殊景色,四周环绕着石楠属植物,同时还有紧邻的山谷往西扩大到大海。对面是形成斯诺登尼亚(Snowdonia)中心的大山,当云消散时,视线所及之处皆是山脉绵延,一座接着一座。

然而,在这个早上,这里只有灰色。下面那座山谷完全被雾给挡住了。

我靠着墙哭泣。

云变薄了,而且稍微消散了,对面的多岩石山峰被雾分成一条条的。雨势慢慢减缓,然后完全停了,但天空始终没有变亮。

一群斑鸠从下面的森林飞起来,它们飞入空中,拍动翅膀的声音传到了对面的山顶。我抬起头来看它们,它们就像一个人,在半空中转向，然后在山脊下消失了。

因为我专注地看着斑鸠，所以没听见她的声音，直到她走过牧草地，离我只有几公尺远，我才被突然听见的动作声吓了一跳，转过身去。

安哈洛德穿着一件薄薄的蓝色塑料雨衣，那种你在海边遇上突如其来的一阵雨时，会用二十块钱买来穿的雨衣。她把裙子塞进一双欧文笨重的防水裤里，我看到她时，还以为她没穿裤子。

她走到我身旁，她没说话，只是靠在墙上，低头看着采石场的办公室，她轻轻地把双臂放在墙上笔直且尖锐的石板之间。

沉默持续了好几分钟。

"我以前也会来这里，"她平静地说，"在我年轻一点的时候。"

她靠着墙的身子再往前倾一点。"看到下面那里了吗？"她指着，"看见那座农场了吗？你可以透过雾看到它，就在那些树的旁边。"

雾盖住了山谷下面的所有东西，但我努力睁大眼看。

"那是我出生的地方。"

她停了一会儿。

"我以前有时候会走上来，距离大约有三公里，直接往上走的话。"

在我们身后的某个地方，有只鸟开始唱起美丽的歌曲。安哈洛德转头去看它，然后它不唱了。我凝视着采石场的陡峭地形，接着看见绵羊就像脚踏实地的山羊一样，爬上多石的台地去一点一点地啃石楠属植物。

安哈洛德回头看着山谷："我当时大约是十六或十七岁，我爬上来，来看我是否能看到山的另一边，有一阵子我常常上来。"

她抬起眼睛，往山的后面看去。

"那是最接近我离开这座山谷的时候。"她说。

我看着另一边的山，它看起来像雾中的长毛象，而且很神秘，一种我知道在光亮的阳光里会消散的神秘。

"你知道吗？"安哈洛德说，"韦尔斯人的'山'或'山丘'，或其他和风景有关的字，比爱斯基摩人的'雪'字还要多。"

"我现在并不想知道任何有关韦尔斯人的事。"我回答。

"我想一定是因为在韦尔斯，山和山丘比其他东西还要多；而英语里的少数几个字是无法应付这种情况的。"

"那么，你们一定也有一百万个'羊'字。"我没有幽默感地说。

不管怎样，安哈洛德依旧面带微笑。

沉默回来了，我感觉好疲惫，只好用一只手撑着头。安哈洛德仍然一动也不动地靠着墙，凝视着山谷那边被遮蔽的山。

采石场下面较远的那边，有一只母羊在叫，接着另一只母羊也叫了。它在我们附近，而且有只刚出生的小羊和它在一起，小羊焦虑地用角撞着妈妈，而母羊则小心翼翼、带着不信任的表情看着我们。

"你爸爸不会想念你吗？"安哈洛德说。

我耸耸肩。

"你是个很好的帮手，他应该很希望你能在家里帮他吧？尤其是现在，他只有一个人，而且还有个小一点儿的孩子要照顾。"

"我妹妹也没那么小，她八月八日就满十岁了。"

"但他还是很寂寞。"安哈洛德说。

那只母羊还在咩咩叫，许多羊也开始加入，让我们下面的小办公室充满着一种几乎是震耳欲聋的声音,像是球赛里的欢呼声。它们的声音变化非常大,有些声音粗哑得就像老祖母的声音,有些深沉,有些则差不多像是嘘声,有些音调优美得像首歌,有些则像婴儿的哭声。

它们一来一往地在办公室里叫,叫了大概有十分钟之久。我一直想问欧文,为什么它们会这样,因为在每一天的某个时候,我总会听见它们一起咩咩叫。

"你想知道一件事吗,安哈洛德?"我说。

她微微转过头,但没有看着我。

"你想知道我妈妈是怎么死的吗?"

我的心开始在耳朵里怦怦跳。

"我不知道该怎么讲,听起来才有道理。"我停了一会儿。

"我妈妈之前在战争里,那个时候她的儿子被带走了,在德国。然后因为某个原因,她开始认为我们住的那个小镇上的那个孩子,在堪萨斯的那个孩子,是她的孩子。

"她的脑子里就是有这种想法,而且不论我们怎么告诉她他不是,她还是认为那就是他,是她的儿子。我们试了所有能想到的办法,我们一再试着去改变她的心意,但都没有效果。她认为他们是纳粹,那个男孩的父母亲是纳粹,而他们不让他见到她。"我深深吸了一口气。山和雾消退了,我仿佛回到了堪萨斯,再次陷入四月时令人害怕的旋涡里。

"我想她一定是认为,对那个小男孩来说,死掉总比被纳粹抚养还好一点,总比被带走离开她身边好一点。"我说,"总之,她拿了一把枪,枪是我男朋友的,有天下午他和我出去时,他把枪留在我家。我妈妈拿了枪,走到小男孩住的地方,然后把他们全杀了,包括那个男孩、他的母亲和父亲。接着警察前来逮捕她,而我妈妈仍然拿着这把枪,所以他们只好开枪射她,最后她死了。"

我低头看着那道石墙,身旁的安哈洛德并没有移动。

"有关那件事的一切,都那么可怕。"我说,"关于她做的事。以及她为什么这么做,关于这些完全没有做错什么事的人,因为四十年前在另一个国家里发生的事,而遭到杀害的事实。"

安哈洛德低下头,她的双手转着雨衣的绳索尾巴,先是在一只手指上转,然后又在另一只手指上转,转呀转的,从她的表情来看,我看不出她在想什么。

"我试着去想,为什么这些事会发生在我们身上?"我说,"我一直想要了解,我的整个人生已经失败了,我只是希望,我至少可以了解为什么,但我终究没办法了解。"我抚摸石头上的地衣。

"我似乎不再了解任何事,我本来以为我知道所有的事。一开始,我以为妈妈只是个单纯的受害者,所有的错都得归咎于战争里那些邪恶的人。接着,我认为是我爸爸的错,因为他从不处理妈妈的问题,当妈妈和爸爸在一起,她就是法律,而我认为那全是他的错。

"有时候,我认为是我造成的。我想到我做过或对她说过的事情,还有没有对她说的事。我想,只要我做得好一点,这一切就不会发生。然后,我会从头开始,又开始责怪起纳粹等等之类的事,因为事情总是没完没了。但是,事实上,我并不是真的知道自己在想什么,也不知道答案是什么。"

安哈洛德用她的指尖,抚摸着牧羊人拐杖光滑的木头:"那是你来这里的原因吗?"她问。

我耸耸肩。

"你想从我们身上得到什么?"

我摇摇头,沉默再度出现在我们之间,不过这次稍微加进一点羊的声音。雾又变浓了一点,它以缓慢的方式变浓,但没有特别从什么地方开始。山谷消失在灰色之中。

"我想得到快乐。"我小声说,"妈妈在这里很快乐。"

安哈洛德没说什么。

"但现在,我发现它全是一个幻想,花之林始终不存在。"

"或许是你该回家的时候了。"安哈洛德说。

远处的山退到云里去了,现在只能看得见近处的山,较深的灰色在较浅的灰色上面,而后面的山就像下面的山谷,陷在雾中,难以辨别。

"我一向认为,我妈妈是世界上最棒的人。"我说,"我认为她是最勇敢,而且是最好的,因为她逃过了所有的迫害,活了下来。然而,现在我在想,为什么我会有这种感觉:现在我似乎了解到,她一定把她的灵魂卖了一百万次。"

安哈洛德点点头。"我想,换作是我们,也全都会那么做。"她说。

重返家园

> 我不知道。或许在韦尔斯也有向日葵,曾经有过。那是很久以前的事,我的记忆力也没那么好。

回家。我从冬天飞回了夏天,当飞机飞进明亮的阳光里时,机长告诉我们,威奇塔现在是三十五度。下方宽广的平原都是淡棕色的稻田,仿佛画它们的工作交给了一位六岁大、刚学习用尺来画线的人,而远在地平线遮住土地之前,稻田就消失在热浪之中。

我坐着,脸贴着小小的窗子,看着威奇塔出现在一亩亩的农田之间。过度疲劳所带来的紧张让我精力充沛,我在飞机横渡大西洋的时候睡不着,而我是从纽约经达拉斯到威奇塔,顺着航空公司似乎比较喜欢的、那种令人困惑迂回的路线。整趟旅程,包括从北韦尔斯到伦敦的夜间火车,一共花了二十七个小时,而我只是很想别再移动了。

飞机下降了,我先看见威奇塔的轮廓,接着是中陆机场(Mid-Continent Airport)伸出细长的双臂迎接我们。以其交通量来说,它是个大机场,水泥柱支撑的棕色中央大厅从主要航空站往外延伸。在这里不需要节省空间,威奇塔并不缺少空间。

一声先发制人的撞击声过后,飞机的轮子接触到地面,飞机的襟翼往上,机舱里所有的交谈声都暂时被盖过。

我已经忘了堪萨斯有多广大。被小山丘和高地所孕育的,像个孩子依偎在母亲胸部里的韦尔斯,那里的世界是亲密和清晰的,但是在这里,我感觉到自己好渺小。在一个十分之一是土地,而十分之九是天空的地方,除了暴露和微小之外,不会有其他感觉。

飞机缓慢地朝着登机门滑行,戴着耳罩和橘色拍子的人,在飞机跑道上挥着手要我们进去,我们几分钟之后就要下飞机了。

现在呢?

我试着想象,我试着想象自己和栅栏另一边的爸爸碰面。我该说什么呢?我该做什么呢?我要亲吻和拥抱他吗?我回家开心吗?我要那么说吗?我开心吗?

我什么都感觉不到,好空虚,疲惫使我麻木,我无法升起任何情绪。我毫无感觉,或许还有一点点感觉,有点悲伤、模糊的渴望,虽然我不是很确定。

梅根站在门后那群人的最前面,她穿着红色运动短裤和运动鞋,没穿袜子,还有一件写着"我爸妈去了芝加哥,而我得到的就是这件烂T恤"的T恤。她的头发剪了,不是很短,刚好到她的肩膀,但用一条头巾把它往脸后面绑,我几乎认不出她来了。

但是她看见我了。"莱丝莉!"她大叫,然后冲过绳索围栏。我被她突如其来的拥抱给绊住了,但后面的乘客全拥了上来,想要过去。

"我以为你永远到不了这里了,我以为飞机永远也不会飞到登机门。"她说,这时我拉着她回到围栏,"我们全程观看,从你们只是天空中的一个小点到你们降落,好久哦。"

然后爸爸在那里,要如何和他打招呼的问题根本不存在,我们紧抱着彼此,很唐突地把梅根挤在我们之间。

"你的头发长了。"我们前往行李领取处时,梅根对我说,"它真的变得很长了。"

"嗯,可是你的头发变短了,你什么时候剪的?"

"上个月,我生日的时候,爸和我到卡罗琳姑姑家度假,姑姑带我到芝加哥把它剪了。你看,是钝式剪法,这样我就不需要担心分岔了。"

"分岔?"我敲了一下她的头,"你一辈子都不需要担心分岔。"

"哈哈,我现在是真的不用担心了!你看到了吗?你看看,这是一种钝式剪法,就像艾莉森的头发一样。"

"谁是艾莉森?"

"她是一个女孩,住在第四街,是我现在最好的朋友。我的生日派对结束后,她还有留下来过夜哦,你猜我办的是哪一种派对?"

我耸耸肩:"我怎么知道?"

"猜猜看嘛。"

"梅根,我连一点线索也没有。"

"是迪斯科派对!我邀请了班上每一个人,是一个真正的迪斯科派对哦,有灯光、音乐和所有的东西,好棒!"

我露出牙齿对她微笑:"也有男生吗?"

"爸让我邀请全班,总共有二十三个小孩,四年级的所有人。嗯,我的意思是,去年三年级但现在要升上四年级的每一个人,可是还没啦,因为现在是夏天。你知道我的意思。"

"你的意思是有男生,你和几个男生跳舞了?"

她耸耸肩:"我们没怎么跳,主要都在吃垃圾食物,有时候我会和艾莉森跳。"她犹豫了一会儿。我们已经到了往下的电扶梯处,她停了一下,把手放在移动的扶手上,接着才踏上去,"不过那是个很棒的派对,别的小孩都没有在他们家办过迪斯科派对,我是第一个。"

"那个男生呢?你和他跳舞的那个。"爸爸把他的手放在她的肩胛骨之间,推她上电扶梯,"他叫什么名字?蓝尼?"

"是本尼,爸!事实上是本杰明,他们家刚从古德城搬过来,他的舞跳得真好,所以我让他和我跳了一次。"

"你和男生跳舞?哦,梅根,猜猜看谁有男朋友了?"

"我没那么讲,莱丝莉!他不是我的男朋友,我只是说他是个男生,而且他跳舞跳得很好。我只是这么说的!"

"我可不知道。举办迪斯科派对,和男生跳舞,这些在我听来都很危险。"我瞄了一眼,"我猜在爸爸没注意时,你偷偷吻了他。"

"莱丝莉!"她转身,很惊讶,"我没有!"

"梅根有男朋友了!"

"莱丝莉,闭嘴!不然我踢你哦,别人会听到的!"

我们在行李领取处,等着行李转盘开始动。梅根离开我身边,站到爸爸的另外一边。她牵起他的手:"爸,告诉她,他不是我的男朋友,而且她最好闭嘴。我甚至都还不认识他呢,他只是我班上的一个同学。再说,他只有九岁,而我已经十岁了。告诉她,他不是我男朋友。"

在等我的行李出现时,爸爸开始问有关韦尔斯的事。大家怎么样了?农场呢?他问。房子后面那间旧谷仓还在吗?有小小的白色圆屋顶,和鱼形状的风向计的那一间。"还在。"我说,然后我们判定它一定和他上次看到它时差不多。

他们春天时砍了那三棵橡树丛吗?还是它们仍然在那里?他又问,因为有次有人告诉他,那些树的年龄已经超过三百年了。他在帮老琼斯做农务时,都会在那些橡树下吃午餐,而且他经常在想它们现在是否还在。那个村子呢?戴维斯太太还在管理邮局吗?村子里有没有盖新设施?

我发现站在机场昏暗、有空调的下层,那么轻松地和爸爸谈着琼斯农场和 Bwlch-llwyd-ddu,可以说是件十分奇怪的事。行李区又坚固又真实,这栋建筑几乎是个水泥要塞,相较之下,韦尔斯已经变得模糊和飘逸。

机场建筑物外,热到简直让人没有活动能力。我是在晚上九点离开琼斯家的农场的,当时只有六度,所以当我抵达威奇塔时,身上穿的是一件高领毛衣和一件套头毛衣。

我在下飞机前就把套头毛衣脱掉了,而且还把高领毛衣的袖子都卷了上去,但是当我在停车场里等爸爸把行李塞进行李厢时,我认真地考虑是否该把高领毛衣脱了,在回西堪萨斯漫长的路程上只穿着胸罩。

爸爸绕过车子,打开车门,而梅根跟在他后面上了车,摇下所有的窗子。

我坐在后座,想在回家的路上能伸直脚睡上一觉。但突如其来的姐妹之爱破坏我的计划,梅根跳上来和我挤在一起。

"梅根,你怎么不坐前面?我们两个都在后面会太热,你小小的身体流了好多汗!"

"但是我想和你一起坐。"她开心地说,紧紧依偎着我。

"梅根,去坐前面,我想睡觉,我好累。"

"不要,我要和你一起坐,你想睡就睡,但我想坐在后面。"

"我们两个都坐在后面的话,会让爸爸看起来像司机。如果你不坐前面,我要去坐了。"

"不要啦,留在这里,拜托嘛,天啊,我已经差不多有三个月没看到你了,我想和你一起坐嘛。"她关上门,把门锁好。

我太累了,没办法争辩,干脆一头倒下去。

一上高速公路,我就把上半身滑下,那样可以享受着透过窗子吹进来的微风,而且路过开车的人不会看见我的胸罩。因为这趟旅程会耗上大约三个小时的时间,来横越绵延不绝的平原,所以我把毛衣折成枕头,然后塞进角落,准备好沉入梦乡。

"爸,"梅根说,她弯身到前座,"我们可以在温迪停一下吗?我想要买一个冰淇淋。"

"我不知道哪里有温迪,甜心。"爸爸回答,我们已经离开威奇塔,进入乡间。

"那金曼(Kingman)里面有吗?"梅根建议,"我们到金曼时停一下,帮每个人都买个冰淇淋。"

"我不知道金曼里面是不是有温迪,梅根。"

"嗯,我们到那里时找一下,好不好?拜托嘛……"

"我们再看看。"爸爸说,然后沉默了几分钟,"梅根,如果你要在后面就往后坐。我希望你坐到后面,不要逗留在前座上面,还有系上你的安全带。"

梅根滑到后面。

我再次闭上眼睛,车子的移动既亲切又熟悉,没一会儿工夫,我就打起瞌睡了。

"爸?"梅根说。

"嗯?"

"我可以玩电动游戏吗?我的意思是,如果我们在温迪停车的话。"

"梅根,老实跟你说,我们不需要在任何地方停一下,或许当我们再走远一点时会停下来,反正我们得停车吃晚餐,但我不认为在那之前,我们需要停车。"

"但是我可以玩电动游戏吗?我有带自己的钱,而且不只五百块钱哦。那是我的生日礼物,我把它带来,因为我想或许我们会在威奇塔停留久一点,那样我就可以买要用的东西了,像是一本学校用的笔记本,我需要一本新的笔记本,那种活页的,像艾莉森的那本。"

"我们家里可以找到很多笔记本,梅根。"爸爸回答她。

"总之,我带了自己的钱,所以我们停车时,我可以去玩电动游戏吗?"

"如果你认为,你一定要花五百块钱去玩电动游戏的话,小姐……"

"不是全部的五百块钱,爸,我没那样说吧?我只是说,可以吗?

不是五百块，只是其中一小部分。"

"我们再看看吧。"

"你的意思是可以喽？"

"意思是我们再看看，梅根。"

梅根在和爸爸谈话时，我看着她。那发型真的让她看起来很不一样，它很吸引人，而且及肩的长度让浓密的头发完全不会遮住她的脸，但它把她那种未驯服的灵气给带走了，戴着那条粉红色的塑料头巾，让她看起来跟其他人一样平凡。

对我来说，梅根一向比我还要像妈妈。尽管我的肤色比较白皙，但梅根就是比较像她。我看着她时，想到妈妈如果也剪了头发，把头发卷成中年妇女平常卷的那样，那她可能也会看起来很平凡，当然，妈妈从来不曾那样做。

"我好热。"梅根靠在座椅上，她往下滑，那样她的背才可以靠着座位，而她没穿鞋的脚则伸到前面的椅子上，在空中摆荡着。

"我很难理解你把脚放在这上面时，你是怎么系安全带的？"我爸说。

梅根咯咯地笑。

"你坐在那里时是要系上安全带的，梅根。现在坐正，把安全带系上，我是说真的。"

"可是我好热。"

"即使你在烤炉上被烤我也不在乎，照我说的做。"他回答。

梅根只好勉强坐直，找到安全带的两端，把它们扣上。她皱着鼻子看着我，然后大约沉默了三十秒。

"我希望有空调。"她说,再次往前靠,"我们的车子里,怎么没有空调呢,爸?大家都有。"

"因为这是一辆旧车,先前买的人一直没有安装空调。"

"但为什么我们不装空调呢?"

"因为那要花很多钱,你可以把窗子摇下来。"

"我把窗子摇下来了,可是我觉得自己快要融化了。"

"你会活下来的。"爸爸说。

"哦,你看!爸,有金曼的标志耶!我们可以停下来买冰淇淋吗?求求你,爸,求求你,可以吗?"她又解开她的安全带并靠过去,以确定他看见高速公路上的标示。

"我们等一下会停,梅根,晚餐的时候。"

"可是我好热……"

我用脚轻轻推她:"安静点好吗?"

"好啦,爸,拜托?求求你好吗?"

"梅根,闭嘴。"我又说了一遍。

她在座位上蹦蹦跳跳的:"拜托?爸?"

我踢她。

"哎哟!哦!你干吗这样?"她抓着自己的脚往后倒,温柔地抱着它,"哎哟!好痛。"

"因为你一直讲话,讲个不停,打从我们离开威奇塔开始,你就没把嘴巴闭上过。"

"爸,"梅根用受伤的声音说,"莱丝莉刚刚踢我,很用力。"

"梅根,莱丝莉累了,她的旅途很漫长,所以你别烦她了。"

"可是她踢我，都要瘀青了啦。"

"好了。莱丝莉，别再踢她了。"车子速度变慢了，他转头去看她，"好了，甜心，你何不到前面来和我一起坐？"

"我想我应该换位子。"梅根生气地回答，然后准备爬过去，她在爬过去之前，还对我吐了舌头。

就像这平原一样，这段路似乎会一直持续下去。我快受不了这种热了，我就像待在桑拿里，这让我仅剩的一点元气都消失殆尽，我摊开四肢躺在后座，肌肉累到麻痹，而且超想睡。

但是我睡不着，即使在梅根最后闭上嘴睡着了，她的头重重地靠在爸爸的手臂上之后，我还是醒着的。

到了麦克斯维尔（Macksville）的西方某处，爸爸将收音机转到塔尔萨（Tulsa）一家乡村西部电台，开始跟着克里斯泰尔·盖尔（Crystal Gayle）一起唱歌。

我躺着，游走于睡觉和清醒之间，梦着逼真但忧虑的梦，同时又意识到汽车、音乐和酷热。事实上，随着汽车前进，我变得愈来愈清醒。我张开眼睛躺着，凝视着车内装潢的图案。我发现自己仍然可以感受到飞机降落时，所感受到的那种腐败、麻木感，只是这次在下面支撑它的另一个情绪比较能够被辨别出来，那是一种孤寂的感觉，强烈到足以影响我半醒半睡的梦。

我躺着，想到的是改变与否的矛盾。一方面，我期待没有改变。我原本期待爸爸还有妹妹会像我六月离开他们时一样混乱，我期待他们仍然像我一样陷在其中，然而，他们显然没有。不论妈妈给这个家庭带来的打击有多深，对梅根和爸爸而言，伤痛显然正在愈合当中。

另一方面，我期待改变，我觉得过去几个来月，我已经改变好多。我感觉自己脱胎换骨了，而我期待他们也是，但他们没有，没有不一样的地方。梅根仍然是梅根，爸爸仍然是爸爸，堪萨斯仍然是堪萨斯，只有时间过去，仅此而已。

大约五点半，我们在道奇市（Dodge City）停车，在路边一家咖啡厅吃汉堡。之后，梅根和我在那条著名的大街上走来走去，盯着观光商店的窗子看。

因为当时是星期六的傍晚，所以大部分的博物馆和商店都已经打烊了，但反正我们只是看看，只是想下车活动一下。

剩下的路程，我坐在前座和爸爸在一起。梅根坐在后面，试着用一张面纸还有爸爸的梳子玩"洋基嘟德"（Yankee Doodle Dandy）。我们在花园市西边往北处转上25号快速路，然后顺着四月时妈妈和我走的那条路线走。那时，我带她去看卡瑞拉医生。

我对单调、平坦的景色变得愈来愈熟悉。向日葵花田映入我的眼帘，先是在车子的右边，然后是左边，一亩花田接着一亩花田。

但是现在没有风，连弄乱金色花瓣的一点点微风都没有。向日葵站着，安静地动也不动，它们的头全都面向西边正在下沉的太阳。

进城时，梅根往前靠在座位之间，她的手臂挂在座位之间，"咚咚"地敲着排挡。大街、第一街、第二街、第三街，我们经过这些街道时她念出来。伯格街、百利街、我们的街。

我到家了。

我想要的只是洗个澡，洗好头发，然后上床睡觉。当时大约只有八点十五分，但我知道那已经是我的极限。我上楼时，梅根跟着爸爸走进厨房里，要他准许艾莉森过来玩。

"好啦，爸，好啦。"她说，"我告诉她可以的，我那么说的，我说回来时会打电话给她，好啦，求求你？现在还没有很晚，而且明天不用上学。求求你，爸，求求你。"

我进浴室洗澡之前，艾莉森就来了。她是个长相很有趣的小女孩，穿着条纹工作裤，还绑着一条像香肠一样粗大的棕色辫子，辫子在她的头上以参差不齐的角度往外凸出，她的脸上布满暗褐色的雀斑，仿佛麻雀在上面留下了足迹似的。

"那是我姐姐。"梅根指着我，艾莉森突然咯咯地笑了出来，然后她们两个很快就把梅根的房间给弄垮了。

我在浴缸里装满了水，水热到几乎无法把手放进去。接着，我丢了好几大勺的浴盐进去，打算泡一个打从我离家开始就没有泡过的澡。我把头发往上夹住，踏进浴缸，并小心地滑到水面下，直到水碰到下巴为止。然后我拿起我在纽约的机场买的那本《柯梦波丹》，翻开它，重新开始阅读一篇我在飞机上就开始看的生动小说。

浴室的门发出咯咯的声音。

"你整个晚上都要在里面吗？"有个声音问。

"梅根，我在里面才十分钟，从放水开始算。"

"嗯，你要多久？"

"等到水变凉，等到我想出来，就是那么久。"

门的另一边发出一声叹息声。

"你已经在里面好久了，莱丝莉，才不只十分钟，我想要上厕所。"

"我一会儿就出来。"

"你现在不能让我进去吗？"

"等一下。"

"但我和艾莉森正在玩大富翁，而且我想马上回去玩，快点，莱丝莉，让我进去。"

"梅根，真是的！等一下啦。"

她没回我，我可以听见她在门外呼吸。

我丢下杂志，爬出浴缸，走过去开门让她进来。"你真可恶，进来，快一点，然后出去。"我说，并缩回到浴缸里，"还有把门关上。"

梅根停在镜子前，镜子上都是雾气，所以她拿了一条毛巾擦它，然后拿起梳子。

"我以为你急着要上厕所。"

"我是很急啊。"她心不在焉地说，然后梳着头。

浴缸里的水已经不太热了，而且杂志的边缘也已经湿了。我正准备要对她大吼时，被她从镜子中逮到我想做什么，因为镜子上的蒸气已经退掉了。

"梅根，你怎么把头发剪了？"

她耸耸肩，走到马桶那里。"爸爸要我剪的，他一直觉得我短发比较好看。"

"是吗？"

"是的，所以在芝加哥时，我和卡罗琳姑姑才会去把它剪了。"她转头看我，"你喜欢吗？"

我点点头："不过它让你看起来不一样，我下飞机时几乎认不出你。"

她冲了马桶，暂时专心地把衬衫塞进短裤里。

"我以前都不知道爸爸希望你把头发剪短，"我说，"他以前从来没提过。我一直以为他喜欢它原本的样子。"

她耸耸肩，用手擦了擦镜子："我不知道，我也比较喜欢短发，这样就不会那么热了，而且夏天时我会流很多汗。再说，现在我可以戴头巾、夹子等等之类的东西，但是以前就没办法，因为每次只要我一向前弯腰，头发就会把它们都弄掉了。"

"不过，妈妈一定不喜欢它变短。"我说。

梅根静静地看着镜子里面的自己。"嗯，我想她不会喜欢。"她说，然后把头发抓起来，离开她的肩膀，"可是妈妈已经不在了。"

她又轻轻弹了一下梳子，然后重新戴上粉红色头巾，她准备开门，但在开门之前停了一会儿，她转过身来。

"怎么了？"她问，她走回来找浴缸里的我，"你为什么在哭，莱丝莉？"

"我没有。"我说，并拿起在滴水的毛巾盖在脸上，"我只是因为觉得很累，只是这样而已。"

她的眉头皱了起来。

"真的，梅根。我只是真的很累，没有什么事。"

梅根咬着下唇又沉思了一会儿，她看着我，接着伸出手来摸我的手："总之，我很开心你回家了，我好想你。"

我上了床。在睡了三个月的睡袋之后，我好感激床单的存在，房间又暗又过于温暖，但并不热，除了我的房间之外，这个屋子里充满了愉快的声音。

"莱丝莉？"门外传来爸爸的声音，"你睡了吗？"他很温柔地问，以防万一我真的睡了。我几乎听不见他的声音。

"我还没睡。"我回答。

门把转动，他推开门，走廊的光线洒到地毯上。

"你好吗？"他问，走到我的床这边来。

"很好。"

"你睡前想要吃点什么吗？一杯牛奶还是什么的？"

"不用，我很好，谢了。"

对话暂停了一会儿，他站着看我，他的影子打在我的脸上，因为灯光在他的后面，所以我无法看清他的表情。

"梅根说你刚才在哭。"他说。

"嗯，也不算是。"

他仔细看着我的脸。

"我只是累了，只是这样而已，我告诉她了，但我现在没事了。"

"你确定吗？"

"我确定。"

沉默。

我叹了一口气："我好累，累到没办法睡，我感觉我的灵魂正从身体爬出来。"

他坐在我旁边的床上，伸手过来把头发往我脸后拨："你的旅行如何？"

"很好。"

没说出来的事挤在我们四周的黑暗之中,我泪水盈眶,他没有说话,但是很近地看着我,我的眼泪没有掉下来。

"她为什么要说谎呢,爸?"

"你说什么?"

"我说妈妈。她为什么要在 Coed-y-Bleiddiau 这件事上撒谎呢?我现在知道它的意思并不是花之林。你知道的,对不对?那是你只叫它的韦尔斯名,而从来不会叫它别的名字的原因。你一直都知道,对不对?"

他没说话。

"所以,她为什么要说谎?如果大家都知道 Bleiddiau 的意思是狼,为什么她一直说它是花?"

他稍微抬了一下他的肩膀:"因为,她希望它的意思是花。"

"可是它不是啊。"

"我知道它不是。"他轻声说,"但她希望它是。"

"可是它仍然不是。"

"有时候事情就是那样,莱丝莉。我们渴望它们是某种样子,但它们没办法是。偶尔我们会那么希望它们是不一样的,因为我们觉得太辛苦了,无法接受它们本来的样子。"

"关于向日葵的事,她也撒了谎,对不对?"

他没有立刻回答。

"小屋的花园里并没有向日葵,对不对?"

"曾经有向日葵,在我们住的其他地方。"他说,"在德州,那里有野生的向日葵。"

"那里？所以小屋没有向日葵？"

他耸耸肩："我想她只是把它们给搞混了，把一个地方和另一个地方混在一起了。"

"那怎么可能，爸？那是德州，那里好几百公里内连一座山丘都没有，好几个月都不会下雨，她怎么能把德州和韦尔斯混在一起？"

他抿着嘴，露出若有所思的表情，然后又抬起他的肩膀："我不知道。或许在韦尔斯也有向日葵，曾经有过。那是很久以前的事，我的记忆力也没那么好。"

"没有，爸，我确定没有，那只是另一个谎言。"

沉默。

"她的故事有真的吗？或者只有可怕的事发生在她身上？"

"她绝对不是故意要让她的故事伤害你的。"

"它们是谎言。"

"不。"他说，"我不认为它们是故意变成谎言的。她只是希望这样一来，这个世界会变得比较好一点，它们只是她的梦想，绝对不是故意想造成伤害的。"

"可是它们伤害了我，爸，你看不出它们伤我有多深吗？"

"看得出来。"他简单地说。

房间变安静了，我躺着，听着他的呼吸声，还可以听见梅根和艾莉森在走廊上的声音，虽然梅根房间的门是关着的，但是她们的声音我仍然听得很清楚。

"我再也不知道要做什么了，"我说，"也不知道自己想要什么了，或是自己要感觉什么。对我来说，所有的事都没有答案，所有事并没有更清楚。我大老远跑到那里去，花了那么多时间，如果说我有什么收获，就是我发现自己比之前更不了解这一切。"

他伸出手握住我的手。

"在所有的事情发生之前，我一直在想，只要我们，你、我和梅根够爱妈妈，我们就能弥补所有的事。我一直认为她经历到的一切都是无辜的，她那时还只是个孩子，那么勇敢和坚强，得忍受那么多事。我一直以为如果我们可以足够爱她，那就可以忘掉过去，过去就不重要了，但那没有用。

"而现在，我所能看到的是她的错。我心想，她值得我们爱吗？我仍然爱她，但我已经了解到，这所有的悲剧当中，有一部分是她自己造成的。"

他把头撇到一边，低头看着地板，他在沉思。不管梅根和艾莉森正在做什么，她们变安静了，因此我们周遭这股沉默变得更加深沉。

"是的，或许是如此。"他平静地说，"我不知道，但我不认为那真是一个有关爱的问题。爱和完美，彼此之间并没有关系。你不会因为一个人很好、很健全或很完美，而把爱他当作奖赏；或者是把爱当作补偿，弥补人生当中所有的苦难，你只是爱他们。"

"但重点是什么？到最后，你还是受伤了。如果没有做出弥补，如果没有改正人们的错误，让他们变得好一点，如果他们还是继续受苦，那我们干吗要费心？"我问。

"因为当你直接面对它时，"他说，"那是我们所能采取的，唯一真正发自自由意志的行动。"

泪水仍然在我眼中膨胀，我将视线从他身上移开，不让泪水掉下来。"那并没有让我好过一点。"我对着墙说。

他没说话。

"我只是想得到，比那个还要多一点的解释。"

"是的，我想我们都是。"他平静地说，"但到最后，我们会知道这样就够了。"

他继续握着我的手，用手指轻轻地描着我指关节的形状。我转头去看他，他正在看我，黑暗中，他的五官显得又柔和又朦胧，他面带微笑，只是淡淡地微笑。

我疲倦地微笑以对。

就在这时，从梅根的房间里突然发出一声巨响，她从走廊冲到浴室。"别吐，艾莉森！"她大叫，"我去拿毛巾，等一下，艾莉森，别吐！"

"哦，我的天啊。"爸爸惊恐地说，转头看着门口，"现在又怎么了？"

"梅根！快点！"艾莉森大叫。

爸爸从床上站起来。"等一下，"他对我说，"我等一下就回来。"

他一直没回来。

我躺在我的床上听。我妹和艾莉森在搞什么，我不知道，但她们笑得歇斯底里。爸爸正在问梅根她在做什么，她把家里搞得乱七八糟的。他的声音里有种我很熟悉的佯怒口吻，而梅根则像只猴子一样乱叫。

泪水还在我的眼里，我躺着继续听。对话声被弹簧床嘎吱嘎吱响的声音盖过去了,我知道有人正在梅根的床上跳来跳去。

爸爸叫她们别再跳了,下床来,安静一点,但他的语气只是假装很严厉,而且听起来,他正想去抓那两个在床上跳来跳去的人,而她们轮流被抓到。

最后,显然爸爸会在那里待上一阵子,我侧躺好让自己舒服一点,然后闭上眼睛,让停留在眼里好久的泪水流出来。它们滑下我的脸颊,滴到床单上。我不记得自己多快就睡着了,但我一定是睡着了,而且是非常快就睡着了。

桃莉老师疗愈成长之旅·系列
（精选八本精彩呈现）

桃莉·海顿——美国教育界盛誉为"爱的奇迹天使"

她凭借爱、好奇和永不放弃，以心的能量打开封闭受伤的童心

每段改变和成长源自真实案例

30多种文字，1200万册风行全球，撼动世界亿万父母老师的心灵！

妙妈悦读会　木朵爸爸　儿童技能教养法中国推广第一人李红燕
父亲参与促进中心总干事温志刚　知心妈妈彭霞　**联合推荐**

荣获台湾"好书大家读奖"和中小学生推荐读物　美国图书协会强力推荐

《围墙上的薇纳斯》

一本让你眼角有泪嘴角上扬的书，消除亲子压力，舒缓家庭情绪。

桃莉老师的新班开课了，一个个在传统班级不能适应的孩子来到这里……

孩子们形形色色的各类问题及老师间不同教育理念的冲撞，让桃莉老师焦头烂额。从一开始的互骂斗殴，到学会互相理解甚至保护同伴；从憎恶这个特殊班级，到哭着写下爱的留言"不想离开"。

《午后阳光里的孩子》

一个不会讲话的空洞男孩——布，
一个分不出O和L的活泼女孩——萝莉，
一个被逐出校园的暴力男孩——汤玛索，
一个怀孕的十二岁乖巧少女——克劳蒂亚，
在午后的阳光里，
拖着疲惫的心灵陆续来到桃莉老师的教室……
一种无形的信任和暖流在不大的教室里荡漾开来……缓慢的蜕变，悄然的重生……

《重新来过》

利德布洛克,问题重重的她成了桃李老师班上第7个"孩子"。不同的是,她是个33岁的漂亮妈妈。童年创伤、酗酒成性、自闭症孩子、婚姻破裂……她走投无路,游戏生活,甚至不惜扭曲自己。直到遇见桃莉老师,紧闭的心扉开始慢慢打开……

《玛拉的向日葵森林》

玛拉有着艰辛而不堪回首的往事,她是当年纳粹喜欢的雅利安人,在少女时期就开始遭受强暴和折磨,生下了第一个男孩克劳斯。而当克劳斯被纳粹夺走后,她就深陷失子之痛,直到四十年过去,竟然把一个叫托比的小男孩当成克劳斯,以至于最终走上不归路……

《总想逃跑的席拉》

六岁就成为绑架案主角的问题少女席拉走进了桃莉·海顿的特教班,她得到了家庭不可能给予她的温暖和关怀。但这一切在特教班课程结束时又回到原点。

七年后与席拉再次相遇,桃莉发现她的心结仍未解开,她一直无法走出被亲生母亲遗弃的阴影,甚至因为桃莉在课程结束时同样离自己而去而将她和遗弃自己的母亲混为一谈,长久地怨恨着她……

《微光中的孩子》

　　9岁的卡珊德拉有着神话般的名字和面孔,却满嘴谎话,酷爱暴力,挑衅老师,想要自杀……4岁的金发小男孩德雷克活泼迷人,却只跟她的妈妈说过话,此外再也无法发声……

　　微光中的孩子,心事诉给谁人听……

《猫头鹰男孩》

　　大卫偶然间捡到一颗猫头鹰的蛋,他和同班的天才女孩梅比一起孵育它。蛋壳破了,小猫头鹰探出头来,大卫第一次有了属于自己的东西!直到有一天,小猫头鹰生病了,最后死在大卫的家里……

　　因为它的存在,大卫改变了,他终于知道生活里有的不只是痛苦,同时还会伴随着欣喜和希望……

《月球上有三棵树》

抱着猫玩具的自闭症男孩康纳,
与他富有天才想象力的母亲萝拉。
两条线索交叉铺叙,游离于真实与虚幻之间。
是天生自闭?还是精神创伤?
惊人的秘密一点一点浮出水面……